옮긴이 　김다봄

한국외국어대학교 프랑스어과를 졸업한 뒤, 같은 대학 통번역대학원
한불과에서 국제회의 통역 석사학위를 받았다. 프리랜서로 기술 통번역과
출판번역을 넘나들며 일하고 있다. 옮긴 책으로『컬티시』(공역)『가부장제의
정치경제학』(총 4권, 공역) 등이 있다.

페미니스트 킬조이

The Feminist

페미니스트

Killjoy

킬조이

Handbook

쉽게 웃어넘기지 않는
이들을 위한
서바이벌 가이드

닐라, 굴자르, 벨에게

그리고 여전히 제 갈 길을 가는
세상의 모든 페미니스트 킬조이에게

감탄하지 않을 수 없는 책이다. 지적으로 탄탄하면서도 이처럼 잘 읽히는 책이 있을까. 통쾌해서 웃다가 감격으로 울다가를 반복했다. 이 책은 '페미니스트, 킬, 조이'의 의미를 재창조하는 최신판 페미니즘 백과사전이다. 모든 문장이 명언이다! 이 책은 세상살이의 전략서로서 '우리'의 생명 줄이다. '페미니스트 킬조이'의 진실, 등식, 격언, 다짐, 생존 요령을 몸에 새기자.

자신의 삶과 기존의 언어가 불일치하는 이들은 '부적응자'로 당하고 살면서도 비난받는다. 그러므로 우리는 특권을 가진 자들이 철학을 논하지 않도록 그들을 낙후시켜야 한다.

이 책은 말한다. '시'는 꿈이나 비전이 아니라 삶의 뼈대이며, 거의 모든 사람들, 즉 여성/퀴어/'유색 인종'이 시인이 될 때 역사에 대항해 싸울 수밖에 없다고. (계)승자들의 역사를 뒤엎고 시인이 되자. 이 책을 손에 들고 공부를 하자.

— 정희진(문학박사, 〈정희진의 공부〉 편집장)

나는 언제나 한 사회의 지성과 정의로움은 유머와 애도에서 드러난다고 생각해 왔다. 어떤 유머를 공유하고 어떤 애도를 금지하는지에 따라 사회가 누구를 용인하고 누구를 배제하는지 알 수 있다. 그렇기에 일상에서 권력과 적극적으로 불화하기 위한 첫 번째 행동은 웃기지 않은 말에 웃지 않기이다. 유머, 조언, 친근함 표시 등으로 위장된 농담에 웃지 않기, 그것은 권력의 우스꽝스러움을 폭로한다. 이렇게 문제를 폭로하면 문제를 일으킨 사람이 된다.

분위기 망친 행동을 자책하지 말자. "폭력에 침묵하는 것은 폭력"이며, "다른 이들에게 해를 입히는 유대는 부러뜨리"는 것이 맞다. 권력의 즐거움을 과감히 망치면서 타자의 고통에 공감하는 연결된 존재로 살아가길 원한다면 킬조이가 되지 않을 수 없다. 그러니 자책은 그만두고 웃음의 동지를 찾아야 한다. 나를 웃음거리로 만드는 권력과 함께하기보다 나와 함께 웃을 수 있는 동지를 찾는 일, 그것이 연대다.

— 이라영(예술사회학 연구자, 『말을 부수는 말』 저자)

일러두기

1. 이 책은 Sara Ahmed의 *The Feminist Killjoy Handbook*(Allen Lane, 2023)을 완역한 것이다.
2. 도서명은 겹낫표(『 』)로, 짧은 글이나 논문은 홑낫표(「 」)로, 잡지나 신문 등의 정기간행물은 겹화살괄호(《 》)로, 음악이나 영화 등의 작품명은 홑화살괄호(〈 〉)로 표시했다.
3. 각주는 역주, 미주는 원주다.
4. 저자는 흑인(Black)이라는 단어는 전부 대문자로 시작하고, 백인(white)은 소문자로 시작했다.
5. 역자가 본문 중에 덧붙인 설명은 [ ]로 표시했다.
6. 본문에 언급된 단행본 중 우리나라에 이미 번역된 작품은 번역본 제목을 적었다. 아직 번역되지 않은 작품은 그 제목을 번역하고 원제를 병기했다.
7. 원문에서 이탤릭으로 강조한 부분은 밑줄을 쳐 옮겼고, 볼드 또는 대문자로 강조한 부분은 글자에 하이라이트 (검은 배경색) 처리해 옮겼다.

차례

페미니스트 킬죠이란?

한 가지 이야기로 시작해 보자. 내가 페미니스트 킬조이killjoy가 된 이야기다.

저녁 식사 테이블, 우리는 마치 자리 이상의 뭔가를 확보하려는 듯 매일 같은 자리에 앉는다. 예의 바른 대화가 오간다. 아버지는 학교를 비롯해 이것저것에 관해 물을 것이다. 그러다가 마치 도전이라도 하듯 나를 바라보며 대체로 성차별적인, 모욕적인 말을 내뱉는다. 나는 대답하지 않으려 애쓰고, 어디론가 사라져 버렸으면 하고 바라며 조용히 앉아 있다. 하지만 때로는 대답하지 않을 수 없다. 어쩌면 나지막이 한마디했을지 모른다. 약 올리려는 누군가 때문에 정말로 약이 올랐다는 당황스러운 사실을 깨닫고, 약이 올라 흥분했을 수도 있다. 무슨 말을 어떻게 했든 논쟁이 시작되고 토론이 과열되면, 원인으로 지목되는 사람은 나다. 아마 이런 비난을 들을 것이다. '사라, 또 저녁 식사를 망쳤잖아.'

다른 사람의 행복을 망치거나 저녁 식사의 즐거운 분위기를 깨면, 당신은 페미니스트 킬조이가 된다. 가만히 자리에 앉아 모든 걸 받아들이고 누군가와, 혹은 무엇과 잘 지낼 마음이 없으면 페미니스트 킬조이가 된다. 실제로 성차별적인 말을 들었더라도, 성차별 같은 단어를 써 가며 권위 있는 사람에게 반응하고 말대꾸하면 페미니스트 킬조이가 된다. 어떤 자리를 망치지 않기 위해 피해야 할 말이나 행동은 너무나 많다. 또 저녁 식사를 망쳤어, 그렇게나 많은 저녁 식사를 망치고도!

나는 페미니스트 킬조이가 되었다. 그리고 그런 사람으로서 이 핸드북을 쓰고 있다. 당신도 그중 하나인

15

가? 그걸 어떻게 아느냐고? 다음 질문을 스스로 던져 보라. 불쾌한 농담에 웃기를 거부하는가? 분열을 지적했더니 분열을 조장한다는 말을 들은 적이 있는가? '좀 웃어 봐, 자기, 최악은 아니잖아'라든가 '기운 내, 자기, 그런 일이 안 일어날 수도 있잖아' 같은 말을 들은 적이 있는가? 입을 열기만 하면 사람들이 눈을 흡뜨기*시작하는가? 당신이 나타나면, 혹은 당신이 꺼낸 주제 때문에 분위기가 긴장되는가? 이 질문 중 하나에라도 그렇다고 대답했다면 당신 역시 페미니스트 킬조이일지 모른다. 바로 당신을 위해 나는 이 핸드북을 쓴다.

페미니스트 킬조이 이야기는 테이블에서 목소리를 높이거나 말대꾸하는 데서 시작되지 않는다. 이야기는 그 전에 시작된다. 페미니스트 킬조이는 페미니스트에 관한 고정관념, 부정적인 평가, 페미니즘을 불행의 원인이자 결과로 끌어내리는 수단으로 정치적 생명을 시작한다. 페미니스트 킬조이를 탈환하기 위해, 우리는 이런 평가를 프로젝트로 전환한다. 만약 페미니즘이 불행을 초래한다면, 그건 그럴 만했기 때문이다. 페미니즘을 깎아내리는 데 쓰이는 단어는 많은 경우 페미니즘이 필요하다는 증거가 된다. 스스로 페미니스트 킬조이라고 명명함으로써, 우리는

---

* 영어 표현인 roll one's eyes는 직역하면 '눈알을 굴리다'라는 뜻으로, 상대의 말에 동의하지 않거나 불만을 표시할 때 눈을 위쪽으로 치켜뜨는 모습을 가리킨다. 여기서는 '눈을 흡뜨다'로 옮겼다.

즐거움을 망치는 임무를 자신에게 부여할 뿐 아니라 페미니스트의 역사를 탈환한다. 페미니스트 킬조이는 역사 그 자체다. 페미니스트 킬조이에는 역사가 있다. 역사는 핸들이 될 수 있다. 그 덕분에 우리가 어디에 있는지, 다른 이들은 어디에 있었는지 알 수 있다. 이 핸드북에서 우리는 페미니스트 킬조이들과 함께 여행하며 그들이 있던 자리로 가 볼 것이다. 이 여행을 통해 페미니스트 킬조이는 우리의 동반자가 된다. 우리는 그의 동반자가 되어야만 한다.

페미니스트 킬조이는 꽤 오랜 시간 나의 동반자였다. 그는 인생의 동반자이자 집필의 동반자다. 이전에도 페미니스트 킬조이에 관해 글을 쓴 적이 있지만, 그만을 위한 책이 있었으면 했다. 그렇다면 왜 핸드북일까? 핸드북은 원래 '특정 주제에 관한 사실이나 예술 혹은 직업에 관한 안내서, 기계 사용 설명서, 관광 안내서 등 정보를 제공하는' 작고 휴대할 수 있는 책을 말한다. 이 책 『페미니스트 킬조이』는 지침이나 정보를 주지도 않고, 페미니스트 킬조이가 되는 방법을 안내하지도 않는다. 그 대신 페미니스트 킬조이가 됨으로써 어떻게 지침과 정보, 세상을 살아가는 방법에 관한 안내를 얻을 수 있는지 보여 준다. 페미니스트 킬조이가 되는 일은 때로 골치 아프고 혼란스럽지만, 선명한 깨달음의 순간을 선사하기도 한다. 그래서 나는 킬조이 경험 도중 떠오르는 **킬조이 진실, 킬조이 격언, 킬조이 다짐, 킬조이 등식**을 그때그때 조금씩 흩뿌려 두고, 끝부분에도 따로 모아 두었다. 이런 진실, 격언, 다짐, 등식 중 일부는 내가 이전 책에 더 평범한 문장으로 적었던 내용이다. 그 문장들을 강조하고 더 대담하게 만들어 달리 활용함으로써 날카롭게 벼렸다.

　　이 핸드북의 목적은 페미니스트 킬조이들에게 자원이 되는 것, 즉 도움이 되는 것이다. 당신은 부모에게 커밍아웃하고 나서, 부모가 당신이 포기한 행복 때문에 슬퍼하는 모습만을 마주했을지 모른다. 페미니스트 킬조이는 그런 당신을 도울 수 있다. 당신은 직장 내 성적괴롭힘이나 따돌림에 대해 항의했더니 되레 심문 대상이 되었을 수도 있다. 페미니스트 킬조이는 그런 당신을 도울 수 있다. 어쩌면 당신이 조심스럽고 신중하게 제기한 인종차별이나 트랜스젠더 혐오에 대한 비판이 '워키즘wokeism'*이나 '취소 문화cancel culture'**의 증거로 여겨졌을지도 모른다. 페미니스트 킬조이는 그런 당신을 도울 수 있다. 당신은 미투운동이 실제로 멀리 가 보기도 전에 너무 멀리 갔다고 말하는 수많은 언론에 분노할 수도 있다. 페미니스트 킬조이는 그런 당신을 도울 수 있다. 이 핸드북이 다양한 형태의 불평등 및 부정의와 싸우는 누군가에게 건네는 도움의 손길이 되었으면 한다. 이런 싸움에는 너무나 큰 비용이 들기 때문에, 우리에게는 도움의 손길과 핸드북이 모두 필요하다. 도입부 격인 1장을 시작하면서, 나

---

* 　　사회·정치적 불공정을 인식하는 태도 및 이를 바탕으로 한 행동을 가리키는 말로, 1950~1960년대 미국에서 전개된 흑인 민권운동을 기원으로 한다.

** 　　유명인, 공적 지위에 있는 사람 등이 논쟁이 될 만한 행동이나 발언을 했을 때 이를 고발하고 팔로follow를 취소하는 현상.

는 킬조이라는 단어의 역사에서 우리가 무엇을 배울 수 있는지 이야기한다. 그러고 나서 페미니스트 킬조이라는 형상figure이 어떻게 페미니즘이 불행에서 비롯되었다고 치부하는 데 사용되는지 살펴보고, 마지막으로 페미니스트 킬조이라는 말을 우리 자신의 것으로 어떻게, 왜 탈환해야 하는지 고민해 본다. 여기에는 페미니스트 킬조이가 되어 가는 우리들의 이야기가 등장한다.

이제 우리 여행의 동반자를 소개할 시간이다. 어쩌면 소개가 필요 없을지도 모르겠다. 당신은 이미 그를 알고 있을지 모른다. 혹은 이미 그일지도 모른다. 그러나 스스로 페미니스트 킬조이라고 여기더라도, 우리는 그에 관해 더 배워야 한다. 페미니스트 킬조이에 관해 배우는 일이 그들 자신으로부터 출발하는 것은 아니다. 모든 킬조이가 페미니스트인 것도 아니다. 킬조이라는 단어는 사실 페미니스트라는 단어보다 오래되었다. 킬조이라는 단어가 어떻게 생겨났는지 감을 잡을 수 있도록, 과거와 현재의 출처에서 직접 인용해 보겠다. 『옥스퍼드영어사전』에 따르면, 킬조이라는 단어의 용례는 1776년 찰스 버니 Charles Burney의 『일반 음악사General History of Music』에 최초로 등장한다. "M. 루소는 당시에는 신들이 킬-조이로 여겨지지 않았으며, 유쾌한 연회에서 배척되지도 않았다고 말한다."[1]

상당히 흥미로운 이 문장은 인간이든 신이든 킬조이로 여겨지면, 유쾌함을 깨지 않도록 연회에서 배척당한다는 것을 암시한다. 킬조이 표제어의 두 번째 참고 문헌은 1863년 최초로 출간된 조지 엘리엇George Eliot의 소설

『로몰라Romola』다. "피렌체의 킬조이"로 묘사되는 작품 속 인물 사보나롤라는 "방탕한 젊은 남자들"에게 미움받는다. 도시, 파티, 만남으로부터 동떨어진 킬조이는 즐거움 속에서 자유를 찾는 이들을 저지한다. 어떤 대상의 이미지는 종종 그 대상이 '아닌 것'을 묘사함으로써 만들어진다. 역사적으로 킬조이는 소소한 문헌들 속에서 유쾌함을 끝장내는 이를 상징함으로써 유쾌함 자체의 이미지를 만드는 데 일조했다. 킬조이는 자신의 즐거움이 아니라 다른 이들의 즐거움joy을 죽인다kill. 아마 그 자신에게는 죽일 즐거움조차 없기 때문일 것이다. 킬조이는 분위기를 싸하게 만드는 사람buzzkill, 비관론자miserabilist, 파티의 흥을 깨는 사람party pooper, 분위기를 망치는 사람wet blanket, 기세를 꺾는 사람dampener, 산통을 깨는 사람spoilsport이다.

20세기 초중반으로 오면 킬조이가 더 실체적으로 언급된 문헌들이 등장한다. 보통 영국 외교관 부인으로 불리지만 그 자신이 작가였던 앨리스 로서Alice Lowther는 1929년 「킬조이들The Kill-Joys」이라는 단편소설을 출간했다. 소설은 세 자매 이야기로, 그중 두 명은 다른 이들의 즐거움을 망치는 인물이다. 아버지가 사망하고 막내 에이델라가 결혼하자, 두 언니 제인과 수전은 막내의 새로운 가족을 위해 일하기 시작한다. 이런 일종의 신분 상승 덕에 두 사람은 "희망과 감사하는 마음으로 불타올라" "의욕 넘치게 일한다".[2] 그러나 이후 노동에 따른 임금을 달라는 요구가 거절당하자, 자매는 "부당하다는 느낌"[3]에 괴로워한다. "자신들이 섬기는 가족의 골칫거리"가 된 두 사람은 더는 "쓸모 있지" 않으며 둘의 헌신은 상황을 악화할 뿐이다. "어쩔 수가 없어요." 에이델라의 아이 중 한 명이 한탄한다. "그 늙은 킬-조이들만 보면 소름이 끼쳐요."[4] 자신들이 눈앞에서 사라지기를 바라는 가족의 소망에 복종해 자매가 자살함으로써 이야기는 끝난다. 이 비극적인 이야기는 명시적이지는 않지만 슬픈 노처녀와 못생긴 이복자매라는 오래된 장치를 사용한다는 점에서 익숙하다. 킬조이의 관점에서 이야기가 진행되지는 않지만(킬조이는 보통 타인의 관점이다), 이 이야기는 킬조이가 '부당하다는 느낌'으로 괴로워할 수 있다는 인상을 주어 킬조이로 평가되는 일에 뒤따르는 잔혹함을 드러내고 그들에게 공감하는 입장을 취한다.

　　반면 정신분석가 에드먼드 버글러Edmund Bergler가 1949년과 1960년에 발표한 에세이 「킬조이 심리학The Psychology of the Killjoy」과 「유형: 꽉 막힘 씨The Type: Mr. Stuffed Shirt*」[5] 속 킬조이에 관한 묘사를 보면 공감하기가 쉽지 않다. 버글러는 킬조이를 병증과 인물 유형 둘 다를 칭하는 것으로 본다. 그에 따르면 킬조이는 "흔히 다른 사람의 즐거움을 망친다는 사실을 자랑스러워하는 사람으로 여겨진다".[6] 다른 말로 하면 "킬조이적 태도는 복수의 방식이다".[7] 이런 묘사 속에서 킬조이는 자신을 부정한다. 자기 자신을 킬조이로 인정하지 않지만 그렇게 평가된다는 말이다. 버글러는 "즐거운 모임에서 목석같은 침묵을 지키거나 그저 재미를 위한 모든 계획에 경멸적이고 신랄

---

*　　직역하면 꽉 찬, 터질 듯한 셔츠라는 뜻. 젠체하는 딱딱한 사람을 가리키는 표현이다.

한 반응을 내놓음으로써······ 사람들을 얼어붙게 만드는"[8] 남편의 재능을 묘사하는 "한 킬조이의 아내"를 인용한다. 킬조이는 인간의 사교성이라는 온기로부터 동떨어진 인간 유형으로 묘사된다. 그는 강력하고 냉혹하며, 자신의 잔혹함을 정당화하기 위해 스스로 불행을 꾸며 내며 "목석같은 침묵"이나 "신랄한 반응" 등 일련의 방법으로 불행을 퍼뜨린다. 누가 그런 사람이 되고 싶겠는가? 이런 킬조이 이미지의 핵심은 그 누구도 되고 싶지 않은 인물을 환기하는 것인지도 모르겠다.

킬조이라는 단어의 역사를 간략히 살펴보기만 해도, 이 말이 우리가 추구하는 것을 빼앗아 갈 힘을 갖춘, '우리가 아닌' 이들의 모습을 그려 내는 데 사용되었다는 것을 알 수 있다. 킬조이가 한때는 인물 유형을 그려 내는 데 이용되었다면, 이제는 정치 스타일을 묘사하는 데 더 자주 쓰인다. 이런 정치 스타일은 때로 비열하다고 칭해진다. 예를 들어 다른 사람의 즐길 거리를 박탈할 뿐 아니라 특정한 어젠다를 강요하는 방식으로 말과 행동을 교정하려 드는 정치적으로 올바른 킬조이politically correct killjoys라는 표현이 그렇다. 어떤 칼럼니스트는 "정치적으로 올바른 킬조이들이 크래커*를 금지하려 들어서 축제의 재미를 없애 버렸다"[9]라고 썼다. 다른 이는 "정치적으로 올바른 킬조이들이 짓궂은 깃발을 금지해 버렸다"[10]라고 요약하기도 했다. 또 건강과 안전 킬조이health and safety

---

*   끝을 잡아당기면 안에 들어 있던 장난스러운 선물이나 짓궂은 농담이 나오는 장난감을 가리킨다.

killjoy도 있다. 공공안전에 대한 우려는 그 의도가 얼마나 선하냐에 관계없이 온정주의적이고 징후적인, 이전에 누렸던 자유를 끝도 없이 제한하려는 의지로 치부된다. 한 저자는 온정주의 문제를 다룬 책에 간단명료하게도 『킬조이들Killjoys』이라는 제목을 붙였다.[11] 우리는 **건강과 안전 킬조이들**이 엄마들의 차 끓이기, 증기선 모형, 쾌유 기원 카드, 트램펄린, 아이스크림 트럭, 펀치와 주디 인형극, 걸이형 화분, 치즈 굴리기 대회를 금지했다는 이야기를 들어 왔다. 맨 마지막이 생소할 수 있는데, 치즈 굴리기 대회는 "영국의 가장 오래된 전통 행사 중 하나"다.[12] 이에 관한 기사의 헤드라인은 다음과 같다. "치즈 굴리기, 건강과 안전 킬조이들 덕에 200년 만에 폐지." 뒤이어 킬조이들 때문에 더는 전통을 지킬 수 없고, 이전에는 별문제 없이 편안히 즐겨 온 것들도 누릴 수 없게 되었다는 이야기가 이어진다. 사악하고 위협적이든, 지질하고 빈정거리든 바로 **그들**, 즉 재미를 누리지도, 우리 자신이 되지도 못하게 하려는 이들과 거리를 두는 데 수많은 즐길 거리의 명운이 달렸다는 식이다. 게임을 망치는 자를 지목하는 것 자체가 게임이 된 것이다.

기사의 헤드라인만 살펴봐도 킬조이가 계속해서 등장한다. 하지만 자극적인 제목 뒤에는 대부분 더 복잡한 이야기가 담겨 있다. 치즈 굴리기의 예를 보자. 마치 아주 오래된 전통이 취소된 것처럼 보인다. 하지만 자세히 읽어 보면 이전 해에 참가자 수가 예상보다 세 배나 많았던 터라 주최 측이 또 한 번 악몽 같은 물자 문제를 겪지 않으려고 행사를 취소했음을 알 수 있다. 이야기를 과장하기 위해 취소 대상을 바꾸었고(행사 취소 한 건이 전통의 취소로 탈바꿈했다), 그 결과 사실과 다른 이야기가 만들어진 것이다.

　　이야기가 거짓이라는 사실 자체는 문제의 일부에 불과하다. 많은 경우 이런 이야기 뒤에는 이데올로기적 동기가 있다. 한 기자는 "문에 거는 리스만큼이나 전통적인"[13] 크리스마스가 취소되었다는 이야기를 여러 번 언급했다. 크리스마스가 취소된 이야기를 늘어놓는 일 자체가 크리스마스 전통이 된 셈이다. 이런 이야기들은 늘 의회에서 언어와 관련해 내린 상대적으로 사소한 결정을 증거로 드는데, 1998년 버밍엄 시의회에서 도입한 윈터벌 winterval*이라는 단어[14]는 유독 자주 활용된다. 《데일리 메일》은 윈터벌에 관해 발행한 많은 기사 중 하나를 정정하며 다음과 같이 썼다. "윈터벌이 크리스마스를 새로 명명하거나 대체하지 않았다는 사실을 확실히 할 수 있어 기쁘다."[15] 기쁘게 정정하고 난 후에도 계속 언급한다 한들 아무런 문제가 되지 않는다. 많은 사람이 정치적으로 올바른 시의회뿐 아니라 의회가 대리한다고 여겨지는 이들, 즉 불쾌감을 느낀offended 이들에게 잘못을 덮어씌웠다. 2005년 11월 2일 자의 한 헤드라인에서는 누가 불쾌감을 느낀다고 여겨지는지 명백히 드러냈다. **크리스마스**

---

*　　겨울winter과 축제festival를 조합한 말로, 겨울 축제 시즌을 의미한다. 버밍엄 시의회에서 1997년과 1998년에 크리스마스를 포함해 겨울에 개최되는 여러 행사를 포괄하는 용어로 사용했다.

가 금지되다, 무슬림을 불쾌하게 한다는 이유로."[16] '너무 쉽게 불쾌해하는 무슬림'의 형상에 관해서는 적절한 때에 다시 이야기하겠다. 그 어떤 기사에도 불쾌감을 토로하는 영국 무슬림의 실제 발언은 등장하지 않았다. 아무 말도, 아무 행동도 하지 않고 킬조이가 될 수 있는 이들이 있다면, 전통을 끝장낸다고 여겨지는 것은 그들의 존재 그 자체일지도 모른다.

코로나19 팬데믹이 발생한 이후, 새로운 '크리스마스 킬조이'가 등장했다. 바로 휴가철 사교 모임을 제한하자고 주장하거나 제한하는 이들이다.[17] 한 총리는 말했다. "사람들은 이 정도까지 미시적인 수준으로 삶을 통제당하는 데 지치고 이골이 났다. 그들은 자유와 즐거움을 누리고 싶어 한다. 바로 크리스마스에, 크리스마스 킬조이들 없이 자유와 즐거움을 누리고 싶은 것이다." 그렇다. 자유와 즐거움은 자신의 행동이 다른 이들에게 미칠 수 있는 잠재적인 해로움에 대한 무관심과 다를 바 없다. 팬데믹 시기 크리스마스 킬조이에 관한 이야기 중에는 여전히 소수자에게 비난의 화살을 돌리는 것들도 있다. "공무원들이 소수 종교에 불쾌감을 줄 수 있다며 '크리스마스'라는 단어를 차단했다."[18] <u>차단했다</u>blocked라는 표현이 사용된 것을 눈여겨보라. 같은 글에서 <u>금지했다</u>banned라는 단어도 썼다. 유출된 이메일에서 <u>크리스마스</u>라는 단어 사용을 지양해야 하는 이유로 언급된 건 불쾌감 유발이 아니라 "포용적이어야 할 필요성" 때문이었다. 더 많은, 혹은 더 다양한 집단을 포괄하려고 소통에 쓰이는 표현을 바꾸려 하면 원래의 의미를 취소하는 일로 취급될 수 있고, 실제로 그렇게 취급될 것이다.

킬조이가 정치 스타일을 묘사하는 데 쓰이는 경우는 보통 오늘날 <u>취소 문화</u>라고 불리는 현상에 관여하는 사람들을 가리킬 때인데, 이때도 이 말은 인물과 병증의 이미지를 모두 수반한다. 취소 문화는 명칭 자체는 새롭지만 오래된 이야기다. 또 다른 뉴스거리를 보자. "말린 머리*는 물러가라! 영국을 대표하는 박물관에서 남미 유해 전시가 인종차별적이라고 판단했다. 옥스퍼드박물관의 킬조이들은 인기 전시인 말린 머리 전시를 중단하겠다고 결정했다. 영국 문화의 깨어 있는 재판관woke arbiter들은 해당 전시가 '인종차별적이며 고정관념적 사고'를 강화한다고 판단했다."[19] 즐길 거리를 빼앗는 일은 많은 경우 역사를 빼앗는 일이라는 누명을 쓴다. 킬조이가 죽이는 것은 즐거움만이 아니다. 킬조이는 역사를 묘사하는 데 <u>인종차별적</u>이라는 단어를 씀으로써 바로 그 역사를 우리에게서 빼앗는다. 킬조이는 감상하고, 소비하고, 즐길 수 있었을 현재의 대상을 없애 버림으로써 과거와 우리의 역사, 우리의 유산을 박탈한다.

킬조이와 '깨어 있는 재판관'은 가까운 친척으로, 우리가 우리 것이라고 여기는 대상을 빼앗는 자들이다. 페미니즘은 자주 박탈deprivation에 관한 것으로 여겨진다. 킬조이라는 용어가 <u>페미니스트</u>보다 오래되었다면, 페

---

* shrunken head. 사람의 자른 머리를 말려서 만드는 중남미 장식품. 의식이나 보상, 물물교환 등 다양한 용도로 쓰였다.

미니스트들을 킬조이의 역사 안에 위치시키는 것은 오래된 페미니즘의 역사를 새롭게 바라보는 일이다. 1972년 《뉴욕타임스》 기사에서는 치어리더를 묘사하기 위해 치어리더가 '아닌' 페미니스트 킬조이를 언급한다. "어제 매디슨스퀘어가든에서는 치어리딩의 활기차고 즐거운 세계에 글로리아 스타이넘Gloria Steinem, 저메인 그리어Germaine Greer, 그리고 다른 여성해방 킬조이 무리의 자리는 없다는 것이 한눈에 드러났다."[20] 발랄한 치어리더와 킬조이 페미니스트 사이의 도덕적 대비가 중요한 역할을 한다. 기사는 치어리더 몇 명이 직접 한 말을 인용하면서 시작한다. "성차별적 착취라고요?" 웨스턴켄터키대학교의 메리 스카버러가 플라스틱 응원 술을 흔들며 묻는다. "도대체 무슨 소리를 하는 거래요?" "브래지어를 불태우다니요?" 노터데임대학교의 루니 프레일리가 말한다. "맙소사, 말도 안 돼요. 언제까지고 그런 소리를 하지는 않겠죠." 페미니스트라면 치어리딩을 '성차별적 착취'라고 반대할 테지만, 바로 그런 언어야말로 여성들이 실제로 경험하는 치어리딩과는 완전히 동떨어져 있다는 뜻이 함축되어 있다. 페미니스트 킬조이는 모든 것에 과도하게 반대하는 게 페미니스트이며, 심지어는 페미니스트가 되는 이유가 그저 반대하기 위해서라는 인상을 주기 위해 이용된다.

이후에 실린 다른 기사에서도 페미니스트 킬조이가 비슷한 방식으로 나타난다. 기사에서 주장하기를, "한 과격 페미니스트 집단이 남성이 울프 휘슬wolf whistle[**]을

[**]   남성이 지나가는 여성을 향해 내는 두 음조로 된

불거나 여성을 '자기darling'라고 부르는 일을 전면 금지하고자 한다. 뼈마디가 앙상한 이 킬조이 무리에 따르면, 이는 추행이나 성기 노출과 마찬가지로 성적괴롭힘의 한 형태다."21 킬조이들은 비슷한 신체적 특징(무려 뼈마디가 앙상한 무리라는)을 가진 자들로 이루어진 집단으로 취급될 뿐 아니라, 정도의 차이를 간과한다고 여겨진다. 페미니스트 킬조이는 사소한 것을 큰일로 만들거나, 소소한 것, 해로울 것 없이 재미로 하는 작은 일, 예를 들어 자기, 칭찬이잖아, 자기, 이런 애정을 담은 말을 마치 큰일이라도 되는 것처럼 다룬다. 미투운동에 대한 맹렬한 비난이 바로 이런 형태로 이루어졌다. 페미니스트들이 다른 사람들에게 영향력을 휘두르는 뼈마디 앙상한 킬조이 떼가 되어 버린 것이다. 어떤 행위를 성적괴롭힘이라고 부르는 것은 즐거움을 망치고, 기분 좋은 일을 그만두게 만드는 행위다. 예를 들어 여성을 '자기'라고 부르는 기분 좋은 일이 허용되지 않는 것처럼. 이런 페미니스트 킬조이 형상은 해악을 축소하는 일과 힘을 과장하는 일이 어떻게 동시에 작용하는지를 보여 준다. 어떤 대상이 해롭다고 지적하기만 해도 영향력을 유지하거나 다른 이들에게 힘을 행사하려는 시도로 치부된다. 마치 페미니스트들이 자기 존재를 더 크게 만들기 위해 사소한 놀림을 실제보다 과장한다는 식이다. 페미니스트들이 권력이 작동하는 방식을 설명하기 위해 도입한 성적괴롭힘 같은 용어나 개념 역시, 바로 이런 식으로 나쁜 감정을 실어 나르는, 외부 세력이 강요

휘파람 소리.

하는 킬조이가 된다.

　　　앞서 언급한 기사가 데이비드 캐머런 전 영국 총리가 국제여성의날을 기념해 유럽평의회 협약에 서명하기로 약속했다는 내용이라는 점을 덧붙이는 것이 좋겠다. 해당 협약에는 "특히 위협적, 적대적, 비하적, 모욕적이거나 공격적인 환경을 조성하는, 개인의 존엄성을 침해할 목적이나 효과가 있는 성적인 성격의 원치 않는 언어적, 비언어적, 혹은 신체적 행위"를 금지하는 조항이 포함되어 있다. 이 조항은 사실 성적괴롭힘의 일반적 정의로, 영국에서도 이미 평등 정책의 일환으로 채택된 바 있다. 그러나 기사에서는 이 조항을 마치 새롭고 이질적인 유럽 차원의 강제 사항처럼 언급한다. "브뤼셀의 관료들과 베를린의 독재자들이 오래전에 유머 감각에서 비껴갔다는 게 놀랄 일은 아니다." 여담이지만 브렉시트 이후 유럽은 명백히 도덕적 제약을 강요하고 유머가 비껴가는 킬조이 형상과 동일시되고 있다. 평등이 유머를 비껴간다는 말은 곧 불평등이 유머러스하다는 이야기다. 브렉시트가 행복의 약속으로 덧칠된 것은 놀라운 일이 아니다. [유럽을] 떠나야 한다는 주장은 인류학자 세라 프랭클린Sarah Franklin의 표현을 빌리자면, 약속의 형태를 띤 향수적 민족주의nostalgic nationalism다. 과거로 돌아감으로써 '통제권을 되찾고' 나라를 되찾음으로써 '통제권을 되찾자는' 것이다.[22] 향수가 과거에 대한 환상이라는 점에서, 환상은 약속이 실현되든 안 되든 보전될 수 있다. 한 정치인은 "물고기들도 이제 영국 물고기가 되어 더 행복하게 잘 산다"[23]라며 농담하기도 했다. 킬조이의 형상이 있는 곳에는 어디든 행복의 환상이 있다. 킬조이가 되는 것은 행복 자체뿐 아니라 어디에서 (그리고 누구로부터) 행복을 찾을 수 있는지에 관한 생각, 즉 행복의 환상을 위협한다.

페미니즘은 예전 방식에 문제가 있다고 알리기 위해 새로운 단어들을 만들어 냈다. 분명히 말하건대 우리가 원하는 것은 예전 방식 중 일부를 바꾸는 것이다. 페미니스트가 되면 사람들이 얼마나 옛 방식에 몰두해 있는지 알게 된다. 사람들이 말하고 행동하는 방식을 바꾸어야 한다고 말하기만 해도 당장 킬조이라는 평가를 받을 수 있다. 더 격렬한 사회 변화의 시기에 더 많은 킬조이가 등장한다는 의미다. 당신 자신과 파트너를 부를 때 올바른 대명사를 쓰라고 끈질기게 요구해야 한다면(올바른 대명사를 요구해야 하는 이들은 대체로 잘못된 대명사로 불리는 사람들이다) 당신은 다른 사람들에게 자기 생각을 강요하고, 그들이 늘 해 오던 대로 할 자유를 빼앗는 킬조이로 여겨질 것이다. 킬조이가 등장하면 경계선이 그어진다. 뭔가가 강제되었다면, 그건 우리 자신에게서 비롯하지 않았다는 뜻이다. 습관이나 규범, 일상이 된 일은 강요로 여겨지지 않는다. 한 예로, 페미니스트들은 여성의 지위가 당연히 결혼 여부에 달려 있다는 가정에 반대하기 위해 미스Miss나 미시즈Mrs를 대체하는 미즈Ms를 도입했다. 2012년 신문 기사에서 재스민 M. 가드너Jasmine M. Gardner는 다음과 같이 썼다. "당신이 스스로 미즈라고 칭한다면 그건 뭔가를 지적하기 위해서라는 걸 모두 알고 있다."[24] 그러므로 우리가 도입한 많은 용어에는 킬조이의 역사가 있다. 그 용어를 사용하면 우리는 어떤 지적을,

30

따끔한 지적을 하고 있다고 여겨진다. 시간이 지나면서 그런 용어 중 일부는 덜 뾰족해지고 더 일상적인 말이 된다 해도 말이다. 습관에 관한 이 문제는 철학자로서의 페미니스트 킬조이를 다룰 때 다시 이야기하겠다.

모든 킬조이가 페미니스트는 아닐지라도 모든 페미니스트는 킬조이다. 이 말은, 페미니스트로 인식되거나 스스로 페미니스트로 인식하는 것이 곧 킬조이라고 평가받는 일이라는 뜻이다. 자신이 이런 용어로 표현될 수 있다고 스스로 생각하든 말든 상관없다. 이는 모든 페미니스트가 천성적으로나 성향상 실제로 킬조이라는 의미가 아니다. 이런 형상의 핵심은 페미니스트가 되면 자기 자신이나 다른 이의 재미를 박탈하려 든다는 인상을 만들어 낸다는 데 있다. 1982년 《뉴욕타임스》에 실린 포스트 페미니즘 세대에 관한 기사에서는 한 학생의 말을 인용한다. "주위를 둘러보면 행복한 여성들이 보이고, 그러고 나면 비참하고 또 비참한 여성들이 눈에 들어올 것이다. 그 불행한 여성들은 모두 페미니스트다."[25] '그 불행한 여성들은 모두 페미니스트'라는 인식 뒤에는 두 가지 상반된 주장이 있다. 첫 번째는 여성이 원하는 대상(아마도 남편이나 아이)을 얻지 못해 불행하면 페미니스트가 된다는 주장이다. 두 번째는 페미니즘이 여성을 불행하게 만든다는 주장이다. 작가 페이 웰던Fay Weldon은 "젠더 평등을 위한 투쟁은 외관상 볼품없다. 진화를 통해 도달하지 못한 정의를 위해 싸우는 데서 보람을 얻는 게 아니라면 아무도 행복해지지 않는다"[26]라고 말했다. 이 말의 함의는 젠더 평등을 위해 싸우는 것은 천성에 대항해 싸우는 일이

므로 우리를 불행하게 만든다는 것이다. 페미니스트가 되면 우리의 여성성femininity, 우리의 매력은 사그라든다.

　　페미니스트 킬조이 속 킬kill이라는 단어의 극단성이 시사하는 바가 있다. 우리는 페미니스트의 요구가 늘 치명적인 데다가 우울하다고 치부된다는 사실로부터 그 성질을 배운다. 페미니스트 킬조이라는 용어가 사람이나 운동, 혹은 그 운동으로 생겨난 단어나 개념을 지칭하는 데 두루 쓰인다는 것을 눈치챘을 것이다. 페미니스트 킬조이라는 단어는 미끄러진다. 페미니스트 킬조이는 고정관념이 되어 페미니즘과 불행 사이의 끈적이는 연관성을 만들어 낸다. 그리하여 페미니스트 킬조이가 미끄러지면, 그는 찍찍이처럼 달라붙어 '나'나 '우리'가 하는 모든 일에 관한 설명이 되어 버린다. 한번 페미니스트 킬조이로 지목되면 그에게 달라붙어 벗어날 수 없는 이유도 바로 그래서다.

　　고정관념은 반복적으로 발화되는 특징화로, 단순할 뿐 아니라 평면적이며 깊은 의미에서 거짓이다. 깊은 의미라고 말하는 이유는 무엇인가를 고정관념으로 만드는 것은 고정관념이 포착하지 못하는 것이기 때문이다. 불행한 페미니즘이나 페미니스트 킬조이라는 고정관념에 때로는 반박하거나 맞서는 방식으로 답하는 까닭을 이해할 수는 있다. 페미니즘은 그렇지 않다거나 페미니스트들은 킬조이가 아니라고 말하는 것이다. 페미니스트의 불행이라는 신화에 반박하고, 페미니즘을 덜 위협적이고 더 매력적으로 보이게 만들고자 행복하고 긍정적인 모습을 보이고픈 마음이 들 수 있다. 페미니즘을 페미니스트 킬조이로부터 구출하고 반짝반짝 빛나는 행복한 페미니스

32

트 그림책을 그려 내고 싶을 수도 있다. 실제로 그런 그림 책도 있다.

하지만 내게는 다른 전략이 있다. 나의 목표는 페미니스트 킬조이로부터 우리를 구출하는 것이 아니라 그에게 목소리를 주는 것이다. 페미니스트 킬조이가 되지 않으려 애쓰고 그로부터 거리를 두면, 그들이 우리 자신과 우리가 하는 일, 그리고 그 일을 하는 이유에 관해 해 줄 수 있는 이야기를 놓치게 된다. 페미니스트 킬조이 형상을 탈환하는 것은 그 안의 진실을 알아차리는 일이다. 페미니스트들은 어떤 믿음, 실천, 삶의 방식, 사회제도적 구조 등 사람들이 (행복에) 필수적이라고 여기는 것을 위협하므로 (행복에) 위협적이라고 여겨진다. 문화비평가 로런 벌런트 Lauren Berlant가 실로 유려하게 표현했듯 "누군가 이론을 들어 당신의 즐거움을 반박하는 것만큼 생경한alienating 일은 없다".[27] 페미니스트 킬조이는 이론을 가지고 있기도 하고, 그 자신이 이론이기도 하다. 페미니스트 킬조이는 왜 페미니즘이 위협적이고 사람들의 즐거움을 생경하게 만든다고 여겨지는지 설명하는 데 도움을 준다.

나는 기꺼이 페미니스트 킬조이가 되려는 이들을 위해 이 핸드북을 쓴다. 이것은 기꺼이든 아니든 불행해지는 것과는 다른 일이다. 페미니스트 킬조이를 탈환하는 것은 그 뒤에 숨은 부정적인 평가(이러저러한 사람은 불행하고 위협적인 사람이다)를 승인하는 것이 아니라, 부정성의 방향을 틀어 다른 쪽으로 밀어내는 일이다. 페미니스트 킬조이라는 말을 탈환하면, 바로 당신처럼 그 표현 속 잠재성을, 부정성을 다른 방법으로 틀 방법을 찾아낸 이들과 대화를 나누게 된다. 행동주의에는 우리를 배척하기 위해 사용되었던 모욕과 고정관념의 용어(예를 들어 퀴어라는 말)를 탈환해 우리가 누구이며 무엇에 반대하는지 이야기해 온 기나긴 역사가 있다. 활동가로서 페미니스트 킬조이를 다루는 장에서 즐거움을 깨는 프로젝트의 퀴어함queerness에 관해 이야기하겠다.

    나는 페미니스트 킬조이 이야기를 수집해 왔다. 이 핸드북은 바로 그 모음집이다. 페미니스트 킬조이가 된 나의 경험과 더불어 다른 이들이 나누어 준 이야기도 함께 담았다. 페미니스트 학생이나 학자 들과 함께 항의했던 경험에 관해 이야기를 나누면서, 나는 페미니스트 킬조이가 매우 자주 등장한다는 것을 눈치챘다. 놀라운 일은 아니다. 킬조이가 되는 것은 항의하는 사람, 부정적인 이야기를 하는 사람, 부정적인 사람으로 여겨진다는 의미니까. 이 핸드북에는 이런 항의 사례도 일부 포함했다.[28] 또 페미니스트 에세이와 문학, 영화를 포함한 더 넓은 문화 분야에서 페미니스트 킬조이가 어떤 식으로 등장하는지 몇 가지 예도 살펴보겠다. 에세이는 특히 흑인과 유색인 페미니스트들의 저작에 집중한다. 페미니스트 킬조이 이야기를 공유하는 것은 직접적인 경험에서 재현으로 넘어갔다가, 다시 경험으로 돌아오는 일이다. 우리가 어떤 이야기에서 킬조이인 인물을 알아볼 수 있는 것은 우리 자신이 그로 지목되었던 경험 덕분이다. 그렇게 그를 알아보고 나면, 우리는 새로운 시각으로 자신의 경험을 돌아볼 수 있다.

    다시 내가 페미니스트 킬조이가 된 이야기로 돌아가 보자. 테이블에 둘러앉은 시나리오는 이제 익숙하다.

무슨 일이든 반복되면 익숙해진다. 내가 어떻게 반응할지 뻔히 알면서 아버지는 왜 계속 같은 지적을 할까? 어쩌면 나는 가부장적 권위에 관해 한 수 배우고 있었는지도 모른다. 아버지는 하고 싶은 말은 뭐든 할 수 있고, 나는 그걸 받아들이는 법을 배워야 한다는 가르침 말이다. 아니면 아버지가 내가 이따금 반응했던 식으로 반응하기를 원했을 수도 있다. 아버지가 평가했던 내 모습, 문제아, 고집덩어리, 어리숙하고, 충동적이고, 반항적인 모습이 드러나도록 말이다. 페미니즘은 종종 단순히 성향 정도가 아니라 개인적 결함, 성격상의 흠으로 치부된다. 누군가가 무엇에 동의하지 않는 것은 무례하기 때문이고, 뭔가에 반대하는 것은 반항적이기 때문이라는 식이다. 어떤 발언에 대한 당신의 반응은 이미 내려진 평가를 정당화하는 데 이용될 수 있다. 그 애는 분명 그렇게 말할 거야. 그 애는 분명 그렇게 말할 것이다. 그리고 나는 그렇게 말했다.

> **킬조이 진실:**
>
> # 문제를 폭로하는 것은
> # 문제를 일으키는 것이다

이 **킬조이 진실**은 핵심적인 진실로, 이로부터 다른 많은 것이 비롯된다. 문제를 폭로하면, 당신은 문제를 일으키는 것이다. 문제를 제기하면, 당신이 곧 문제가 된다.

문제 관리는 이내 사람 관리가 된다. 달리 말해 문제를 해결하는 방식 중 하나는 사람들이 문제에 관해 이야기하지 못하도록 하거나 이야기를 하는 사람을 사라지게 하는 것이다. 더 이상 사람들이 문제에 관해 이야기하지 않거나 이야기하는 사람이 사라지고 나면, 문제도 사라졌다고 간주된다. 이런 과정에는 어떤 지시 사항이 숨어 있다. 문제에 대해 그만 떠들든지 가 버리라는 지시다. 우리가 늘 지시를 따르는 것은 아니다. 그러나 우리가 문제에 관해 이야기하면 할수록 우리는 더욱더 문제에 맞닥뜨린다. 페미니스트 킬조이를 탈환하는 것은 우리를 위해 그 이름을 가져오는 것 이상의 일이다. 이는 우리가 기꺼이 계속해서 맞닥뜨리려는 대상이 무엇인지에 관한 문제이기도 하다. 기존의 구조를 질문하는 것이 사람들을 불행하게 만든다면 우리는 사람들을 불행하게 만들 것이다. 우리는 내가 <u>핵심 킬조이 다짐</u>이라고 여기는 다짐을 할 것이다.

> **킬조이 다짐:**
>
> ## 나는 기꺼이 불행을 초래하겠다

페미니스트 킬조이는 우리에게 의미나 가치가 부여되는 방식이기도 하지만, 일종의 과제이기도 하다. 페미니스트 킬조이 과제를 수행하는 것이 기꺼이 불행을 초래한다는 의미라면, 그 과제가 무엇을 의미하지 '않는지

세

도' 알 수 있다. 페미니스트 킬조이 형상의 핵심은(이 때문에 그가 그토록 날카로운 인물이 된다) 그가 초래한 것이 그의 <u>의도</u>라는 평가를 촉발하는 것이다. 마치 그의 행동이나 말의 목적이 그저 다른 사람들의 행복을 방해하거나 성가시게 하는 데 있는 것처럼 말이다. 그러나 우리에게는 불행을 초래할 <u>의도</u>가 아니라, 불행을 초래할 <u>의지</u>가 있다. 이 한 가지 판단만으로도 둘 사이의 구분은 흐릿해질 수 있다. 우리가 성차별이나 인종차별주의에 관해 이야기하는 것은 사람들을 불행하게 만들려는 의도에서가 아니다. 설령 그것이 사람들을 불행하게 만들지라도 우리는 성차별이나 인종차별주의에 관해 이야기할 의지가 있는 것이다.

페미니스트 킬조이를 과제로 받아들이면 아주 많은 것을 배우게 된다. 페미니스트라고 말하면, 당신은 애초에 당신이 페미니스트가 되도록 만들었을 발언들을 다시 듣게 된다. 내가 직접 들었거나 전해 들은, 저녁 식사 테이블에서 가족이나 친구, 지인이 내뱉은 기억해 둘 만한 발언을 몇 개 옮긴다. "아기들에게 젖이 필요하니 여자들은 동등해질 수가 없어." "이넉 파월Enoch Powell*이 옳

---

* 1960~1970년대 영국 보수당의 유력 정치인이자 시인. 강도 높은 반反이민정책을 지지했으며, 1968년 '피의 강물'이라고 불리는 연설에서 당시 대규모로 유입되던 이민 인구로 인해 영국 사회가 불안정해졌다고 비판했다. 파월의 발언은 언론과 정계에서 '인종차별적'이라는 거센 비판을 받았으나 영국 전역의 백인 유권자들에게는 높은

앉어." "동성애자들이 아이를 갖는 건 이기적인 짓이야."
"무슬림이랑 결혼하니까 이런 일이 생기지." "사라, 동양
인인 줄 몰랐네요." "이혼은 남자에 대한 차별이야." 각
발언이 어떤 상황에서 나왔는지는 앞으로 보게 될 것이다.
이 중 일부는 내가 직접 들은 말이다. 또 어떤 것은 신문의
헤드라인이다. 신문 헤드라인이라면 대응할지 말지, 또 어
떻게 대응해야 할지 알기가 더 쉽다. 솔직히 말해서 때로
우리가 토론에 임하는 이유는 이전에 이미 그 주제에 관해
들었고 부득이 이미 논쟁 기술을 갈고닦았기 때문이다. 가
끔은 토론에 임하는 일 자체가 해당 주제를 토론할 만한
주제로 격상시키기 때문에 토론을 거부할 때도 있다. 공적
영역에서 성차별, 동성애 혐오, 트랜스젠더 혐오, 인종차
별에 대응하는 일이 아무리 어렵다 해도, 더 내밀한 공간
에서 어떻게 대응해야 할지 아는 것보다는 훨씬 덜 까다롭
다. 페미니스트 킬조이가 되는 것은 가족이나 친구가 그런
발언을 할 때 어떻게 다루어야handle 할지 배우는 일이다.
옳은 길은 없다. 다양한 핸들handle이 있을 뿐이다.

　　뭔가를 다루는 것은 그것으로부터 배우는 일이
다. 이는 우리가 페미니스트로서 활동하는 정치적 현장
인 회의 테이블과 저녁 식사 테이블을 아울러 생각할 수
있다는 뜻이다. 시인이자 비평가 클라우디아 랭킨Claudia
Rankine은 저서 『오직 우리Just Us』에서 독자들을 공항, 극
장, 저녁 파티와 포토 부스 등 다양한 현장을 오가는 여정

성원을 얻었고, 보수당은 1970년 총선에서 대승을 거두
었다.

으로 이끈다. 이 현장들을 연결하는 것은 저자가 백인성 whiteness에 관해 백인들과 나눈 불편한 대화들이다. 랭킨은 백인성에 관한 대화가 방 안에 없는 대상을 끌고 들어오는 일이 아니라는 점을 강조한다. 그러나 그 대화는 그런 것처럼 느껴진다. 어떤 대상은 절대 지목해서는 안 되며, 만약 그렇게 하면 대화는 바람처럼 사나워지고 "상호 간의 긴장과 분노가 방 안에 보이지 않게 불어닥치기"[29] 때문이다.

불편함은 연결 고리가 될 수 있다. 이쯤에서 아마 아타 아이두Ama Ata Aidoo의 소설 『우리 자매 킬조이 Our Sister Killjoy』를 보자. 우리의 자매 킬조이 시시Sissie가 화자다. 여행기처럼 쓰인 이야기에서 시시는 아프리카에서 유럽으로, 가나에서 독일과 영국으로 여행한다. 시시의 킬조이 이야기는 심지어 유럽에 도착하기도 전에 시작된다. 비행기에서 백인 승무원이 시시에게 뒷줄에 있는 "친구들"과 함께 앉는 게 어떻겠냐고 제안한다. 승무원이 가리키는 사람은 시시가 모르는 흑인 두 명이다. 시시는 그들을 모른다고 말하려다가 문득 망설인다. "하지만 두 사람과 함께 앉는 걸 거부하면 어색한 상황이 될 터였다. 그렇지 않은가? 승무원이 교양 있는 교육을 받고 자란 게 명백하다는 건 차치하더라도, 그는 모든 승객의 편안함을 살피도록 훈련받았으니 말이다."[30] 시시의 망설임은 많은 것을 시사한다. 그가 뒤편으로 향하지 않거나 다른 흑인을 모른다고 말하면, 주어진 자리를 거부하는 일이 된다. 승무원이 '모두의 편안함을 살피도록' 훈련받았다면, 그의 지시를 따르지 않는 일은 '모두'의 불편을 초래할 것이다.

시시는 이쯤에서 승무원의 말을 따른다. 하지만 그 상황에서 무엇이 잘못되었는지를 안다. 그리고 그가 알기 때문에, 우리도 안다. 소설이 진행되면서 시시는 말과 행동 모두에서 점점 자기 자신, 즉 킬조이 자매가 되어 간다. 나는 킬조이 자매 형상이 원래 만들어진 목적을 방향을 틀어 재설정한 아마 아타 아이두에게 큰 빚을 졌고, 이 책 전반에서 시시의 킬조이적 만남을 여러 번 언급할 것이다. 아이두의 책은 킬조이에게 독자적인 목소리를 준 <u>최초의</u> 텍스트다. 아이두(그리고 시시)는 킬조이 자매나 페미니스트 킬조이가 되면 우리가 초래한 것, 즉 '어색한 상황'을 인식하게 된다는 사실을 보여 준다. 어색한 상황이 만들어지면, 우리는 너무 자주 어색하게 군다는 평가를 받는다. 이런 평가를 하나의 프로젝트로 전환하고 페미니스트 킬조이 과제를 마주할 때, 프로젝트를 함께 나눈다는 사실은 매우 중요하다.

페미니스트 킬조이가 되면, 페미니스트 킬조이라는 존재에 더 익숙해지고 그들이 언제 어떻게 등장하는지 알아차리게 된다. 레이철 커스크Rachel cusk의 소설 『알링턴파크 여자들의 어느 완벽한 하루』의 한 장면이 떠오른다. 친구들이 둘러앉은 예의 저녁 식사 테이블이 있다. 매슈라는 인물이 말하고 있다. 그는 "말하고 또 말했다. 그는 정치와 세금과 자기 앞길을 방해하는 사람들에 관해 말했다".[31] 그는 육아휴직을 하는 여자들에 관해 "말하고 또 말했다". 그러고는 출산 후 곧바로 복직했는데도 한 여자를 해고하겠다며 이야기를 이어 간다. 줄리엣이라는 여성 인물은, 처음에는 침묵한다. 그러나 결국 도저히 침묵함으로써 동의한다는 인상을 주며 내버려둘 수 없는 지경이 된다. 줄리엣은 말한다. "그거 불법이에요." 또 말한다. "그 여자가 당신을 고소할 수도 있어요." 불법, 바로 그 단어가 마치 칼처럼 공기를 찢고 날아가 매슈가 자신에게 있다고 여기는, 지금 하는 일을 계속할 권리를 위험에 빠뜨린다. 날카롭다고 받아들여지는 이는 줄리엣이다. 매슈가 대답한다. "당신 조심하는 게 좋겠어요." 그러고 나서 "그는 자신이 증오의 대상이 되기 직전임을 깨달았다. 곧 터질 뇌관처럼 일촉즉발의 상황이었다. '조심해야죠. 그 나이가 되면 거슬리는 말을 곧잘 하게 되잖아요'". 목소리를 냈기 때문에, 조심하지 않고 목소리를 냈기 때문에 줄리엣은 증오에 다가섰다. 그 증오는 원래 거기에 있었다, 배경에, 마치 뇌관처럼. 페미니스트 킬조이가 된다는 것은 뇌관 지척에 산다는 의미다.

나이에 관한 언급에 주목해 보라. 어쩌면 페미니스트 킬조이는 나이 듦에 관한 과제인지도 모른다. 당신은 마귀할멈hag이자 잔소리쟁이가 되어 간다. 급진주의 페미니스트 메리 데일리Mary Daly는 마귀할멈을 "다루기 힘든 사람, 특히 구애에 굴복하기를 주저하는 여자"[32]라고 정의했다. 성적 접근이든 다른 접근이든 거기에 굴복하지 않으면 마귀할멈이 되는 셈이다. 여성들에게 다른 이가 접근할 수 있는 상대가 되라고 말하는 성차별주의 역시 일종의 접근 방식이다. 굴복하지 않고, 미소 짓지 않고, 침묵을 지키지도 않으면, 당신은 '센' 사람으로 여겨진다. 거슬린다strident라는 단어에 관해 생각해 본다. 거슬린다는 것은 시끄럽고, 과하고, 신경을 건드린다는 뜻이다. 다른 이들은 같은 이야기를 하고 또 할 수 있지만, 심지어 큰 소리로 이야기할 수도 있지만 거슬린다는 평가를 듣지 않는다. 하지만 당신이 그들의 말이 문제라고 감히 이야기하는 순간 당신은 문제가 된다. 아, 당혹스러운 사람이 되는 건 얼마나 당혹스러운가! 아, 어려운 사람으로 여겨지는 일의 어려움이란! 그 어려움은 당신을 어려운 사람으로 만들기에 충분하다.

당신의 말은 심지어 그들이 당신이 <u>되어 간다고</u> 생각하는 그 모습처럼 <u>들리기</u> 시작할 수도 있다. 말이 통하지 않는다는 걸 알게 되면 당신은 더 크고 빠르게 말한다. 그리고 분노했다고 여겨지기 때문에 결국 분노한 목소리로 이야기하게 된다. 우리는 심지어 남들이 우리가 그렇다고 평가하는 그 존재가 되기도 한다. 나는 한 레즈비언 학자와 결국 그런 역학에 갇힌 사람이 되어 버리는 일에 관해 이야기를 나눴다. "그러고 나면 당연히 마녀사냥을 당하고, 희생양이 되고, 문제를 일으키는 건방진 여자가 되죠. 어울리지 못하는 여자가 되고, 당신을 괴롭히는 사람이 뭐라고 비난하든 바로 그 존재가 되는 거예요. 아무도 당신의 말을 듣지 않으니까요. 그러면 당신은 스스로 더는 퉁명스럽게 말하지 않기 시작했다는 걸 깨닫죠(책상을 쾅 내리침). 그런 거라니까요. 그들이 말하는 게 들리죠, 아, 또 시작이다." 한 다양성 책임자도 내게 상당히 비슷한 이야기를 했다. 회의 중 자신이 입을 열기만 해도 사람들이 마치 이렇게 말하는 듯 눈을 흡뜬다고 했다. "아, 또 시작이네." 이 두 이야기를 나누며 우리는 모두 소리 내어 웃었다. 서로가 그 장면을 알아차린다는 것을 알아차렸기 때문이다. 아무 말 하지 않아도 흡뜬 눈은 등장한다.

흡뜬 눈=페미니스트 교수법

이 등식을 알려 주면 사람들은 대부분 웃는다. 우리도 가끔은 웃는다. 우리가 모두 웃기 위해서는 각자가 웃어야 한다. 그 웃음 속에 신음이 있을 수도 있다. 우리에게 눈을 흡뜨려면 사람들은 먼저 우리를 보아야 한다. 웃으면 웃을수록, 우리는 더 잘 보인다. 우리는 그런 감시의 무게를 견디며 웃는다. 우리가 웃는 건 웃어넘긴다는 뜻이 아니다. 우리는 웃어넘겨야 마땅할 대상이 너무 많다는 것을 알고 있다. 기억하자, 불평등은 일상적으로 유머의 형태를 띤다. 그래서 많은 페미니스트 킬조이 이야기는 무언가가 우습지 <u>않다</u>는 것을 깨닫는 경험에서 시작된다.

킬조이 격언:

우습지 않을 때는 웃지 마라!

학과장이 끊임없이 반유대적이고 동성애 혐오적

인 발언을 한다는 어느 교수*와 이야기를 나누었다. "제 생각에는 학과장이 웃기려고 했던 거 같아요." 그 교수가 말했다. "제 성은 아주 명백한 유대인 성이고, 우리 가족은 유대인이고, 저는 종교는 없지만 어쨌든 배경은 그런데, 저는 유대인인데, 학과장은 유대인에 관한 농담이나 유대인이 인색하다는 둥 그런 발언을 엄청 많이 해요. 또 저는 오픈한 동성애자인데 그게 놀릴 거리라고 생각하는지 항상 다른 사람에 관해 이야기해요. 저 남자 동성애자 같아? 저 여자 동성애자 같아? 그런 게 엄청 많아요."

"제 생각에는 학과장이"라는 말은 학과장이 왜 그런 식으로 말하는지 이 교수가 이유를 추측하고 있다는 것을 보여 준다. 너무나 많은 언어폭력이 '웃기려는' 의도에서 발생하는 듯하다. 이 사실로부터 그런 의도의 유용성을 추측해 볼 수 있다. '웃기려는' 감각은 누군가가 다른 이들을 비하하고 경멸하는 말을 반복할 수 있도록 한다. 이런 형태의 언어폭력은 '수년간 계속됐다'.

같은 문제를 계속 겪다 보면 자기가 문제인 것 같다는 느낌에서 벗어나기 힘들다. 교수는 다음과 같이 말했다. "저는 늘 싸움닭 같다는 이야기를 들어 왔어요. 유대인이라서 싸움닭 같고, 이 나라에 살면서 브렉시트에

영국 대학 체계와 한국 대학 체계는 다소 다르긴 하나 일반적으로 영국에서 lecturer, senior lecturer, reader, professor는 각각 조교수, 부교수, 교수, 석좌교수를 의미한다. 여기에서는 직급 간 차이를 강조하는 경우를 제외하고는 모두 '교수'로 옮겼다.

*

44

불만을 느끼니까 싸움닭 같고, 아니면 동성애자라서, 그냥 괜히 문제를 들쑤시고 싶어서 그런다고요. 그러면 내가 문제를 들쑤시고 싶어 하나? 이렇게 생각하게 돼요. 문제를 내부로 돌려서, 내가 문젠가, 내 잘못인가? 밤에 뜬눈으로 누워서 생각하죠. 지금 내가 문제인 건가?" 싸움닭으로 여겨지는 사람의 정당한 불만은, 마치 기분이 상해서 그냥 해 대는 불평처럼, 그저 억하심정으로 일축된다. 당신이 남과 다르다는 바로 그 사실이(내가 동성애자라서, 내가 유대인이라서 등등) 당신이 말하는 내용을 설명하는 데 이용된다.

페미니스트 킬조이가 되는 것은 우리가 어떤 식으로 일축되는지에 귀 기울이는 일이다. 앞의 교수 역시 스스로 의심하는 소리를 들었다. "어쩌면 내가 과민한 건지도 몰라, 이런 식으로 잘못을 저 자신한테 돌리기 시작하는 거죠. 과민하고, 농담도 못 받아들이고, 어쩌고저쩌고, 그냥 털어 버리려고 하는 말을 하면서요." 그는 스스로를 탓하면서 그렇게 하는 자기 모습을 인식한다. 그러다 결국 필요 이상으로 큰일을 만들지 말자고 다짐하며 페미니스트 킬조이가 되어선 안 된다고 스스로 경고하게 될 수도 있다. 그냥 털어 버리자는 다짐은 자신에게 강제하는 명령이 된다. 교수는 과민하다라는 단어를 두 번 사용했다. 페미니스트 킬조이는 종종 과민하다고 여겨진다.

킬조이 등식:

과민하다

=

끝나지 않은 것에 대해 예민하다

심지어 스스로 페미니스트 킬조이라고 생각하는 사람조차도 '문제를 내부로 돌릴' 수 있다. 외부의 목소리를 제 머릿속에서 듣고, 자신이 너무 예민해서 문제를 실제보다 크게 만든다고 말하는 것이다. 외부의 목소리는 크다. 우리는 어디에서나 그 소리를 듣는다. 널리 알려진 '눈송이 세대snowflake generation'* 이미지가 인식되는 방식을 보라. 이들은 너무 '오냐오냐하며' 키워져서 갈등을 견디지 못하고, 현실을 받아들이지 못하므로 농담도 받아들이지 못한다고들 한다. 다음과 같은 수사가 그 전형적인 예시이다. "누구도 감정을 다스리지 못하고, 그래서 할 수 있는 거라곤 고통을 유발하는 대상을 멈추어 버리는 것뿐이다. 논쟁도, 논의도 없이 음 소거 버튼을 누르고 불편감을 없애는 것이 실제 변화를 만드는 일과 같은

---

*   쉽게 녹아 버리는 눈송이처럼 극도로 예민하고 감정적이며 자기중심적인 세대라는 의미로, 주로 2010년대에 성인이 된 세대를 비하하는 표현.

것처럼 행세한다."[33] 일부 논평가들은 트리거 워닝trigger warning**을 고통을 유발하는 모든 것을 중지시켜 버리는 과민한 세대의 증거로 본다. 그러나 트리거 워닝은 사실 어떤 이들이 고통스러운 주제에 관한 쉽지 않은 대화를 하기 위해 방에 남아 있도록 하는 기술로 이해하는 것이 더 정확하다. 트리거 워닝의 목적은 더 많은 정보를 전달하기 위함이지 그 반대가 아니다. 어려운 대화를 중단하는 것이 아니라, 트라우마 이력이 있는 사람들이 그런 대화에 참여할 수 있도록 하는 역할을 한다.

지나치게 예민한 젊은 세대가 문제라는 생각은 쉽게 불쾌해하는 성격offendability***이 표현의 자유를 제한하는 일종의 정신적 취약함이라고 보는 더 광범위한 대중 담론과 관련이 있다. 우리가 원하는 대로 말하고 행동할 권리를 빼앗는 깨어 있는 재판관이 또다시 들먹여진다. 어떤 이들은 점점 더 타인을 침해하는 방식으로 공간을 차지할 권리를 주장한다. 인종차별이나 트랜스젠더 혐오 모두 이런 식으로 작동한다. 소수인종이나 특히 무슬림을

** 특정 콘텐츠에 가정폭력, 성폭력 등 트라우마를 자극할 수 있는 소재가 포함된 경우 해당 내용을 사전에 고지하는 것.

*** offendability는 사전에 등재되지 않은 신조어다. '타인의 기분을 상하게 하거나 불쾌하게 하다'라는 뜻의 offend와 '할 수 있는 능력'을 의미하는 접미사 -ability가 합쳐진 단어로, 쉽게 기분이 상하거나 불쾌해하는 성격을 가리킨다.

47

위시한 종교적 소수자, 그리고 트랜스젠더가 너무 쉽게 불쾌해하는 집단으로 자리매김되면 인종차별이나 트랜스젠더 혐오 발언은 증가한다. 이러한 발언이 억압된다는 서사에는 '담론의 선동'[34*]이 작동한다. 많은 사람이 인종차별적이고 트랜스젠더 혐오적인 발언이 허락되지 않는다고 말함으로써 그러한 발언을 이어 간다. 한 코미디언은 트랜스젠더 혐오적 내용이 상당히 포함된 무대가 끝난 뒤 말했다.[**] "제게 코미디의 역할은, 정말로, 우리가 어떤 대상을 극복하도록 하는 겁니다. 그리고 제가 터부시되는 주제들을 다루는 건 관객을 그들이 이전에 가 보지 못했던 장소로 데려가고 싶어서죠. 찰나의 순간이라도 말입니다."[35] 이 이른바 '터부시되는 주제'란 사실 우리가 가 보지 못한 장소가 아니라 익히 향하는 장소이자 수많은 발걸음으로 다져진 길이다. 이는 주류문화의 트랜스젠더 혐오를 문제 삼는 것이 아니라 확증한다. 그러나 이 사실을 짚어 내고 문제에 이름을 부여하면, 그들은 자신들이 '취소되었다'고 주장하며 재빨리 취소 관광을 시작한다. 결국 우리가 마주하는 것은 목소리를 빼앗겼다고 끊임없이 이

---

* '담론의 선동'이라는 번역어는 다음 책에서 빌려 왔다. 미셸 푸코 지음, 이규현 옮김, 『성의 역사 1』, 나남, 2004, 23쪽.
** 이 발언은 넷플릭스에 〈슈퍼네이처〉가 공개되고 난 뒤, 트랜스젠더 혐오적 콘텐츠라는 비판이 쏟아지자 리키 저베이스Ricky Gervais가 BBC 〈더원쇼〉에 출연해 한 말이다.

야기하며 플랫폼을 빼앗겼다고 주장할, 더 많은 플랫폼을 얻게 된 이들이다. 페미니스트 킬조이로 자리매김하면 권력이 얼마나 자주 역방향으로 작용하는지 알게 된다. 공공영역에서 더 많이 재현되는 사람들은 자신들이 더 많이 검열된다고 말하는 경향이 있다. 누군가가 플랫폼이 없다고 말할 플랫폼을 얻고 목소리를 빼앗겼다고 끊임없이 이야기하는 모든 순간, 우리는 수행 모순뿐 아니라 권력 기제를 목격한다.[36]

가끔은 어떤 대상이 고통스럽다고 여기기만 해도 다른 사람의 입을 다물게 하거나 대상을 멈추려 드는 킬조이로 자리매김될 수 있다. 영문학과 여성학을 전공하는 학부생이 눈물을 흘리며 내 방에 찾아온 적이 있다. 그 학생은 한 교수가 수업 시간에 적나라한 강간 장면이 포함된 영화를 틀었다고 말했다. 나중에 영화와 관련된 논의가 불편했다고 이야기하자, 교수는 그가 영화를 "너무 있는 그대로" 잘못 읽었기 때문에 불편했을 뿐이라고 대답했다. 강간은 "그저 메타포"일 뿐이라고도 했다. 상처는 그저 너무 있는 그대로 오독한 탓에 생긴 것으로 치부되었다. 교수는 강간을 미화하는 자신의 태도 덕에 영화를 보여 줄 수 있었고, 계속해서 보여 줄 수 있다. 특정한 교재를 활용할 권리를 고집하는 태도는 그 교재가 다른 이들에게 미치는 영향에 대한 무자비한 무관심이 될 수 있다.

당신은 너무 많은 영향을 받거나 틀린 방식으로 영향을 받음으로써 누군가 특정한 방식으로 자신을 표현할 권리를 위협하는 킬조이가 된다. 또 다른 학생은 학술대회 도중 동료 학생에게 받은 언어적 괴롭힘에 관해 이야기했다.

"이틀 동안 분위기가 정말 억압적이었어요. 문을 통과하자마자 다른 문화권에 들어온 거 같았어요. 어깨를 문지르거나 무릎을 토닥이는 등 신체 접촉이 많았어요. 그게 곧 대화였죠. 학생들이 농담을, 운영 스태프들이 바로 앞에 있는 좁은 공간에서 끔찍한 농담을 하는데 아무도 뭐라고 하지 않았어요. 저만 완전히 다르게 반응하는 것 같더라고요. 그 학생들이 행동하는 방식과 다들 웃기만 하는 상황이, 제가 느끼는 감정과 완전히 동떨어져 있다고 느껴졌어요. 걔들은 '꽃뱀 년들'에 관해 이야기하고 있었어요. 지금도 대체 그런 농담이 어디서 왔는지 모르겠어요. 아무도 뭐라고 하지 않고, 다들 그냥 같이 웃고 있더라고요. 그런 식으로 제가 튀기 시작하는 거죠. 같이 어울리지를 못하는 거예요."

문을 열면 마주치게 된다. 공기가 달라지고 사적 공간이 침해되는 상황을. '꽃뱀 년들'이라는 성차별적 표현 뒤에는 역사가 있는 것처럼 보인다. 그 역사는 마치 당연히 따라야 할 길처럼 눈앞에 던져진다. 대체 농담이 어디서 왔는지 알 수 없지만 모두가 웃고 있다. 웃음소리가 방 안을 채우면 더는 공간이 없다고 느껴진다. 그런 농담을 불쾌하게 느낀다는 것은 농담 자체뿐 아니라 그 농담을 둘러싸고 지탱하는, 농담이 향할 곳을 제공하는 웃음과도 유리된다는 의미다.

다른 사람들이 농담과 어우러지는 동안, 당신은 농담에는 아무 문제가 없다는 이야기를 듣게 된다. 의도하지 않아도 당신 몸이 뭔가를 드러내기 때문에 당신은 즐거움을 깰 수 있다. 이게 바로 내가 페미니스트 킬조이를 정서 이방인affect aliens이라고 부르는 이유다. 우리는 주위 사람들과 다르게 영향받음affected으로써 소외된다.

킬조이 등식:

정서 이방인

=

다른 영향을 받아 소외되다

뭔가에 참여하지 않고 다른 사람들이 웃을 때 웃지 않으면, 당신은 튄다. 어쩌면 튀지 않기 위해 따라 웃는 사람도 있을 것이다. 튀는 사람은 표적이 된다. 괴롭힘에 참여하지 않는 사람이 표적이 된다면, 괴롭힘을 당하지 않는 한 가지 방법은 참여하는 것이다. 앞서 언급한 학생은 뒤이어 무슨 일이 일어났는지 설명했다. "그 남자가 모두가 점심을 먹고 있는 테이블에서 정확히 저를 겨냥해 말했어요. 많은 사람이 둘러앉은 커다란 테이블이었는데, 스태프들도 있었고요. (……) 저는 다른 사람이랑 (연구 주제에 관한) 꽤 개인적인 대화를 나누고 있었는데 그 남자가 테이블 너머까지 몸을 기울여서 말 그대로 물리적으로 다가왔어요. 그러고는 제 몸 옆으로 몸을 살짝 기울이더니, 거리가 정말 가까웠어요, 이렇게 말했어요. '참 나, 생리하세요?'"

51

이 학생이 농담을 재미있다고 생각하지 않았기 때문에, 반응을 통해 그런 행동을 용납하지 않는다는 것을 드러냈기 때문에, 즐거워하지 않았기 때문에, 남자가 뒤쫓아 온 것이다. 그의 사적 공간은 침해되었고, 그는 그저 신체로 축소되었다. 그는 뜻대로 행동할 수 없게, 자신의 연구에 관한 대화를 나눌 수 없게 되었다. 그는 방을 떠났다. 그가 방에서 걸어 나올 때 한 스태프가 쫓아와 말했다. "아, 원래 저런 거 아시잖아요. 유머 코드가 진짜 이상해요. 별 뜻 없었을 거예요." 어쩌면 언어는 우리가 문제라고 인식하는 바로 그 순간 별 뜻이 없어지기 마련인지도 모른다. 메타포, 패러디, 반어법, 스타일, 예술이 되는 것이다.

폭력의 의미와 영향력이 지워지면 폭력은 반복된다. 반대하거나 항의하면, 자신의 관점을 다른 이들에게 강제하는 사람으로 여겨진다. 그 학생은 실제로 항의를 했다. 항의가 제기되었다는 것을 다른 학생들이 알게 되자, 상황은 악화했다. "거기 있던 남자들에게서 실제로 신체적인 공격 위협이 느껴지기 시작했어요. 창문으로 벽돌을 던지겠다느니 손을 다리미로 지지겠다느니 하는 이야기가 있었고요." 괴롭힘을 당했기 때문에 항의하면, 항의했기 때문에 괴롭힘을 당한다. 심지어 폭력을 행사하겠다는 위협도 가벼이 여겨질 수 있다. 또 다른 학생은 대화 중에 다음과 같이 묘사했다. "폭력을 행사하겠다는 위협이 가해졌을 때, 말이 그렇다는 거지 별 뜻 없다는 듯 넘어갔어요." 그 남자는 별 뜻이 없었고, 위협에도 별 뜻이 없었다. 그는 학과장이 개입을 거부하며 다음과 같이 말했다고 덧붙였다. "누구 한 학생의 편을 드는 것처럼 보일

52

수는 없으니, 공식적인 조치를 취할 수 없어요." 한쪽 편을 드는 것처럼 보이고 싶어 하지 않는 태도는 결국 편을 드는 행위다. 괴롭힘을 중단하려는 시도가 부재하기 때문이다. 괴롭힘을 마치 논쟁이나 토론에서 편을 드는 문제인 듯 취급하기 때문에 괴롭힘은 드러나지 않는다.

당신이 멈추려고 하는 대상이 다른 이들에게는 보이지 않는다. 그래서 당신은 계속해서 싫다고 말해야만 한다. 그리고 싫다고 하면 할수록, 어떤 것에 동의하지 않는다는 것을 어떻게든 드러내거나 암시하면 할수록, 당신은 싫다고 말하지 말라는, 아무 말도 하지 말고 아무것도 하지 말라는 압력을 받게 된다. 어쩌면 이런 압력 때문에 결국 부러지고 말 수도 있다. 앤드리아 레비Andrea Levy의 소설 『레몬 열매Fruit of the Lemon』 속 한 장면이 떠오른다. 소설의 주인공은 젊은 흑인 영국 여성 페이스 잭슨Faith Jackson으로, 페이스의 부모는 자메이카 출신 이주민이다. 페이스는 별 탈 없이 원하는 대로 살고 있다. 자신이 주위 사람들과 다를 바 없다고 생각하며, 백인 친구들은 그저 친구들일 뿐이다. 페이스와 친구들은 집과 삶을 공유한다.

그때, 한 사건이 일어난다. 페이스와 룸메이트 사이먼은 한 흑인 여성이 폭력적으로 공격당하는 장면을 목격한다. 독자는 페이스의 눈을 통해 사건을 본다.

한 흑인 여성이 서점 출입구에 서 있었다. 그는 방금 내기에서 이겼는데 그 사실을 믿지 못하는 사람처럼 깜짝 놀란 눈을 하고 있었지만, 침착해 보였다. 그러나 그 얼굴 한쪽에는 피가 여러 줄기로 흘러내리고 있었다. 굵고 선명한,

붉은 핏줄기였다. 나는 그 앞에 서서 "괜찮으세요?"라고
물었고, 그가 바닥으로 무너져 내리자 나 자신이 멍청이가
된 기분이었다.[37]

페이스와 사이먼은 집에 돌아와 무슨 일이 일어났
는지 이야기한다. 이야기를 하는 것 자체가 극적인 상황을
만들어 내고, 사이먼이 관심의 중심이 된다. 마치 그 일이
사이먼에게 일어나기라도 한 듯, 그 사건이 사이먼에게 미
친 영향 때문에 사건이 되기라도 한 듯 모두 그를 둘러싼다.
"담배를 입으로 가져가는 사이먼의 손이 떨렸다.
그는 담배를 똑바로 들 수조차 없었다. 매리언이 손을 잡
아 주었다. '너 충격이 심한 것 같아. 달달한 차 좀 마셔야
겠어.' 사이먼의 얼굴을 가까이 들여다보며 매리언이 말
했다. '믹, 주전자 올려놔.'"[38] 친구들이 상냥하게 사이
먼 주위에 모여 걱정하는 동안 페이스는 흑인 여성이 사
라져 버리는 것을 느낀다. 페이스는 다시 그 여성을 이야
기로 돌려놓으려 애쓴다. "나는 이야기를 두 번 중단시켰
다. '흑인 여자였어.' 내가 말했다. 사이먼은 방금 그를 서
점에서 일하던 여자라고 불렀다. 나는 머리를 얻어맞은 그
여자가 바로 나처럼 흑인이라고 두 번이나 이야기해야 했
다. 두 번 다 사이먼과 믹은 나를 바라보고 고개를 끄덕였
다." 중단시키다interrupt라는 단어는 파열rupture, 혹은 단
절break에서 비롯되었다. 흑인 여성을 이야기 속으로 돌
려놓기 위해, 페이스는 친구들의 이야기를 멈추어야 한다.
그러나 그들은 멈추지 않는다. 그들은 고개를 끄덕이며 계
속한다. 마치 흑인성Blackness이 그저 지나칠 수 있는 사

54

소한 요소라는 듯이. 모두 웃고, 낄낄대고, 극적인 사건에 취해 신이 나서 사이먼을 중심에 두고 소란을 떤다.

그러나 페이스는 더는 견딜 수 없다. 사건의 폭력성을, 흑인 여성에게 직접 가해졌으나 지나쳐진 폭력을 견딜 수 없다. 그는 쏘아붙인다. "나는 잔에 담긴 차를 천천히 테이블에 쏟아 버렸다. '다들 좀 닥쳐. 다들 씨발 좀 닥치라고. 하나도 안 웃겨!' 그러자 쥐 죽은 듯 조용해졌다. 모두 말을 멈추고 나를 빤히 쳐다보았다. 나는 집을 나왔다."[39] 높아진 목소리와 쏟아 버린 차. 뭔가가 시작된 것처럼 보일 법하다. 그러나 페이스에게 그 뭔가는 이미 한창 진행 중이었다. 그는 방 안까지 두 사람을 따라온, 이미 그곳에 있던 폭력을, 흑인 여성에게 직접 가해진 폭력을, 그 폭력이 이름 없이 지나쳐지는 폭력을, 관심의 폭력을, 어떻게 목격자가 관심의 중심과 걱정거리, 드라마가 되는지, 어떻게 그가 전부가 되는지를 폭로한다.

페이스의 일침을 통해 앤드리아 레비가 무엇을 보여 줄 수 있었는지 생각해 본다. 딱 부러지는 일침은 흔히 갑작스러운 파열이나 순식간에 일어나는 반응으로 여겨진다. 쏘아붙인다는 뜻의 snap[*]은 날카로운 소리를 가

---

[*] 영어 단어 snap에는 나뭇가지 등이 '딱 소리를 내며 부러지다'라는 뜻과 '쏘아붙이다'라는 뜻이 있다. 저자는 단어의 다의성과 기원을 바탕으로 비유적이고 확장적인 의미를 전개하는 여러 작업을 해 왔다. 저자의 의도를 살려 snap을 문맥에 따라 '부러지는 소리' '일침' '부러짐' 의성어 '딱' 등으로 옮겼다.

리키는 데도 쓰인다. 나뭇가지가 딱 하고 부러지는 소리를 들었다고 생각해 보자. 그 전에는 나뭇가지도, 나뭇가지에 압력이 가해지고 있다는 것도, 나뭇가지가 어떻게 휘었는지도 알아채지 못했을 수 있다. 나뭇가지는 부러지면서 마침내 관심의 대상이 된다. 부러지는 소리가 시작점이라고 생각할 수 있다. 그러나 그 소리가 시작점인 유일한 이유는 단지 나뭇가지에 가해진 압력처럼 미처 알아차리지 못했던 것이 있기 때문이다. 누군가가 소리를 지르면, 그가 소리를 지르기 때문에 그 목소리가 들릴 것이다. 목소리가 높아져 다른 모든 소리를 덮어 버리는 순간이 되면 말이다. 그게 그 사람이 처음부터 소리를 질렀다는 뜻은 아니다.

킬조이 진실:

남들이 듣게 하려고 소리 질러야 한다면, 소리 지르고 있는 것으로 들린다

부러지는 소리에는 역사가 있다. 그 소리를 듣고 그 순간에 역사를 부여하려면, 속도를 늦춘 후 닳고 찢어지고 견디는, 더 천천히 흐르는 시간에 귀 기울여야 한다. 당신의 존재를 부정하는 세상에서 존재하기 위해 분투하다 보면, 에너지가 서서히 고갈되다가 부러지는 소리를 듣게 된다. 부러지는 지점은 도달해야만 하는 지점이다. 첫눈에는 페미니스트 킬조이가 지금 당장 뭔가에 반응하는 것으로 보일 수 있다. 그러나 킬조이들의 이야기를, 부러졌던 경험을 듣다 보면, 타이밍이 얼마나 중요한지 알게 된다. 킬조이들이 불쑥 나타나는 이유는 그 <u>이전에</u> 말해졌거나 말해지지 않은, 행해졌거나 행해지지 않은 것 때문이라는 사실을 말이다. 약 올리는 사람 때문에 약 오르는 기분을 느꼈던 경험을 떠올려 보라. 도발당하면 당할수록 당신은 점점 더 팽팽해진다. 팽팽해지고, 팽팽해지고, 더 팽팽해지고, 숨을 들이쉬고, 공기가 부족해지고, 마침내 부러질 때까지. 집단은 당신이 부러지는 것을 목격하며 더욱 결속한다. 저 여자 좀 봐, 봐 봐, 저 여자 뱅글뱅글 도는 것 좀 봐!

저 여자 뱅글뱅글 도는 것 좀 봐. 앞에서 가족이나 친구들과 대화를 나누던 중 들었던 발언을 몇 가지 언급했다. 순간적으로 발끈해서 튀어나왔던 각각의 말을 들을 때마다 나는 그 순간으로 되돌아간다. 그중 하나인 "아기들에게 젖이 필요하니 여자들은 동등해질 수가 없어"라는 말은 내가 아버지에게 들은 말이다. 가족 식사 테이블에 앉아 있던 어린아이가 아니라, 성인으로서 학생들에게 페미니즘을 가르치는 교수가 된 이후에 말이다. 페미니스트 킬조이에 관한 글을 쓰기 전이지만, 랭커스터의 한 호텔 로비에서 나 자신이 페미니스트 킬조이임을 깨달은 이후였다. 아버지는 두 번째 부인을 대동하고 나를 만나러 왔다. 저 말을 한 것은 논쟁이 꽤 진행된 시점이었다. 내가 아버지 말에 동의하기를 거부했기 때문에 우리는 그 지점에 도달했다. 나는 내가 무슨 말을 듣고 있는지 알았다. 불평등이 자연스럽다는 이야기였다. 이런저런 상황이 실재하니까, 생물학적으로 그게 마땅하다는 것이었다. 그러니까 아기에게 필요한 것을 여성들이 제공하는데, 그것이 우리라는 존재이자 우리의 존재 이유라는 뜻이었다. 어떤 식으로든 당신이 자연스러운 것에 반대하고 있다는 말을 들으면, 당신은 이제 부자연스러워진다.

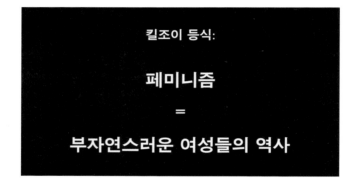

킬조이 등식:

페미니즘

=

부자연스러운 여성들의 역사

페미니즘은 자연에서 벗어난 것으로 여겨져 왔다. 이데올로기는 자연스러워진 역사다. 불평등과 싸우는 것은 어떻게 불평등이 정당화되는지 귀 기울이는 일이다. 정당화는 곧 피곤해진다. 그래서 우리도 피곤해진다. 이번에는 내가 부러졌다. 나는 정교한 논증을 꺼내 들지 않았다. 애초에 한마디도 하지 않았다. 아버지의 말에서 역사가, 나를 약 올리는 사람에게 약 올랐던 역사가, 도발의 역사가, 문제아가 되었고 되고 있었던 역사가 들려왔다. 문제아가 나타나려는 것이 보였다. 나 자신이 사라지는 것이 보였다. 나는 방을 떠났다.

페이스는 부러졌을 때, 떠나야 했다. 그저 친구들에게 매몰차게 쏘아붙였기 때문이 아니라 그와 친구들 사이의 유대가 끊어졌기 때문에 떠나야 했다. 그는 그 유대를 유지할 때 자신에게 무엇이 요구되는지 깨달았다. 폭력이 누구를 향하는지 무시하고, 인종차별주의를 무시하고, 성차별을 무시하고, 심지어 자기 자신도 무시할 것이 요구된다는 것을. 자신이 흑인 여성임을 계속해서 지적해야 한다는 사실로부터, 페이스는 친구들과 절대 공유할 수 없는 것이 뭔지 깨달았다. 그들은 보지 못하고, 보지 않을 것이다. 그들은 페이스를 보지 않을 것이다. 성차별이나 인종차별을 지적하면 가족이나 친구로부터 자기 자신을 단절시키고 유대를 부러뜨린다고 평가되지만, 그렇다고 그것이 목표였다는 뜻은 아니다. 그러나 부러지는 경험은 그런 유대가 조건부라는 사실을 알려 준다. 우리는 종종 조건을 충족하지 못할 때 조건이 있다는 것을 알아차린다. 유대를 유지하는 일이 특정한 말을 하지 않고, 특정한 행동을 하지 않고, 심지어 그것들을 알아차리지조차 않음을 의미한다는 것을 알게 되는 것이다. 그러므로 유대를 부러뜨리는 것이 목표가 아니었다 해도, 당신의 말이나 행동의 결과로 유대가 부러졌을 때, 그 부러짐은 당신에게 왜 부러져야만 했는지를 가르쳐 준다. 부러지고, 방을 빠져나가면, 당신을 숨을 쉴 수 있다.

유대가 폭력을 무시하고, 인종차별주의를 무시하고, 심지어 우리 자신을 무시할 것을 요구한다면, 그 유대는 부러지는 것이 마땅하리라. 어쩌면 이것이 바로 킬조이의 말과 행동 그 자체인지도 모른다. 그는 다른 사람들과 함께 있기 위한 조건을 충족하고 싶지 않음을 드러낸다. 이쯤에서 모든 유대가 파괴적이지는 않음을 짚고 넘어가는 것이 중요하겠다. 삶을 유지하려면 우리를 유지해 주는 유대를 유지해야 한다. 가족이나 친구 관계로 이루어진 어떤 유대는 힘과 대피처를 주지만, 다른 유대에서는 대피해야 한다. 당신이 사랑하는 누군가가 당신이 생각하기에 문제가 있는 관점을 드러낸다면, 괴롭더라도 듣지 않는 편이 낫다. 왜냐하면 그것을 듣는 일은, 정말로 듣는 일은, 유리가 산산이 부서지는 소리, 뭔가가 깨지는 소리를 듣는 것과 다름없기 때문이다.

어떤 유대를 유지해야 하는지 항상 명확한 것은 아니라서, 킬조이가 되는 것은 때로는 위태로운 일이다. 유지되고 있다고 생각했던 유대가 결국 그렇지 않다는 것이 드러날 수도 있다. 페이스가 우리에게 전해 준 킬조이 교훈이 바로 이것이다. 그것이 바로 우리가 배운 것이다. 너무나 많은 폭력이 용인될 때, 당신은 그냥 지나치지 않는 다는 이유로 킬조이가 된다. 뭔가를, 가령 흑인 여성을 향한 폭력을 가시적으로 드러나게 하려고 노력하기만 해도 당신은 방해가 된다고 여겨진다. 이는 페미니스트의 공간을 만들어도 페미니스트 킬조이들이 사라지지 않는 이유이기도 하다.

오드리 로드Audre Lorde, 벨 훅스bell hooks, 수니라 토바니Sunera Thobani, 에일린 모어턴로빈슨Aileen Moreton-Robinson을 비롯한 이들이 내게 알려 준 것은 화난 흑인 여성, 화난 갈색 피부 혹은 유색인 여성, 화난 선주민 여성의 형상은 페미니스트의 즐거움을 죽인다는 의미에서 페미니스트 킬조이라는 것이다.⁴⁰ 페미니즘 내부의 인종차별주의에 관해 이야기하면 우리는 페미니스트의 행복을 방해하는 것이다.

킬조이 다짐:

나는 기꺼이
페미니스트의 행복을 방해하겠다

오드리 로드의 작업은 유색인 여성이 페미니즘 안의 인종차별주의에 관해 이야기할 때 어떻게 그 자신이 문제가 되는지를 보여 주는 너무나 많은 사례를 제공한다. 다음은 그 예시 중 하나다.

"유색인 여성이 백인 여성과 만날 때마다 수없이 느껴지는 분노에 관해 목소리를 내면 우리는 '무력감을 조성한다' '백인 여성들이 과거의 죄책감에서 벗어나지 못하게 만든다' '신뢰를 바탕으로 한 소통과 행동을 가로막는다'라는 말을 듣는다."⁴¹ 유색인 여성들은 백인 여성들이 앞으로 나아갈 수 있게 분노를 내려놓으라는 요구를 받는다. 위의 발췌문은 백인 여성들이 로드에게 보낸 편지의 내용이다. 로드가 메리 데일리에게 쓴 편지가 떠오른다. 메리 데일리가 로드의 작업을 자신의 책 『여성/생태학『Gyn/Ecology』*에서 활용하며, 흑인 여성을 지혜와 힘의 원천이 아닌 오직 희생자로만 언급함으로써 잘못 인용한 데 대한 반응이었다.

로드는 다음과 같이 썼다.

우리는 '침묵에서 언어와 행동으로의 전환'을 주제로 한 미국현대어문학협회 학술대회에서 처음 만났습니다. 이 편지는 그날 직전까지만 해도 스스로 다짐했던 침묵을 깨려는 시도입니다. 그전에 다시는 백인 여성과 인종차별주의에 관해 이야기하지 않겠다고 다짐했었습니다. 그들의 파괴적인 죄책감과 방어적인 태도를 마주하면 에너지 낭비라고 느껴졌고, 내가 무슨 말을 했든 그 말을 백인 여성이 다른 백인 여성에게 했다면 감정 소모도 훨씬 적고 더 귀 기울여 들었을 터이기 때문입니다.[42]

데일리가 묘사한 마귀할멈을 돌이켜 보자. 편지를 마무리하며 로드는 다음과 같이 요청한다. "하지만 나는 당신을 내 의식 속에서 없애 버리고 싶지 않고, 그럴 필요가 없기를 바랍니다. 그러니 마귀할멈 자매로서 내 생각들에 답해 주면 좋겠습니다." 이 편지를 쓰면서 로드는 침묵을 깼다. 편지를 쓰면서도 그는 자기가 다루려는 문제가 다른 이들이 듣지 않으려는 문제일 가능성이 크

---

*   산부인과학을 뜻하는 Gynecology라는 단어를 '여성의-'라는 의미의 접두사 Gyn과, 생태학을 의미하는 Ecology로 해체한 제목이다.

다는 것을 알았다. 그렇지만 그는 '마귀할멈 자매'로서 편지를 썼다. 그런 문제를 다루지 않는다면 자매애는, 공동의 투쟁이라는 의식은 불가능하기 때문이다. 때로 우리는 해낼 수 있을지 의심이 될 때조차, 해야만 할 일이기 때문에 킬조이가 된다. 더 최근에는 레니 에도로지Reni Eddo-Lodge와 루비 하마드Ruby Hamad, 라피아 자카리아Rafia Zakaria도 백인들에게 인종차별에 관해 이야기하는 일의 어려움을 이야기했다.[43] 우리가 백인성에 관해 이야기하면 우리는 방어적인 감정, 때로는 눈물로서의 백인성을 마주한다.

　　　페미니즘은 백인성에 <u>점령되었다</u>occupied. 나는 <u>점령되었다</u>는 단어를 가벼운 의미로 쓰지 않는다. 나는 정착민 식민주의 국가 오스트레일리아에서 자랐다. 그리고 선주민 페미니스트들로부터 백인성이 토지뿐 아니라 페미니즘 역시 점령했다는 것을 배웠다. 기념비적 저서『백인 여성에게 말 걸기Talkin' Up to the White Woman』제2판에서, 에일린 모어턴로빈슨은 '천지 차이―페미니즘 탈식민화'라는 행사에 패널로 참석했던 일을 되돌아본다. 모어턴로빈슨은 당시 행사의 홍보 문구를 인용한다. "약 20년 전, 모어턴로빈슨의 선구적인 작업『백인 여성에게 말 걸기』는 모든 여성의 공공선을 위한 통일된 자매애라는 생각을 거대한 망치로 깨부수었다." 거대한 망치. 우리는 모어턴로빈슨의 기여가 이런 식으로 묘사되는 폭력에 얻어맞아도 가만히 있어야만 하는 것이다. 모어턴로빈슨은 이 거대한 망치라는 비유가 어떻게 자신을 "성질 나쁘고, 적대적이며, 지나치게 공격적인 화난 흑인 여성"[44]으로 자리매김하게 하는지 설명한다. 페미니즘 내부의 인종차별주의를 지적하는 것은 이전까지 여성들을 한데 묶던 것을 폭력적으로 때려 부수는 일로 여겨진다. 우리는 화난 흑인 여성, 즉 흑인 페미니스트 킬조이라는 고정관념과 그 역사를, 그런 고정관념을 없애기 위해 마련된 공간에서 다시 마주친다. 로드의 편지를 생각한다. 마찬가지로 일종의 편지인 모어턴로빈슨의 저자 후기를 생각한다. 어떻게 '페미니즘을 탈식민화'하기 위해 마련된 공간조차 여전히 백인성에 점유되는지를 보여 주는 공개 편지 말이다.

킬조이 진실:

우리가 계속해서 말하는 것은 그들이 계속하기 때문이다

그들이 계속하기 때문에 우리가 계속 말하는 것임에도, 같은 말을 반복하는 듯 보이는 쪽은 우리다. 페미니스트 킬조이, 특히 흑인, 선주민 혹은 갈색 피부의 페미니스트 킬조이가 된다는 것은 지나치게 집요한 사람으로 여겨진다는 뜻이다. 집요하다는 것은 같은 일이 계속해서 일어난다는 사실이 반영된 결과다. 우리 뒤에는 보내거나 보내지 않은, 같은 일이 계속해서 일어난다고 이야기하는 수많은 킬조이 편지가 있다. 이런 편지는 공동의 자원이다. 페미니스트 킬조이로서 우리는 우리만의 자원을 창조한다.

페미니스트 킬조이로서 우리는 모두 자신만의 핸드북을 쓸 수 있다. 같은 일이 계속해서 일어나므로 같은 점을 지적하고 있다 해도, 우리의 핸드북은 서로 꽤 다를 것이다. 우리는 단순히 킬조이 이야기를 늘어놓는 것이 아니다. 우리가 이야기를 하는 것은 우리가 바로 그 안에 있기 때문이다. 이 핸드북은 파키스탄과 오스트레일리아, 영국에 혈연관계가 있는 혼혈 유색인이자 레즈비언, 중산층, 시스젠더 여성, 그리고 20년 넘게 대학에 몸담은 뒤 이제 독립적으로 활동하고 있는 학자로서(직장과 직업을 왜 떠났는지에 관한 열받는 이야기는 나중을 위해 남겨 두겠다) 나만의 퀴어한 궤적을 바탕으로 한다. 개인적인 것이 제도적인 것이다. 아무리 별나고 특이하게 여겨지더라도 우리는 우리의 전기를 통해 더 커다란 역사에 통합된다.

이 핸드북을 쓰기 위해 나 자신의 킬조이 궤적을, 내 저서와 연구에서 언제 어떻게 페미니스트 킬조이가 때로는 명시적으로, 때로는 암시적으로 나타났는지 되돌아보면서 많은 것을 배웠다. 이 핸드북 전반에서 당신과 그 배움의 과정을 나눌 텐데, 이는 때로 내 이전 작업들을 언급한다는 의미다. 당신이 이미 스스로 페미니스트 킬조이로 정체화했든 아니면 미래의 킬조이killjoy-to-be[45]든, 당신에게 페미니스트 킬조이에 '관해' 배우는 것보다 '그들로부터' 배워야 할 것이 언제나 더 많음을 보여 주고 싶다. 당신이 그 사실을 꼭 알았으면 한다. 테이블 주위에서 일어나는 부모님이나 친구와의 말다툼처럼 곤란하긴 해도 상대적으로 사소해 보이는 상황으로부터, 우리는 이 세상과 세상 속 우리 자리에 대한 다른 인식으로 향하는 길에 도달하게 된다. 모든 단계에서 놀랄 수도 있다. 다음 장에서는 어떻게 페미니스트 킬조이로서 살아남을 수 있는지를 이야기한다(그 이야기도 놀라울지 모른다). 그 뒤로 이어지는 장들에서는 페미니스트 킬조이가 건네는, 불공정한 세상을 헤쳐 나가는 데 필요한 기술들을 살펴본다.

페미니스트 킬죠이 로

살아남기

스스로 페미니스트 킬조이라고 선언한 뒤에도, 괜히 문제를 건드려 더 크게 만드는 바람에 인생이 필요 이상으로 힘들어졌다는 느낌이 들 수 있다. 나는 때로는 선의에서 비롯하고 어떨 때는 그렇지도 않은, 다음과 같은 충고를 들어 왔다. 내버려둬, 그냥 <u>흐름에 맡겨.</u> 의심할 여지 없이, 흐름에 맡기면 앞으로 나아가기가 더 쉽다. 가속도가 붙어서 앞으로 밀려 나갈 테니까 말이다.

> 킬조이 진실:
>
> ## 상황이 흘러가는 대로 따라가면 상황은 그저 흐른다

흐름에 맡기지 않으면, 당신은 다른 이들이 앞으로 나아가는 것을 막는 장해물이 된다. 어쩌면 당신 자신이 장해물이 되어 다른 사람들뿐 아니라 자기 자신도 나아가지 못하는 건 아닌가 하는 느낌이 들지도 모른다. 도입부에서 이야기했듯, 문제가 계속 발생하면 바로 내가 문제라고 느끼기 매우 쉽다. 하지만 다르게 느낄 수도 있다. 처음 페미니스트 킬조이 이야기를 하기 시작했을 때 분위기가 어떻게 바뀌었는지를 기억한다. 사람들은 자세를 바로 하고 주의를 기울였다. 또 하나 부러지는 소리가, 찌르르하고 전기 흐르는 소리가 들리는 것만 같았다. 딱, 딱, 찌르르. 페미니스트 킬조이는 고난의 역사, 고통스러운 역사

69

를 끄집어내면서도 우리를 북돋는 것처럼 보인다. 어떻게 그럴 수 있을까?

이번 장은 그처럼 우리의 속도를 늦추는 것처럼 보이는 것이 어떻게 우리를 북돋을 수 있는지에 대한 대답이다. 그 대답의 형태는 **킬조이 생존 법**이다. 우리는 어쩌면 페미니스트 킬조이로서 살아남아야 할지도 모른다. 그를 꽉 붙잡고 견딜 방법을 찾는 것이다. 혹은 페미니스트 킬조이가 우리가 페미니스트로서 살아남는 방법일 수도 있다. 즐거움을 망치는 우리를 벌하려고 만들어진 바로 그 말을 탈환함으로써 말이다. 이번 장에서는 내가 페미니스트의 생존에 관해 무엇을 배웠는지 돌아보는 한편 독자들이 나누어 준 경험도 함께 살핀다. 생존은 공동의 프로젝트다.

왜 생존이라는 단어를 쓰냐고? 오드리 로드는 누군가에게는, "애초에 살아남을 운명이 아니었던"[1] 이들에게는, 생존이 도달하기 어려운 목표임을 보여 준다. 흑인 페미니스트 시인이자 비평가 알렉시스 폴린 검스Alexis Pauline Gumbs는 로드의 에세이 「서로의 눈동자를 바라보며Eye to Eye」의 한 버전에 등장했다가 최종 버전에서는 빠진 표현을 인용한다. 로드는 다음과 같이 썼다. "나는 생존이라는 단어를 사랑한다. 내게 이 말은 늘 약속으로 들린다. 하지만 때로는 나를 고민하게도 한다. 나는 지구상에 내가 미치는 영향의 모습을 어떻게 정의하는가?"[2] 그러고 나서 검스는 자신의 에세이 시작과 끝에서 나는 생존이라는 단어를 사랑한다는 말을 반복한다. 검스는 나는 생존이라는 단어를 사랑한다는 말 주위에 따옴표를 두르

70

지 않았고, 나 역시 그를 따라 따옴표를 쓰지 않겠다. <u>나는 생존이라는 단어를 사랑한다,</u> 이 말은 한 사람에게서 다른 사람에게로 전해지며 로드와 검스 사이에 공유된 말이다. 생존은 살아남은 말, 자체적인 삶을 지닌 말에 관한 것일 수도 있다. <u>생존</u>이라는 단어는 생존한다. 때로 살아남는 일은 말을 넘겨주는 일이다. 이런 말이 얼마나 중요한지는 5장에서 시인으로서의 페미니스트 킬조이를 고민할 때 다시 이야기하겠다. 여기에서 생존이란 그저 삶을 이어 가는 것이 아니라, 자신의 다짐을 지켜 나간다는 더 깊은 의미에서 계속 나아감을 의미한다. <u>페미니즘을 위해 페미니스트들은 살아남아야 한다.</u> 그러려면 여전히 우리를 짓누르는, 다짐을 포기하라는 그 압력을 <u>받아들일</u> 수 있어야 할지도 모른다.

<u>페미니스트들을 위해 페미니즘은 살아남아야 한다.</u> 페미니즘이 살아남기 위해 페미니스트로서 인생을 살아가는 우리가 필요하다. 우리를 통해 페미니즘은 살아남는다. 페미니스트 킬조이로 살아남는 일은 우리가 계속 직면하는 대상 앞에서 스스로 돌보는 방법을 배우는 일일지도 모른다. 셀프케어(자가돌봄)self-care라는 단어에는 익숙할 것이다. 어쩌면 긴장 완화나 향초, 거품 목욕을 떠올릴 수도 있다. 향초나 거품 목욕에는 아무런 악감정이 없지만, 내가 말하는 셀프케어는 그런 의미가 아니다. 셀프케어라는 개념에는 ('스스로 돌본다'는 표현이 더 정확할 텐데) 흑인 페미니스트 투쟁의 역사가 있다. 로드는 『빛의 폭발A Burst of Light』에서 다음과 같이 썼다. "나 자신을 돌보는 일은 방종self-indulgence이 아니라 자기보존

self-preservation이며 정치적 전투 행위다."³ 당신의 존재나 행동을 이유로 세상이 당신을 돌보지 않을 때, 살아남을 방법은 당신 스스로 돌보는 것밖에 없다. 누군가에게 생존은 도달하기 어려운 목표다. 또 누군가에게, 생존은 시위다. 로드는 암이 간으로 전이되었다는 것을 알게 된 뒤 『빛의 폭발』을 썼다. '빛의 폭발'은 로드가 자기 몸 상태가 얼마나 취약한지 느꼈을 때 쓴 표현이다. "뼈저리게 느껴지는, 자신의 신체적 한계에 대한 피할 수 없는 깨달음."⁴ 『빛의 폭발』 전반에서, 오드리 로드는 암과 싸운 경험을(그는 이런 상황을 기꺼이 <u>전쟁으로</u> 묘사한다) 흑인에 대한 인종차별에 맞서 싸운 경험과 비교한다. 이런 비교는 인종차별이 어떻게 몸의 세포와 면역체계에 대한 공격이 될 수 있는지 효과적으로 보여 준다.

　　이게 바로 로드에게 자기를 돌보는 일이 방종이 <u>아니라</u> 자기보존인 이유다. '불구의 시간crip time'*에 관한 《계간사우스애틀랜틱South Atlantic Quarterly》 특별호에서, 지나 B. 킴Jina B. Kim과 새미 쇼크Sami Schalk는 돌봄care을 향한 로드의 호소를 섬세하게 해석하며 인종 정의racial justice뿐 아니라 장애 정의disability justice에서 그의 호소가 지니는 의미에 주목한다. 두 사람은 로드가 개인의 몸을 살피고 그 한계를 받아들이는 것만이 아니라 단호하고

---

*　　장애학의 개념. 이른바 '표준적 시간'인 비장애인의 시간이 아니라 장애인 개인의 삶의 속도에 따른 시간을 의미한다. 예를 들어 휠체어 이용자는 계단을 오르는데 비장애인보다 더 오랜 시간을 들여야 한다.

신중하게 "완수되어야 할 일에"[5] 시간을 쓰고 그런 상황으로부터 배우는 일이 중요하다고 강조했다는 것을 보여 준다. 킴과 쇼크가 알려 주듯, 시간을 쓰는 방법에 관한 로드의 생각은 더욱 생산적이 되라는 자본주의적 요구에 대한 비판이자, 공동체를 만들어 가는 프로젝트에 시간을 내자는 호소다. 돌봄노동은 불구의 돌봄crip care이 된다.

　　　　왜 불구라는 단어를 쓰느냐고? 이 단어에도 킬조이의 역사가 있다. 페미니스트 학자 앨리슨 케이퍼Alison Kafer는 '불구'라는 단어가 어떻게 강한 감정을 불러일으키는지 탐구한다. 불구라는 단어에 사람들이 움찔하기를 바라는 낸시 메어스Nancy Mairs의 에세이에 기대어, 케이퍼는 "사람들을 움찔하게 만들고자 하는 이런 욕구는 상황을 뒤흔들고, 사람들이 일상적으로 몸과 마음, 정상적인 상태normalcy와 일탈deviance을 이해하는 바에서 벗어나도록 하려는 갈망이다"[6]라고 설명한다. 불구라는 말을 탈환하는 것은 '돌볼 가치가 있는 상태'의 가까운 대용물인 정상성을 열망하거나, 장애를 수치나 오명의 원인으로서 숨기거나, 개인의 영웅적 행위나 회복력으로 이겨 내야 할 약점으로 취급해 이야기하기를 거부하는 것이다. 로드의 유산을 장애 정의 측면에서 생각함으로써, 킴과 쇼크는 셀프케어와 "서로의 신체적·정신적·감정적 생존을 돕기 위해 지식과 도움, 자원을 나누는 아프고, 병들고, 장애가 있는 사람들의 돌봄 조합 및 온라인 커뮤니티의 부상"[7] 사이에서 "연결성을 발견"할 수 있도록 한다. 장애 정의는 어떤 사람들이 필요한 것을 얻는 일을 어렵게 만드는 시스템을 탐색하는 평범하고 실용적인 작업에서 출발한다. 장애 정의야말로 이 곤궁한 시기, 팬데믹 시기에 우리에게 필요한 것이다. 접근성을 창의적으로 고찰해 보는 것은 더 살 만한 다른 공간을 짓는 일이기 때문이다.

　　돌봄은 또한 우리가 서로를 지키는 평범하고 실용적인 방법이 될 수 있다. 폭력을 거부하거나 거기에 대항하는 일의 대가가 너무나 값비싸기 때문이다. 우리는 '돌봄 조합'이나 돌봄 공동체를 만든다. 우리는 자신을 보살피는 고생스러운 작업을 통해 모인다. 그리고 서로를 보살핀다. LGBTQI+라는 말을 떠올려 본다. 철자를 모아 만든 이 표현은 우리가 서로를 위해 나타나 모였음을 나타낸다. 이 철자에도 생존이 담겨 있을 것이다. 우리는 같은 바에서 어울리며 웃어 댔을 것이다. 우리의 삶이 그저 라이프스타일이고, 우리의 선택은 잠깐의 변덕이며, 우리 생각은 틀렸다고, 누군가를, 혹은 무엇을 포기하기를 거부하는 우리가 이기적이거나 위험하다고 결론 내린 세상에서 살아가고 또 살아남으면서. 우리는 같은 행렬에서 행진하고, 서로에게서 자신을 알아보았을 것이다. 우리 자신에 대한 우리 자신의 이미지를 우리 자신에게 반영할 수 있는 세상을 위해 싸우면서 말이다. 아무리 힘들어도, 아무리 기진맥진해도, 우리는 서로의 상想에서 알아챈 것을 사랑했다. 집에서, 공동체에서 내몰렸을 때 서로를 위해 그곳에 있었기 때문에 가족이 되었다. 생존 팁은 우리의 역사에서도 배울 수 있다. 우리는 서로의 생존 팁을 배운다.

　　생존은 페미니스트 프로젝트, 퀴어 프로젝트, 트랜스젠더 프로젝트, 불구 프로젝트가 될 수 있다. 우리 중 어떤 이들은 세상을 변화시켜야 세상에서 살아남을 수 있다. 하지만 우리는 당장 우리가 변화시키고 있는 세상에서도 살아남아야 한다. 갈색 피부의 벵골인이자 불구, 퀴어, 만성질환자이자 트랜스젠더인 닐라 굽타Nila Gupta와의 우정을 생각한다. 닐라는 로드와 마찬가지로 그 자신 themself*에 이름 붙이고 그 자신이 되는 위험을 감수했다. 2021년 6월 10일, 닐라는 46세의 나이에 스스로 목숨을 끊었다. 닐라가 죽었을 때 나는 바로 이 생존에 관한 글을 쓰고 있었다. 그they는 이 세상에서 살아남지 못했다. 그는 자기 삶을 살아가는 데 필요한 도움을 받지 못했다. 닐라와 나는 동시에 눈을 흡뜨고, 서로가 깨닫는 것을 깨달으며 함께 부러지곤 했다. 우리가 무엇에 맞서고 있는지, 얼마나 자주 불행한 갈색 피부의 퀴어와 트랜스젠더를 가족으로부터 구출하는 일이 행복한 백인 LBGTQI+ 공동체에 달려 있다고 여겨지는지를 깨달으며. 퀴어 행사 기조연설을 또 전부 백인이 한다고? 진심이야? 아니, 진심이냐고? 우리는 우리의 그 모든 노력에도 단단히 자리를 지키고 있는 백인성 앞에서 눈을 흡뜨곤 했다.

앞 장에서 ==흡뜬 눈=페미니스트 교수법==이라는 등식을 이야기했을 때, 우리 자신의 눈을 말한 것은 아니었다. 하지만 어쩌면 생존은 그렇게 이루어질지 모른다. 우리를 향했던 몸짓이 우리에게 새로운 의미를 얻게 되는 것이다. 우리는 그런 몸짓을 마주한 뒤 그것이 바깥을 향하

---

*   닐라 굽타는 여성she이나 남성he을 특정하지 않는 성 중립 대명사 they를 사용했다. 여기에서는 특정 성별을 지칭하지 않는 한국어 대명사 '그'로 옮겼다.

게 한다. 나는 다른 페미니스트 킬조이들이 이 등식을 어떻게 사용하는지 보면서 아주 많은 것을 배웠다. 2019년, 한 강연 시작 전에 퀴어 유색인 여성 크리스티나 하자르 Christina Hajjar가 나를 소개하며 내 등식을 "킬조이의 저항"이라고 불렀다. 그리고 설명했다. "우리는 믿을 수가 없어서, 기뻐서, 초월적이고 황홀한 상태에서 눈을 흡뜹니다. 우리 눈은 탈출구입니다."[8] 이 묘사가 매우 마음에 든다. 서로를 향해 눈을 흡뜨는 일은 서로의 생존을 알리며 자유를 외치는 방법이 될 수도 있다.

    닐라는 때때로 시스젠더 레즈비언인 나를 향해서도 눈을 흡떠야 했다. 내가 영화 〈파리 이즈 버닝Paris is Burning〉*에 관한 패널 토크쇼를 열었을 때처럼 내가 이해하지 못한 것, 그가 계속해서 지적해야 했던 것을 향해서 말이다. 전부 유색인 트랜스젠더로 구성된 패널에 트랜스젠더 여성은 없었다. 진심이야, 사라? 아니, 진심이냐고? 그는 내가 배워서 더 잘할 수 있도록 애썼다. 나는 아직 배울 것이 많다. 우리 모두 서로에게 배울 것이 많다. 생존에 관한 나의 이 모든 상념을 닐라에게 바친다.

---

*   1990년 개봉한 제니 리빙스턴 감독의 다큐멘터리. 1980년대 뉴욕에 사는 성소수자들의 삶을 담았다.

킬조이 생존 팁 1:

페미니스트 킬조이다워지라

페미니스트 킬조이로 생존하기 위한 첫 번째 팁은 페미니스트 킬조이다워지라는 것이다. 킬조이다워지다라는 단어를 쓴 것은 이 과정의 역동적이고 사회적인 측면을 강조하고 싶어서다. 페미니스트 킬조이다워지는 것은 사적이거나 개인적인 일이 아니다. 스스로 페미니스트 킬조이라 칭한다면, 그건 자신을 다른 이들과 연관 짓는 일, 독자적인 역사를 가지고 다른 곳에서 온 표현에서 당신 자신에 관한 이야기를 듣는 일이다. 달리 말하자면 페미니스트 킬조이의 외재성exteriority이 중요하다. 페미니스트 킬조이다워지려면 그를 받아들임take in으로써 그와 마주해야take on 한다. 지금 하는 일에 이름을 붙이면 그 일을 계속하기 쉬워질 때가 있다. 페미니스트 킬조이다워지더라도, 그는 우리 외부에 남아 있다. 내가 가끔은 나 자신을 페미니스트 킬조이라고 묘사하고 또 가끔은 그를 나의 동반자로 묘사하는 이유도 그래서다.

1장에서 얼마 전부터 페미니스트 킬조이에 관해 글을 쓰고 있다고 말했다. 그보다 훨씬 오랫동안 나는 페미니스트 킬조이였다. 하지만 글을 쓴 덕에 나는 또 다른 방식으로 페미니스트 킬조이다워질 수 있었다. 페미니스트 킬조이 형상을 북돋아 일하게 내보냄으로써, 피드백 고리를 만들었기 때문이다. 페미니스트 킬조이는 2010년에 나온 내 책『행복의 약속』에 처음 등장했다. 그러나 7년 뒤『페미니스트로 살아가기』가 출간되었을 때에야 나는 그라는 인물을 중심으로 페미니즘에 접근하기 시작했다. 그리고 이후 독자들이 페미니스트 킬조이 형상을 알아본다는 사실에 깊이 감동했다. 한 독자는 그의 "페미니스트 킬조이 마음"에 깊이 감사하다는 말로 편지를 마무리했다. 다른 독자는 처음으로 페미니스트 킬조이에 관해 읽은 뒤 "그래, 저게 바로 나야"라고 읊조렸던 이야기를 해 주었다. 또 다른 이는 "저는 페미니스트 킬조이예요. 이 두 단어로 제가 살아온 인생 전체를 묘사할 수 있을 줄은 꿈에도 몰랐어요"라고 썼다. 페미니스트 킬조이를 발견한 것을 "재탄생"이라고 부른 이도 있었다. 페미니스트 킬조이는 현재와 과거, 미래 시제를 넘나든다. 그리고 우리가 누구인지, 누구였는지, 누구일지 묘사할 언어를 준다.

페미니스트 킬조이는 자신을 묘사할 새로운 방법을 제시하는 한편 자기 자신이 되는 새로운 방법이 될 수도 있다. 묘사는 창조이기도 하다. 페미니스트 킬조이들이 보여 준 창조성에 나는 깜짝 놀랐다. 독자들은 어떻게 노래와 음악, 공연과 시, 일기와 메모에 페미니스트 킬조이의 형상을 담아냈는지 이야기해 주었다. 한 독자는 편지에서 자신의 킬조이 공연에 관해 이야기했다. 공연에서 그는 "진정한 킬조이 여자아이"가 있을 공간을 마련하기 위해 남을 기쁘게 하는 데 만족하는 여자아이를 죽인다. 페미니스트 킬조이로 자리매김하는 일은 어렵고 고통스럽지만, 우리는 그로부터 그리고 그를 통해 창조한다. 창조

78

성과 자신감 사이에도 연관관계가 있을 것이다. 우리에 대한 평가가 자신감을 조금씩 갉아먹을 때, 페미니스트 킬조이는 그런 평가에 맞설 자신감을 줄 수 있다. 심지어 킬조이라는 평가마저도. 우리는 그를 찾음으로써 자신감을 되찾을 수 있다.

페미니스트 킬조이다워지면 당신은 도구 세트를 얻게 된다. 우리가 명명한 것 때문에 우리 자신이 문제가 된다는 것은, 우리가 문제에 이름을 부여했다는 뜻이다. 한 교수가 내게 성적괴롭힘에 대해 항의한 경험을 이야기해 주었다. 그의 증언에서 페미니스트 킬조이가 등장하는 방식이 눈길을 잡아끌었다. 그는 항의를 제기하자 어떻게 자신이 불만 많은 사람이 되었는지 이야기했다. "거기까지 가면, 불만 많은 사람이 되면요, 절대 떨쳐 낼 수 없어요. 문제아랑 똑같아요. 한번 저지르면 돌아갈 수 없어요." 항의는 당신의 일부가 되고, 당신의 존재가 되고, 그 문제아는 결코 떨쳐 낼 수 없다. 당신은 그를 떨쳐 낼 수 없고, 한번 저지르면, 해내고 나면 '돌아갈 수 없다'. 교수는 불만 많은 사람이 되면서 더 많은 것을 보게 되었다고 설명했다. "항의하고 나면 시야가 넓어지는 것 같아요. 갑자기 적외선카메라처럼 앞을 보는 거죠. 그럼 돌아갈 수 없어요." 더 많은 것을 보고 무슨 일이 벌어지고 있는지 보게 된다는 것은 이전에 보지 못했던 것을 본다는 뜻이다. 교수는 덧붙였다. "자신에게 일어나는 일에 이름 붙일 수 있다는 느낌은 굉장히 강력해요." 일어나고 있는 일을 명명할 수 있다는 것은 무슨 일이 일어나는지 설명할 채비가 더 잘되었다는 의미다.

일어나는 일을 명명할 수 있게 되자 그는 페미니스트 킬조이에 가까워졌다. 왜냐고? 페미니스트 킬조이는 명명할 수 있는 것이 우리를 어떻게 변화시키는지에 관한 이야기이기도 하기 때문이다. "그럼 모든 사람이 당신이 바뀌었다는 걸 알아차리죠." 교수가 말하고는 잠시 망설이더니 덧붙였다. "페미니스트 킬조이로요." 우리는 페미니스트 킬조이의 등장에 함께 웃었다. 우리는 페미니스트 킬조이라는 신호를 통해 서로에게 우리가 변했다는 사실과 어떻게 변했는지를 알린다. 페미니스트 킬조이다워졌다는 말은 다른 사람들이 그 변화를 어떻게 목격하는지에 관한 문제이기도 하다. 흡뜬 눈을 마주하는 장면이 다시 떠오른다. 당신은 그를 떨쳐 낼 수 없다. 알게 된 것을 알지 못하게 될 수도 없거니와, 다른 사람들도 당신이 알게 되었다는 것을 알아차리기 때문이다. 페미니스트 킬조이는, 우리가 스스로에게서 발견하는 변화에 이름을 부여하는 한편 서로에게서 변화를 보는 방법일 수 있다.

킬조이 생존 팁 2:

더욱 페미니스트 킬조이다워지라

왜 페미니스트 킬조이로 생존하기 위한 두 번째 팁이 더욱 그렇게 되라는 거냐고? 내게 이건 일종의 약속이다. 한번 페미니스트 킬조이다워지면 되돌아가기 어렵다. 약속이 항상 희망적으로 느껴지지는 않는다. 더욱 페미니스트 킬조이다워지는 것은 우리가 어떻게 킬조이 경험을 쌓느냐에 달렸다. 페미니스트 킬조이로 알려지면 알려질수록, 당신은 더 킬조이로 취급당하게 된다. 우리는 이러한 경험을 이고 지고 다닌다. 어쩌면 그것을 페미니스트 킬조이 가방에 집어넣는지도 모른다. 각각의 경험이 아무리 괴로웠어도 그것들을 이리저리 한데 모으면, 기억은 물체만큼이나 실체가 된다. 그러고 나면 경험은 까다로운 세상을 이해하는 데 도움이 되는 자원이 된다.

페미니스트 킬조이를 자원으로 생각하면 우리에게 주어진 이 과제에서 얼마나 많은 것을 배우는지 알 수 있다. 우리는 자신이 문제가 되었던 장면으로 되돌아간다(나한테는 가족 식사 테이블이었지만, 당신에게는 다른 곳일 수도 있다). 그리고 뭔가를 드러냈기 때문에 우리가 문제가 되었다면, 문제는 우리가 아니었음을 깨닫고 그 장면뿐 아니라 우리 자신도 이해하게 된다. 우리는 이제 누가 문제로 치부되는지(그리고 누구는 아닌지)를 문제 삼는다. 그리고 이러한 역학에 갇힐 수 있게 된 데에 감사하게 된다. 역학을 이해한다고 해서 우리가 거기 갇히지 않는 것은 아니다. 다만 우리는 자신이 원인이라고 느끼기를 그만둔다. 한 독자는 내게 "작가님 덕분에 '방해가 되는 일'이 '일평생 부끄러운 사회부적응'에서 일종의 소명calling으로 바뀌었습니다"라고 썼다. 여전히 우리가 문제일지라도, 우리는 문제로서의 상태와 자신의 관계를 변화시킬 수 있다. 우리는 그 안에서 '소명'을 찾는다. 페미니스트 킬조이가 됨으로써 우리는 당장 비난받을 때라도 그 비난을 받아들일 필요가 없음을 배운다. 한 학생은 내게 다음과 같은 이메일을 보냈다. "작가님 책을 읽으면서 제 어깨를 내리누르던, 평화를 깼다는 비난을 내려놓을 수 있었어요. 재충전된 기분으로 나의 길을 그려 나가야 한다는 확신이 생겼어요." 페미니스트 킬조이는 우리 짐을 덜어 준다. 우리는 스스로 길을 그려 나갈 자신감을 되찾고 재충전한다. 더욱 페미니스트 킬조이다워지면 우리의 죄책감과 책임은 실제로 덜어진다.

이러한 역학을 이해한다고 해서 자동으로 그로부터 자유로워지지는 않지만 그렇다고 이해한 뒤에도 바꿀 수 없다는 뜻은 아니다. 우리가 역학과의 관계를 변화시키면, 그 역학도 바뀔 수 있다. 우리가 바뀔 수 있으면, 역학도 바뀔 수 있다. 우리는 더 가벼워지고 역사에 덜 짓눌리고 죄책감과 책임감을 덜 느끼고 덜 갇힌 상태가 된다. 그리고 우리가 페미니스트 킬조이로서 대화에 임하면, 때로는 이런 역학 자체에 관해 대화를 나눌 수도 있다. 한 연구자가 내게 썼다. "작가님 책 덕분에 언니와 아주 깊은 대화를 나눌 수 있었어요. 가톨릭적/가부장적 성장환경과, 세 딸 중 막내인 제가 청소년기에 혼자 집에 남았을 때 아버지가 신경쇠약에 걸렸던 일을 포함해 많은 주제에 관해서요. 특히 언니는 가족들이 서로 사랑했지만, 비판적이거나 사상적인 논의는 적극적으로 저지되었던 집안에서 제가 페미니스트 킬조이였다는 걸 인정했어요." 페미니스트 킬조이가 지척에 있으면, 우리가 이런 대화 안에, 심지어 이런 대화 때문에 옴짝달싹 못 하게 갇혀 있다는 대화를 나눌 수 있다. 누군가가 페미니스트 킬조이로 그 자리에 있었다는 것을 함께 알아차리면 역사의 영향력에서 조금 놓여나고, 과거의 방향을 전환하고 현재의 관계를 다르게 이해할 수 있다.

이는 실제로 일어날 수 있는 일이다. 하지만 항상 일어나는 일은 아니다. 페미니스트 킬조이는 점진적인 이야기가 아님을 강조해 두는 것이 좋겠다. 더욱 페미니스트 킬조이다워진다는 것은 더 나은 페미니스트 킬조이가 된다거나 역사의 무게를 점점 덜어 나간다는 이야기가 아니다. 페미니스트 킬조이로서 살아남는 것은 킬조이로부터 성장해 나가리라는 가정에 맞서는 일이다. 페미니스트 킬조이로서 완전히 성숙해서 그로부터 거듭난다는 생각은 페미니즘이, 아니면 적어도 늘 페미니즘의 시선으로 지적하지 않고는 못 배기는 화나고 공격적이고 불평하는 '틀린' 페미니스트가, 그저 지나쳐 가는 단계라고 가정하거나 혹은 그러기를 바란다.

> 킬조이 다짐:
>
> ## 페미니스트 킬조이가 되는 것이 하나의 단계라면, 나는 기꺼이 그 단계에 머무르겠다

누군가는 페미니스트 킬조이가 배터리라고 추측

할 것이다. 결국 페미니스트 킬조이는 닳아 버리고, 그가 아니라면 당신이 소진될 것이다. 그런 추측을 부정하면서도 우리 역시 에너지가 다 되어 가고 있다고 느낄 수 있다. <u>더욱</u> 페미니스트 킬조이다워지기 위해 꼭 <u>더욱</u> 즐거움을 망칠 필요는 없다. 더구나 그것이 의지나 의도에 따른 행위라고 생각한다면 말이다. 오히려 당신은 페미니스트 킬조이로서 더 많은 경험을 할수록 그것이 얼마나 진 빠지는 일인지 알게 된다. 소리 높여 말하거나 맞받아치는 데 드는 에너지를 알게 되고, 어떤 싸움에는 에너지를 쓸 가치가 없다는 것도 알게 된다. 어차피 말이 통할 리 없기 때문이다(메리 데일리에게 보낸 오드리 로드의 편지를 생각하면, 때로는 말이 통하지 않으리라는 것을 알면서도 문제를 지적하는 일 자체에 의미가 있다고 판단할 수 있긴 하지만). 이런 경험이 자원이라면, 당신은 그것을 챙겨 다니며 더 능숙하게 감지할 수 있게 된다. 약 올리려는 누군가에게 당신이 약 오르고 있음을 깨닫고, 언제 테이블이나 대화에서 떠나야 할지를 배우게 되는 것이다. 당신을 약 올리는 것이 핵심이라면, '그건' 당신을 위한 대화가 아니기 때문이다. 급진적 심리치료사 길레이니 키노아니Guilanie Kinouani는 토론을 거부하는 것이 왜 우리 정치와 윤리의 좋은 기반이 되는지 매우 설득력 있고 명료한 설명을 제시한다. 그는 "인종차별주의의 기능은 집중을 방해하는 것"이라는 토니 모리슨의 주장을 빌린다. 인종차별적 논리 하나를 반박해 봤자 결과는 또 다른 논리를 반박하는 일이다. 계속해서 새로운 논리가 등장하기 때문이다. 키노아니는 다음과 같이 결론짓는다. "토론에 임하는 건 시간 낭비다. 반복한다, 토론에 임하는 건 시간 낭비다. 시간 낭비일 뿐만 아니라 심리적으로 극도로 힘든 일이다."[9] 애초에 우리가 논박할 만한 언어로 틀이 짜인 토론에 임하기를 거부하는 것은 우리 용어로 이야기할 우리의 시간을 되찾는 방법이다.

더욱 페미니스트 킬조이다워지라는 것은 시간에 관한 팁이기도 하다. 때로 우리는 어떤 일을 당하고 즉각적으로 분노에 휩싸인다. 격분해서 편지를 쓸 수도 있다. 편지를 쓰라. 맘껏 표현하고, 당신의 감정에 형태를 부여하라. 하지만 편지를 보내기 전에 잠시 시간을 가지라. 먼저 당신 자신에게 편지를 보내라. 기다리고, 편지와 함께 머물러라. 편지를 들고 앉아서 읽어 보라. 어쩌면 편지를 보내지 않겠다고 결정하게 될지도 모른다. 보내겠다고 결정할 수도 있다. 어느 쪽이든 당신은 스스로 결정할 시간을 가진 것을 기뻐하게 될 것이다. 페미니스트 킬조이가 되는 경험이 쌓일수록 당신은 시간을 더 갖게 된다. 시간을 가질수록 더 많은 공간을 확보할 수 있다. 그 공간을 위해 우리는 싸워야만 했다.

킬조이 생존 팁 3:

다른 킬조이들을 찾으라

페미니스트 킬조이가 되는 경험이 당신을 고립시

킬 수도 있다. 이 과제를 받으면 밖에서부터 깎이거나 안에서부터 무너지지 않고 버티기가 어렵다. 다른 페미니스트 킬조이들을 찾는 것은 페미니스트 킬조이가 되어 생존하는 데 매우 중요한 일일 수 있다. 누군가가 "호들갑 떨지 마, 문제를 더 크게 만들지 마"라고 말하면, 당신은 문제를 발견하고 이해하는 사람, 당신을 발견하고 이해하는 사람을 찾아야만 한다.

아주 많은 독자가 내게 페미니스트 킬조이 이야기를 나누어 준 것도 그래서라고 생각한다. 나에게서 당신에게로. 그래서 결국 우리에게로. 우리가 킬조이 작업을 행하는 방식이다. 한 학생이 편지에 『페미니스트로 살아가기』를 배웠던 이야기를 썼다. "2018년 '행동하는 페미니즘'이라는 수업에서 작가님 책을 처음 읽었습니다. 수업의 모든 학생이 스스로 킬조이라 여겼고 그 이름을 자랑스럽게 받아들였어요." 페미니스트 킬조이는 공동의 행동으로서 우리가 스스로 재명명하는 방식이 될 수 있다. 그 학생은 다른 수업에서도 같은 책을 읽었다고 썼다. 그리고 이번에는 나의 언어에서 자신을 찾으려 하지 않았다. 그는 새롭게 책을 읽으면서 다음과 같이 느꼈다. "동료나 친구와 이야기하는 것 같았어요. 우리를 승인하고 도전거리를 준 친구요." 페미니스트 킬조이는 그런 친구가 될 수 있다. 우리를 승인하는 동시에 도전거리를 주고, 우리가 혼자가 아님을 이야기하고 상기하는 친구 말이다.

또 다른 학생은 친구들과 책을 함께 읽으며 킬조이 공동체를 만들었다는 이야기를 해 주었다. "여자 친구들 생일 때마다 전부 그 책을 선물했어요. 그랬더니 천천히 저희가 작은 킬조이 그룹이 되어 가고 있었습니다." 페미니스트가 되어 가는 일의 집단성을 묘사하는 데 <u>의식 고양</u>consciousness raising*이라는 말을 사용할 수도 있다. 킬조이 이야기를 공유하면서 우리는 자신이 혼자가 아님을 깨닫고, 우리가 겪는 문제를 다른 이들도 겪고 있음을 알게 된다. 다른 페미니스트 킬조이들을 찾음으로써 우리는 정치적 의식을 고양할 수 있다. 문제를 지적함으로써 문제가 되고 페미니스트 킬조이가 되었던 이야기를 나누는 것이 치유의 경험이 될 수도 있다.

집단의 일부가 되면 처리하기 어려운 일을 처리하려 애쓰며 힘든 경험을 헤쳐 나가는 게 조금 쉬워진다. 또 다른 학생은 자신이 항의했던 경험에 관해 편지를 썼다. 매우 고통스러운 처지에 놓여 있던 그는 나누려는 내용에 관한 트리거 워닝을 남겨 놓기까지 했다. 그는 편지를 마무리하며 다음과 같이 썼다. "제 킬조이 어깨가 작가님 어깨 곁에 있고 우리는 무리를 이루고 있어요. 지금 당장 보이지는 않지만, 우리 무리가 거기 있다는 걸 알아요." 킬조이 어깨라는 아이디어가 매우 마음에 든다. 우리는 서로에게 기댐으로써 페미니스트 킬조이가 된다. 항상

---

*   1960년대 말 뉴욕과 시카고를 중심으로 미국 페미니스트들이 널리 퍼트린 행동주의 형태. 페미니스트 집단인 '뉴욕래디컬위민New York Radical Women'에서 제안한 방식으로, 여성들이 서로의 억압 경험을 공유함으로써 더 큰 범주에서 억압을 사유하고 다른 여성들 역시 자신이 겪고 있는 억압을 깨닫게 하고자 시작되었다.

킬조이 무리를 볼 수 있는 것은 아니다. 하지만 우리는 그 존재를 알고 있다.

다른 페미니스트 킬조이들을 찾는 일은 연구 프로젝트인 만큼이나 생존 프로젝트이기도 하다. 나도 초기 페미니즘 텍스트에서 그를 찾아다니며 내 곁의 페미니스트 킬조이에게서 많은 도움을 받았다. 『페미니스트로 살아가기』에서 나는 자신만의 킬조이 생존 키트를 만들자고 제안했다. 내 키트에는 책을 많이 담았다. 이 핸드북 말미에 페미니스트 킬조이들을 위한 추천 도서 목록이 있다. 내가 처음으로 생존 키트를 꾸린 이후에 출간된 흑인, 선주민, 유색인 페미니스트들이 쓴 허를 찌르는 책이 다수 포함되어 있다. 그 책들은 이제 내 생존 키트에 들어와 제 역할을 하고 있다.

킬조이 영감을 주는 책은 정말 많다! 앞으로 더 많은 책이 나올 것이다. 우리가 필요로 해서 더 많은 책이 나오는 것이다. 페미니스트들이 살아남기 위해서는 페미니즘이 필요하다. 생존 프로젝트와 연구 프로젝트로서의 페미니스트 킬조이 찾기는 사실 하나의 프로젝트라고 볼 수 있다. 또 한 명의 페미니스트 킬조이 라즈니 샤Rajni Shah는 시드니에서 페미니스트 킬조이 독서 모임을 시작했던 경험에 관해 썼다.

7년 뒤에도 페미니스트 킬조이 독서 모임은 이어지고 있다. 지금은 주요 회원 다섯 명이 매주 만나 누구든 참가할 수 있는 월간 행사를 기획한다. 공동체는 성장하고 있다. 이 공동체를 만든 것은 다음과 같이 말하기 위해서다. 킬조이가 되는 데는 노력이 들고, 그 노력을 이어 가려면 서로가 필요하다. 이 노력이 존재하려면 노력의 일부를 연대를 찾고 그 과정에서 서로를 파편화하지 않는 데 써야 한다.[10]

　　　　독서 모임이 만남의 장, 즉 다른 킬조이들이 참여할 수 있도록 열린 공간이라는 점이 마음에 든다. 페미니스트로서, 우리는 노력에 몰두함으로써 자신을 드러낸다. 더 드러날수록 우리는 서로에게서 많은 것을 얻고, 서로를 더 얻는다. 페미니스트 킬조이가 자신을 묘사하는 데 필요한 두 단어였다고 말한 학생을 기억하는지? 그는 이렇게도 말했다. "제가 쓰는 이 글을 참을성 있게 읽어 주세요. 작가님이 이해하시리라는 걸 알아요. 저를 이해하실 테고, 무슨 일이 일어났는지, 여기에서 어디로 나아갈 수 있는지 이해하실 거예요. 분명 이해하실 겁니다." 페미니스트 킬조이가 우리 자신을 묘사할 언어를 준다면, 그 묘사에는 이해가 담겨 있다. 페미니스트 킬조이들은 우리가 서로를 얻는다는 것을, 그리고 어떻게 서로를 얻을 수 있는지를 알린다. 우리를 페미니스트 킬조이에게로 이끄는 것이 우리를 서로에게로 이끈다.

킬조이 생존 팁 4:

마치 타인인 것처럼
페미니스트 킬조이의 말을 들으라

킬조이가 되면, 특히 페미니스트 킬조이가 되면, 항상 자신을 킬조이로 여기고픈 마음이 들 수 있다. 다른 사람의 행복이나 앞길을 방해하는 사람 말이다. 하지만 이는 사실이 아니다. 어떤 상황에서 페미니스트 킬조이가 된다 해도 다른 상황에서는 행복을 빼앗길 위협에 처한 '우리'에 속할 수 있다. 페미니스트 킬조이로서 듣기 시작하면, 더는 페미니스트 킬조이의 말을 듣지 않게 된다. 달리 말하자면 우리가 그 자신이라고 여기는 순간 그의 이야기를 더는 듣지 않는다는 뜻이다. 페미니스트 킬조이다워지는 일이 그 외재성에 달려 있다면, 그 외재성은 또한 그의 약속이기도 하다.

페미니스트 킬조이를 소개하면서 어떻게 흑인과 유색인 여성들이 꺼내는 주제가 페미니스트들의 즐거움을 망치는지 설명했다. 인종차별주의에 관해 이야기하면 대화를 중단시키고 분열을 초래한다고 여겨진다. 마치 우리가 입을 떼기 전까지는 통일성과 공통의 목적이 있었다는 듯 말이다. 페미니스트 이야기를 할 때 나중에 등장한 사람 때문에 통일성과 연대, 공통의 목적을 잃는다는 서사는 자주 등장한다. 유색인 여성이 방에 들어서고, 레즈비언 여성이 방에 들어서고, 트랜스젠더 여성이 방에 들어섰을 때 말이다. 다른 사람으로서뿐만 아니라 이미 방 안에 있는 사람으로서 킬조이의 말을 듣는다면, 우리는 페미니스트의 역사를 다르게 이해할 수 있다.

예를 들어 보자. 1988년 시바페미니스트퍼블리셔스Sheba Feminist Publishers에서 최초로 출간한 흑인 페미니즘의 고전 『여정의 기록—흑인 여성과 제3세계 여성의 글Charting the Journey: Writings by Black and Third World Women』 속 아브타르 브라Avtar Brah의 글이 그 예다. 수도 없이 인용된 이 책의 중요성에 관해서는 시인으로서의 페미니스트 킬조이를 이야기하는 장에서 다시 언급하겠다. 우간다에서 자란 아시아 여성으로서, 브라는 1985년 유엔 세계여성대회 참석차 나이로비에 갔던 경험을 이야기한다. 그 덕에 페미니스트 역사의 한 조각을 살펴볼 수 있다.

다음 날 호텔에서 친구와 만나기로 약속을 해 두었다. 다른 대표들에 둘러싸여 커피를 홀짝이면서, 나는 아시아인이나 아프리카인들이 당시 유럽인의 전유물이던 더노퍽The Norfolk 같은 호텔에 들어오는 것이 허용되지 않았던 식민 시대를 떠올리지 않을 수 없었다.[11]

우리 흑인이나 갈색 피부의 페미니스트들이 이야기하고 떠올리지 않을 수 없는 대상을 어떤 이들은 애써 모른 체한다. 우리는 어떤 장소에 갔을 때 역사를 맞닥뜨릴 수 있다. 홀짝거리고, 싹둑 잘라 내는 역사의 조각이다.

당신은 차단당한 경험 때문에 어떤 대상의 문이나 그 닫힌 상태를 의식한다(문의 존재와 왜 그게 중요한지에 관해서는 다시 이야기하겠다). 그 의식은 역사로 보존될 수 있다. 브라는 어떻게 페미니즘에 흥미를 갖게 되었는지 설명하는데, 한 이웃이 나낙 싱Nanak Singh의 소설을 소개해 주었기 때문이었다.

　나는 이 이야기를 사랑한다. 이 이야기는 우연히 만난 사람 덕에 페미니즘을 알게 될 수도 있음을 보여 준다. 한 사람 덕에 어떤 책을 알게 되고 또 어떤 운동에 참여하게 되는 것이다. 브라는 어떻게 사우스홀블랙시스터스Southall Black Sisters*와 흑인영국페미니즘Black British Feminism이라 알려진 운동에 참여하게 되었는지도 이야기한다. 『여정의 기록』이 출간되고 약 10년이 지나, 하이디 미르자Heidi Mirza는 『흑인 여성 페미니즘』이라는 제목을 그대로 붙인 문집을 하나 기획했다. 이 문집에 담긴 새로운 글과 기존 고전의 재판에는 많은 킬조이적 제목이 붙어 있다. 발레리 아모스Valerie Amos와 프라티바 파마Pratibha Parmar의 「제국주의 페미니즘에 대한 도전Challenging Imperialism Feminism」이나 헤이즐 카비Hazel Carby의 「백인 여성들은 들으라! 흑인 페미니즘과 자매애의 경계들White Women Listen! Black Feminism and the Boundaries of Sisterhood」이 그 예다. 미르자는 소개 글에서 흑인영국페미니즘

---

*　　영국 웨스트런던의 사우스홀을 기반으로 한 비영리단체. 가정폭력과 젠더폭력 생존자인 흑인과 소수인종 여성을 위한 다양한 지원 서비스를 제공한다.

을 "50여 년 전 식민 시대 이후 카리브해, 아프리카, 인도 아대륙에서 이주한 흑인 여성들의 활동과 투쟁에 기원을 둔"[12] 운동이라고 묘사한다. 흑인영국페미니즘은 제국주의와 자본주의 가부장제에 반대하기 위해 뭉친 아프리카와 아시아계 여성들의 정치적 연합에 주어진 이름이었다.

때로는 우리가 지금 하는 일뿐만 아니라 앞으로 존재하게 만들고자 애쓰는 대상에도 이름이 필요하다. 『여정의 기록』에 실린 프라티바 파마와 게일 루이스Gail Lewis의 인터뷰에서, 오드리 로드는 책 제목에 담긴 의미를 고민한다. "'여정을 기록한다' 그 말이죠, 안 그래요? 우리가 거기에서 여기까지 어떻게 오는가 하는 거죠? 기록되는 장소는 우리가 이미 있었던 장소지요. 하지만 우리가 가는 곳에는, 거기에는 아직 기록이 없어요. 우리는 용감하고 담대하게 앞을 내다보고 있어요."[13] 우리가 있었던 자리와 그곳에 도달하기 위해 겪었던 싸움에 관해 알려 주는 문집 『여정의 기록』과 『흑인 여성 페미니즘』은 여전히 필요하고 중요하다. 위의 인터뷰에서 로드는 다양한 의미로 쓰이는 '흑인'이라는 단어도 언급한다. "우리의 해결책은 다릅니다. 예를 들어 우리가 스스로 어떻게 명명하는지의 문제를 봅시다. 미국에서 흑인은 아프리카계를 의미하고, 북미 선주민이나 라틴아메리카, 아시아계 미국 여성을 포괄해서는 유색인 여성이라는 단어를 쓰지요. 제가 이해한 바로는, 여기에서 흑인은 모든 억압받는 인종 집단을 포괄하는 정치적 용어이며, 유색인 여성은 사람들의 눈살을 찌푸리게 만드는 말입니다."[14] 나는 가능한 한 용감하고 담대하게 앞을 내다보려면, 흑인을 정치적인 용어로 사용하는 것이 여러 가지 이유로 더는 유효하지 않다는 점을 인정할 필요가 있다고 생각한다. 여기에는 아시아 공동체에서 흑인에 대한 인종차별이 계속된다는 사실이나, 영국의 식민지지배를 겪었던 경험이 영국 내 모든 소수인종 사람들에게 공통의 기준점이 될 수 없다는 점 등도 포함된다.

정치적 흑인성political blackness이 더는 유효하지 않다는 말은 흑인이라는 용어에 관한 논쟁이 최근에야 생겼다는 의미는 아니다. 아마도 당시에 이 단어가 받아들여졌던 방식이 그 논란을 듣기 어렵게 만들었을 것이다. 우리 중 일부가 스스로 명명하는 것이 더 어려워졌다면, 나는 그것이 뭔가를 잃어버린 상황이 아니라 서로에게, 그리고 서로에 관해 어떻게 이야기할지 대화해야 할 또 하나의 이유라고 생각한다. 이런 대화를 통해 나는 많은 사람이 정책을 통해 만들어진 BME(Black and Minority Ethnic, 흑인과 소수인종)나 BAME(Black, Asian and Minority Ethnic, 흑인, 아시아인 및 소수인종) 같은 용어 사용을 원치 않는다는 것을 알게 되었다. 약어 형태로 발음되는 이런 전형적인 용어는 덜 노력하기 위해 더 많이 사용되며, 인종문제를 교묘히 피해 간다. 이 핸드북에서 내가 유색인과 갈색 피부brown라는 표현을 번갈아 가며 쓴다는 것을 눈치챘을 것이다. 전자에 색깔이 부재한 백인성을 중립이라고 전제한다는 문제가 있다면, 후자는 이 단어가 부적절하게 흑인과의 유사성을 만들어 내는 데 이용될 수 있다는 문제가 있다(갈색이라는 단어를 대문자로 시작하지 않기로 선택한 것도 이 문제를 인정하되 해결하지 않기 위함이다). 루비 하마드는 이 점을 실용적으로 지적했다. "더 나은 용어가 부재하면 때로는 기존 용어를 사용할 필요가 있다."[15]

실질적인 것이 이론적인 것이다. 브라 이야기로 돌아오자. 그가 글에서 묘사한, 서로 만나고 조직하는 방법을 찾는 실질적인 여러 어려움은 페미니즘적 통찰이며 그가 페미니스트 이론을 실천하는 방법이다. 브라는 페미니즘의 기억을 나눈다.

백인 여성들이 여성의 젠더 억압을 주제로 조직을 구성하기 시작하던 1970년대, 브리스틀의 연구생으로서 몇몇 의식 고양 세션에 참여했던 기억이 난다. 그러나 이 '의식'에 영국 내 아시아 여성의 경험을 다룰 여지는 없었다. 나는 백인 여성운동 진영에서 조직한 첫 번째 영국 페미니스트 콘퍼런스에 참가했다. 거기에는 나를 제외하면 흑인 여성이 두 명뿐이었다. 워크숍에서 우리 흑인 여성들은 페미니즘적 요구 사항이 반인종차별주의적이어야 한다고 주장했지만, 워크숍 서기였던 페미니스트 저널리스트는 총회에서 이에 관해 일언반구도 하지 않았다. 우리는 분노했지만 그처럼 소수자인 상태가 우리를 침묵하게 했다. 이날의 경험 이후 나는 의식 고양 집단에서 멀어졌다.[16]

여기에서 아브타르 브라가 언급하는 행사는 1973년 브리스틀에서 열린 여성해방 콘퍼런스다. 이 이야기에서 우리는 반인종차별주의가 페미니즘의 핵심 요구 사항이 되어야 한다고 주장하면 흑인이나 갈색 피부의 페미니스트 킬조이가 되고, 이내 없었던 것처럼 지워진다는blanked 것을 알게 된다. 바로 그래서 우리는 계속 같은 요구를 해야만 했다. 우리의 요구가 포함되었더라면 당시 요구 사항의 성격은 달라졌을 것이다. 1970년대 여성해방 콘퍼런스에서 주창된 요구는 동일임금, 평등한 교육 및 직업의 기회, 임신중지권과 무상보육 기관이었다. 이는 국가에 요구하는 바였다. 만약 반인종차별주의가 요구 사항의 하나로 포함되었더라면, 우리는 국가에 대한 비판을 요구했을 것이다. 우리의 요구 사항은 요구 사항 자체를 바꾸지 않고서는 추가될 수 없다.

　　우리가 사라졌으므로 우리의 요구 사항도 사라졌다. '지워 버리기blanking'는 어떻게 페미니즘이 '백인 페미니즘white feminism'이 되었는지를 조금이나마 알려 준다. 비었다는 의미의 단어 blank*는 흰색에서 나왔다. 페미니즘이 표백된 것은 흑인과 갈색 피부 여성들이 페미니스트로서 이야기하고, 알고, 창조하면서 그곳에 존재하지 않아서가 아니다. 그건 우리가 지워졌기 때문에, 그곳에 존재한다고 기록되지 않았기 때문이다.

---

* 　　영어 단어 blank는 형용사로는 '비어 있는'을 뜻하고, 동사로 쓰이면 '철저히 무시하다'라는 의미다. 여기에서는 '지워 버리기'로 옮겼다.

킬조이 등식:

백인 페미니즘

=

지워 버리기

페미니즘이 살아남기 위해서는 흑인과 갈색 피부 페미니스트 킬조이의 계보를 회복하고, 얼마나 손상되었는지 상관없이 기록으로서 우리의 목소리를 들어야 한다. 부러짐이 역사를 지닌 순간이라면, 딱 부러지는 일침을 놓는 것은 그 역사를 회복하는 일이다. 회복에도 노력이 든다. 1장에서 이 핸드북은 다른 사람들이 어디에 있었고 우리가 어디 있는지 알 수 있게 도와주는 핸들이라고 말했었다. 너무나 많은 킬조이가 지워져 왔기 때문에, 다른 이들이 어디에 있었는지 아는 데 정치적 노력이 필요할 수도 있다. 페미니스트로 생존하는 것은 전과는 다른 방식으로 킬조이들과 관계 맺고, 그들의 목소리를 주의 깊게 듣고, 그들이 이미 거기 있었음을, 사건 이후의 불특정한 시점이 아니라 진행 과정에 있었음을 아는 일이기도 하다. 나아가 다른 킬조이들을 찾는 것이 우리의 연구 프로젝트이자 생존 프로젝트라면 그 많은 페미니즘 책의 여백을 살펴볼 필요가 있다는 뜻이기도 하다.

그뿐만이 아니다. 저들이 우리가 말한 것을, 우

리가 거기 있었다는 사실을 기록하지 않을 때, 우리는 때로 스스로 페미니즘 공간에서 사라져 버리기도 한다("나는 의식 고양 집단에서 멀어졌다"). 누구도 내 말에 귀 기울이지 않는데 그 공간에 존재하는 의미가 무엇이겠는가? 달리 말해서, 우리 중 일부는 페미니즘 내부의 이방인이 되어, 페미니즘이 발생하는 특정 공간에서 멀어진다. 초기 저작 『낯선 조우Strange Encounters』에서 나는 이방인을 우리가 알아보지 못하는 이가 아니라(우리는 이방인을 그렇게 여기도록 배운다), 우리가 (이방인으로서) 알아보는 사람이라고 말했다. 이방인으로서 인식된다는 것은 이곳 출신이나 이곳 소속이 아닌, '어울리지 않는 신체body out of place'[17]로 여겨진다는 의미다. 이처럼 '어울리지 않는' 이들이 얼마나 의심스럽고 위험하다고 여겨지는지는 나중에 다시 이야기하겠다. 이방인이 되면 결국 방과 대화의 가장자리로 밀려난다. 우리의 일부도, 우리와 같지도, 우리와 함께도 아닌 상태가 되는 것이다.

　　　　이방인이 되는 것은 때로 느낌의 문제다. 이 때문에 킬조이는 자주 집단에서 유리되어 이방인이 된다. 벨 훅스의 다음 설명을 들어 보자.

서로 잘 알지 못하는 백인 페미니스트 활동가 여럿이 페미니즘 이론을 논의하기 위해 회의에 참석한다. 그들은 아마도 공동의 '여성 됨womanhood'을 바탕으로 서로 유대감을 느낄 것이다. 그러나 유색인 여성이 방에 들어오는 순간 공기는 눈에 띄게 달라진다. 백인 여성들은 더는 편안한 상태로 만남을 흥겨워하지 않으며, 바짝 긴장한다.[18]

유색인 여성이 방에 들어서기만 해도 공기는 긴장된다. 공기는 보통 감각되지 않는 것처럼 보인다. 하지만 당신이 긴장의 원인이 되면, 공기도 경험할 수 있다. 방에 들어선 유색인 여성은 그때까지는 유기적이었을 유대를 방해하는, 집단에서 멀리 떨어진 존재로 느껴진다. 아브타르 브라의 요구가 기록되지 않았던 이야기를 돌이켜 보라. 대화에서 제거되는 방법에는 여러 가지가 있다. 이렇게 누군가를 제거하면 통일성이라는 느낌이 만들어진다. 특정한 페미니스트 공간이 더욱 통일되었다고 느껴지는 것은 그곳에서 얼마나 많은 이가 누락되었는지 측정하는 척도가 될 수 있다.

공기의 벽으로 가로막힌 이들은 그 벽을 느낀다. 지워 버림은 유대의 문제이기도 한데("그들은 아마도 공통의 여성 됨을 바탕으로 서로 유대감을 느낄 것이다"), 이는 곧 지워 버림 역시 벽이 될 수 있음을 의미한다. 유대에서 빠진 이들은 이 벽을 알아차린다. 어떤 이들은 자신이 여성이라는 사실을 주장해야만 했다. 흑인 여성이자 탈출 노예로서 1851년 오하이오 애크런에서 열린 여성대회에서 "나는 여성이 아닙니까?"[19]라고 물었던 소저너 트루스Sojourner Truth를 떠올릴 수 있다. 앤절라 데이비스Angela Davis가 주목했듯, 트루스는 연설에서 여성참정권 활동가들에 반대하려는 '약한 성별weaker sex' 논의에 도전하며 자신의 몸, 노동하는 몸의 힘을 언급했다.[20] 어떤 이들은 자신이 여성이 아니라고 주장해야만 했다. 1978년 뉴욕 현대어문학협회 콘퍼런스에서 레즈비언 페미니스트로서 "레즈비언은 여성이 아니다"[21]라고 대담하게 주장했던 모니크 위티그Monique Wittig를 떠올릴 수 있다. 위티그에게 이는 여성이라는 범주 자체가 역사적으로 이성애적 명령으로 기능해 왔으며, 여성이 남성의 상대 항으로 존재하게 되었고 존재하도록 요구되었음을 드러내기 위한 필수적인 주장이었다. 누가 대화를 기록하고 누가 대화에서 누락되는지 주목하면, 어떻게 유대가 구속이 될 수 있는지 배울 수 있다. 여성이라는 용어 역시, 누가 대화에서 누락되었는가에 관한 기록으로서 구속도, 유대도 될 수 있다.

킬조이 생존 팁 5:

페미니스트 킬조이가
떠나게 두라

　　페미니스트의 생존이 '여성'과 같은 용어를 꽉 붙드는 데에 달렸다고 추측할 수도 있다. 마치 이런 용어라도 붙들지 않는다면 우리가 서로를 잃어버릴 것처럼. 킬조이의 말을 듣고 그에게 역사를 부여하는 것은 바로 이런 추측에 도전하는 일이다. 이는 또한 페미니즘이 살아남기 위해서는(여기서 살아남는다고 말하는 것은 운동으로서다) 페미니스트 킬조이가 떠나게 내버려둘 필요가 있다는 의미다. 한 백인 페미니스트가 인종차별적 언어를 사용해서 공개적으로 거론된 일이 있었다. 그는 답변에서 비판이 자신을 향한 이유가 자신이 "논란의 여지가 있는 의견"을 가진 "까다로운 여성"이기 때문일 따름이라고 주장했다. 페미니스트 킬조이를 붙들고 자기 활동에 대한 반박이 모두 그 때문이라고 주장하는 것은 비판을 거부하는 방식과 비슷하게 작용할 수 있다.

페미니스트의 생존은 어쩌면 우리의 용어에 덜 밀착되는 데 달려 있을지도 모른다. 우리의 투쟁을 이해하는 데 도움이 되는 용어들도 마찬가지다. 생존에 대한 오드리 로드의 사유로 돌아가 보자. 그는 다음과 같이 썼다.

이 사회가 정의하는 용인될 만한 여성의 테두리 밖에 서 있는 우리, 차이라는 시련으로 벼려진 우리(우리 중 가난하거나, 레즈비언이거나, 흑인이거나, 나이가 많은 이들)는 생존이 학문적 기술이 아님을 안다. 생존은 누군가 눈살을 찌푸리고 때로는 우리를 매도하더라도 홀로 서는 법을 배우는 것이며, 우리가 모두 번영할 수 있는 세상을 정의하고 추구하기 위해 구조 밖에 있다고 여겨지는 이들과 공통의 문제의식을 만드는 것이다. 생존은 차이를 받아들이고 그 차이를 힘으로 만드는 일이다.[22]

로드는 기존에 존재하는 구조가 가장 덜 지탱하는 이들이 가장 창의적인 이들이 되리라는 이야기를 하고 있다. 그들에게 생존은 '학문적 기술'이 아니라 극도로 실질적이고 위급한 과업이기 때문이다. 로드의 유명한 문장이 이어진다. "주인의 도구로는 결코 주인의 집을 무너뜨릴 수 없다." 로드는 페미니스트의 생존에 관해 이야기하고 있으며, 다시 강조하건대 내가 여기에서 이야기하는 생

존은 우리 자신의 생존뿐 아니라 운동[으로서 페미니즘]
의 생존이다. 페미니즘은 그 생존이 학문적 기술이 아니
라 자신의 용어로 살아가기 위한 투쟁인 이들이 이끌 때
에만 운동으로서 살아남을 수 있다. 킬조이는 (그리고 로
드는) 어떤 여성이 다른 여성에게 용인될 수 없다고 여겨
지는 상황에서는, 이러한 투쟁이 페미니즘 내부에 존재
한다는 것을 가르쳐 준다. 일부 여성이 다른 여성들을 여
성으로 받아들이지 않는다고 이야기할 때, 그들은 주인의
집을 무너뜨리는 것이 아니라 주인의 도구가 된다.

   이런 이유로 나는 트랜스젠더 혐오와 인종차별주
의를 페미니스트 생존의 문제로 명명하고자 한다. 이른바
'젠더 비판적' 페미니즘'gender critical' feminism을 예로 들
어 보자. 영국에서 '젠더 비판적' 페미니즘은 (실질적, 물
질적, 생물학적이며 불변한다고 대체로 명시적으로 정의
되는) 성별sex 구분을 (문화적, 비물리적이며 '개인의 느
낌' 문제라고 대체로 명시적으로 정의되는) 젠더나 젠더
정체성보다 중시해 왔다. 일부 '젠더 비판적' 페미니스트
나 주류 미디어가 반복하는 이야기는, 트랜스젠더 활동가
와 길을 잘못 든 그들의 페미니스트 지지자들의 주장 때
문에 페미니스트들이 더는 성별이라는 단어를 쓰지 못하
게 되었다는 것이다. 활동가로서 페미니스트 킬조이를 다
루는 장에서, 나는 '젠더 비판적' 페미니스트들이 어떻게
트랜스젠더 활동가의 힘을 과장하는 한편 트랜스젠더 혐
오의 해악을 축소하는지 다시 이야기할 것이다. 어쩌면
일부 '젠더 비판적' 페미니스트들은 자신들이야말로 토론
테이블에서 성별 문제를 관철해야 하는 페미니스트 킬조

이라고 여기는지도 모르겠다. 그들은 페미니스트 킬조이가 아니다. 성별이나 생물학, 자연, 심지어 현실마저 아무 문제 없는 용어라는 듯 사용하는 모습을 보면, 그들이 차지한 것은 오히려 가부장적 아버지의 자리다. 페미니스트들은 언제나 이러한 용어에 반대해 왔다. 우리의 임무는 언제나 이런 용어를 문제 삼는 것이다.

타인처럼 페미니스트 킬조이의 말을 들으면, 우리는 여성이라는 분류뿐 아니라 젠더와 성별 역시 늘 논란의 대상이 되어 왔음을 알게 된다. 페미니스트 사회학자 앤 오클리Anne Oakley의 작업을 예로 들어 보자. 그의 고전 『성별, 젠더 그리고 사회Sex, Gender and Society』에서는 명백히 성별-젠더 구분법이 사용되었다. 책에서는 정신과 전문의 로버트 스톨러Robert Stoller의 작업을 기반으로 성별은 생물학적 차이, 눈에 보이는 생식기의 차이 및 생식기능의 차이를 가리키며, 젠더는 "문화의 문제"이자 사회적 구분으로 사람들을 "남성성masculine"과 "여성성feminine"으로 나눈다고 본다.[23] 그러나 오클리는 이후 작업에서 이러한 구분법 자체를 강력하게 비판하며 "성별과 젠더의 구분은 사회가 어떻게 자연적 신체 자체를 형성하는지 의문을 던지지 않는다"[24]라고 말했다. 오클리는 성별 자체에 의문을 던지지 않고 젠더가 어떻게 구성되는지 질문하면 멀리 나아가지 못한다는 것을 보여 준다. 젠더가 성별의 자연스러움naturalness을 만들어 내는 데 일조하기 때문이다. 혹은 "젠더가 성별에 앞선다"라고 주장한 전설적인 유물론자 크리스틴 델피Christine Delphy의 작업을 보자. 그는 다음과 같이 설명했다. "우리는 계속해

103

서 젠더를 성별 차원에서 생각해 왔다. 즉, 젠더를 자연적 이분법에 의해 결정되는 사회적 이분법으로 여긴 것이다."[25] 젠더가 서로 별개인 불변의 생물학적 성별이라는 효과를 만들어 낸다면, 그 효과를 우리의 명분으로 삼는 일은 우리가 무너뜨리고자 하는 그 시스템을 재생산하는 일이 될 것이다. 심지어 급진주의페미니즘처럼 성별 범주를 문제로 인식하지 않는다고 여겨지는 전통적인 페미니즘에서도 이 점은 문제로 여겨져 왔다. 예를 들어 앤드리아 드워킨Andrea Dworkin은 『여성 혐오Woman Hating』에서 그가 명명한 "별개의 두 생물학적 성별"에 기반한 "성적 차이에 관한 전통적 생물학"[26]을 급진주의페미니즘의 측면에서 비판했다.

이러한 성별 범주 비판은 다양한 전통 페미니즘 분야에서 발생한다. 그리고 그럴 만한 이유로 지워져 왔다. 젠더는 마치 외부에서, 혹은 외부인들로부터 비롯한 것처럼 이방인이(그렇다, 사유의 범주도 이방인 취급을 당할 수 있다) 되었다. 자연이나 생물학적 현실에 대한 제약이 되었다. 여성은 태생적 여성natal women이 되었다. 젠더가 이방인으로 변모함으로써 성별은 자연nature, 태생적인 것 natal, 심지어 원래 그러한 것native이 되었다. 마치 이 모든 범주 자체가 공들여 만들어진 결과물이 아닌 것처럼, 우리가 범주를 만들고 형성하는 데 전혀 관여하지 않은 것처럼.

젠더 범주가 이방인이 되면 자신의 존재를 그 범주에 기대어야 할 사람들도 이방인이 된다. 그럼 페미니즘에서 그리고 성폭력, 가정폭력, 젠더 기반 폭력에서 생존하려고 우리가 함께 만들어 낸 보호소와 센터에서 트랜스젠더 여성을 배제하기 위해 <u>태생적 여성</u>이나 <u>여자-성인</u> adult human female 등의 표현이 사용된다. 페미니즘이 폭력을 완전히 끝내겠다고 다짐하는 급진적인 프로젝트로서 살아남으려면, 우리는 이런 식으로 범주를 이용하기를 거부해야만 한다. 로드의 말을 빌려 "이 사회가 정의하는 용인될 만한 여성의 테두리 밖에 서 있는" 이들의 성별이나 젠더 이론이 중시되고, 무엇이 용인될 만한지에 대해 그들이 의문을 제기하며 용어를 깊게 탐구하는 것을 들여다보았더라면, 우리는 지금 이 모든 일을 하고 이 모든 이야기를 하면서 여기 있을 필요가 없었을 수도 있다. 하지만 우리는 여기 있다.

우리의 용어들은 언제나 잠정적이며 논쟁의 여지가 있다. 자체적인 용어에 너무 자신만만했고 그런 용어를 역사 바깥에 위치시켰던 페미니즘 때문에 우리는 이미 많은 대가를 치러야 했다. 따라서 페미니스트 킬조이를 찾으면 자신감을 되찾을 수 있는 것만큼이나, 우리가 때로는 왜 자신감을 잃을 필요가 있는지도 배우게 된다. 그렇다, 킬조이를 내세우면 힘을 얻을 수 있다. 우리는 아무리 숨겨지고 부서졌을지라도 한 계보의, 기다란 선의 일부가 된다. 하지만 그 힘이 너무 빨리 과도한 확신으로 바뀌지 않도록 주의해야 한다. 다른 페미니스트를 우리의 행복과 우리가 차지하고 있는 공간을 위협하는 킬조이로 여기지 않으려는 예민함을 잃지 않도록 말이다. 페미니스트 킬조이의 말을 들을 때, 우리는 어쩌면 우리 자신에 관한 불편하고 어려운, **킬조이 진실**을 듣게 될지도 모른다. 그리고 그로써 우리는 배운다. 행동주의를 위해서는 자신감을 조금 잃고 우리 자신도 문제가 될 수 있음을 인정할 필요가 있다. 그건 언제나 문제로 여겨진 인생을 살아온 사람에게는 아마도 쉽지 않은 일일 것이다.

킬조이 생존 팁 6:

항상 당신에게 달린 것은 아님을 기억하라

어떤 때는 당신에게 즐거움을 망칠지 말지, 어떤 말을 할지 말지 선택권이 있는 것처럼 보일 수도 있다. 그러나 즐거움을 망치는 것은 우리의 말이나 행동과는 아무 상관이 없다. 즐거움을 망치고 말고가 항상 우리에게 달린 것은 아니라는 사실은 안도가 되기도 한다. 페미니스트 모임에 유색인 여성이 들어섰을 때 무슨 일이 일어났는지 벨 훅스가 설명했던 것을 떠올려 보라. 유색인 여성이 인종문제를 끄집어내기 위해서는 나타나기만 하면 된다. 우리는 아무 말 하지 않아도 긴장을 유발할 수 있다.

그렇다고 때로는 우리가 긴장을 유발하는 것을 피하려 애쓰지 않는다는 뜻은 아니다. 나는 여성학 교수로 학계 경력을 시작했다. 애들레이드에서 택시를 탔을 때가 기억난다. 막 영국에서 도착한 참이어서 피곤했는데, 택시 기사가 무슨 일을 하느냐고 물었다. 나는 교수라고 대답했다. 기사가 친근한 태도로 "뭘 가르치시는데요?"라고 물었을 때, 나는 망설였다. 여성학을 가르친다고 말했을 때 강한 반응이 돌아오는 데 익숙했기 때문이다. 내가 직접 들었거나 전해 들은 기억할 만한 반응들은 다음과 같다. "여성학이라, 나도 좀 배우고 싶네." "여성학에서는 뭘 가르치죠? 다림질?" "요즘은 대학에서 아무거나 배운다니까요." 성차별에 도전하면 도전에 대한 반응으로 성차별이 돌아온다. 택시 안에서 나는 거기까지 가고 싶지 않았고, 그래서 사회학이라고 답했다. 그러자 기사가 사회학에 매우 강한 반응을 보이는 것 아닌가! 그가 사회학자들에 관해 늘어놓는 이야기를 들으며 나는 소리 내어 웃었다. 나 자신을 향한 웃음이었다. 빠져나오려는 노력이 어떻게 그 지점으로 다시 돌려놓을 수 있는지 배우고 있다는 사실에 웃음이 나왔다. 페미니스트 킬조이가 된 상태에서 항상 빠져나올 수 있는 것은 아니다.

킬조이 진실:

항상 당신이 싸움을 택하는 것은 아니다. 싸움이 당신을 택할 수도 있다

배운다는 것은 예상치 못한 곳에 다다른다는 의미다. 페미니스트 킬조이는 때로 예상치 못한 장소가 될 수 있다. 가끔은 그 장소에 도착하지 않는 것이 예상치 못한 일일 때도 있다. "여성학을 가르쳐요"라고 말하고 바로 그 반응을 기다리고 있을 때, 흥미와 관심이 돌아온 적도 있다. 사람들은 때로 우리를 놀라게 한다. 그래서 시간이 지날수록, 페미니스트 킬조이가 되었던 기억이 잔뜩 쌓였음에도, 혹은 어쩌면 바로 그 때문에(**킬조이 생존 팁 2: 더욱 페미니스트 킬조이다워지라**), 진부한 반응에 맞닥뜨리리라는 확신은 덜해진다. 덜 확신하는 것은 좋은 일이다. 킬조이를 소개하며 페미니스트들이 그저 반항적opposition-al으로 굴기 위해 뭔가에 반대하는oppose 사람으로 치부된다고 말했다. 나는 반항적이라는 말을 이렇게 사용하는 일에 반대하건만! 하지만 마주치는 모든 대상이 우리가 반대하는 내용을 확증하리라고 가정하지 않는 것도 중요하다. 애초에 그렇게 가정해 버리면, 어떤 만남이 발생하는 것과 그 기회와 그 안의 놀라움까지도 가로막을 수 있다. 어쨌든 나는 실제로 진부한 반응을 마주했을 때 그 사실을 인식할 뿐 아니라 어떻게 설명해야 하는지도 알고 있다.

아무 말 하지 않아도 즐거움을 망칠 수 있다는 사실을 알면, 우리는 어떤 부담감에서 해방된다. 우리가 어떻게 받아들여지는지가 항상 우리 책임은 아닌 것이다. 쓰는 용어를 바꾸거나 외모를 덜 날카롭게 만들거나 다른 이들과 비슷해 보이도록 꾸밀 필요도 없다. 마치 그렇게 하거나 그렇게 되면 더는 [의도치 않은] 효과를 내지 않을 수 있는 것처럼 말이다. 공간을 열어젖히기 위해 우리는 즐거움을 망치지 않을 수 없다. 이는 곧 그 공간이 점령되는 방식을 방해하는 것이다. 그렇다, 우리는 때로 긴장을 유발

한다. 놀라운 일이 아니다. <u>사회적 변화는 곧 긴장이다.</u>

킬조이 생존 팁 7:

당신이 할 수 있는 일에는 한계가 있음을 기억하라

당신이 페미니스트 의식consciousness에 도달한 상태라 해도, 의식하는 것이 여전히 힘들 수 있다. 쉽게 말해서 무엇이 힘든지 의식하는 것이 힘들다. 문제를 의식하는 일 자체가 문제가 될 수 있다. 페미니스트 의식은 기본값이 온on 상태인 것처럼 느껴진다. 항상 전원이 켜져 있는 셈이다. 켜져 있는 상태는 고될 수 있다. 즉, 때로는 우리가 스위치를 꺼 버릴지도 모른다는 뜻이다. <u>페미니즘을 위해 페미니스트들은 살아남아야 한다.</u> 생존 팁이 시간과 관련된 팁이라는 이야기는 벌써 했다. 시간이 지나면서 우리는 휴식 시간 내는 법을 배운다. 킬조이가 되는 <u>일로부터</u> 휴식을 취하는 것은 킬조이를 <u>위해서도</u> 필요한 일이다. 당신이 그를 내세울 때도, 그가 당신의 모든 존재와 모든 행위를 구성하지는 않는다.

우리를 페미니즘으로 이끈 여러 역사는 우리를 취약하게 만든 역사다. 여기에서 트라우마가 발생한다. 우리 중 많은 이가 우리가 있는 곳과 우리 존재, 그리고 우리가 원하는 것으로 인해 자라면서 폭력을 경험했거나 현재 경험하고 있다. 트라우마를 겪는다는 것은 몸 안에 역사를 담고 있다는 뜻이다. 그러면 쉽게 부서질 수 있다. 부서진 상태에서는 스스로 추스를 수가 없으므로, 아마 스위치를 켤 준비가 되지 않았을 것이다. 그러니 조심하라. 뭔가를 받아들일 때 당신이 무엇과 마주하고 있는지 주의를 기울이라.

> 킬조이 진실:
>
> 받아들일 수 있는 데에
> 한계가 있으므로
> 마주할 수 있는 데에도
> 한계가 있다

우리 몸은 우리에게 말을 건다. 당신의 몸이 당신의 요구에 따르지 못하겠다고 말할 수도 있다. 그럼 그 말을 들어야 한다. 나는 내가 '학과장 목Dean's neck'이라고 부르는 증상을 겪곤 했다. 내가 깊숙이 관여했던 여성학 학사과정을 폐지하는 일련의 결정 뒤에 있었던 학과장을 만날 때마다 매번 목에 같은 통증을 느꼈다. 머리가 떨어질 것 같아서 회의 중에도 목을 부여잡고 있어야 했다. 시간이 한참 흐른 뒤, 나를 기용할 것을 고려하던 자리 때문에 다른 대학교에서 다른 학과장을 만났다. 그때 목에서 똑같은 통증이 느껴졌다. 몸이 뭔가 말을 하고 있었다. 그

걸 하면 안 된다고, 거기에 가면 안 된다고. 그래서 이번에는 가지 않았다. 순전히 목 때문에 그런 결정을 내렸다고 생각하지는 않았지만 말이다!

몸이 하는 말이 무슨 뜻인지 항상 명확한 것은 아니다. 항상 몸의 지시를 따를 수 있는 것도 아니다. 그래도 계속해서 그 말을 들어야 한다. 몸은 자주 우리보다 먼저 알고 있다. 가끔 우리는 뼛속 깊이 파고드는, 너무 고통스러운 것을 옆으로 치워 버린다. **킬조이 진실**을 처음 들을 때 뼈에 먼저 와닿는 것도 그래서다. 아주 많은 사람이 존재를 위한 싸움에서 비롯한 고통과 트라우마가 몸으로 표출되었다는 이야기를 해 주었다. 목과 등에서부터 다리, 손과 피부까지도.

킬조이 진실:

존재를 위해 싸워야 한다면,
싸움이 곧 존재가 될 수 있다

존재하기 위해서는 공간room이 필요하다. 그래서 우리는 자신이나 타인에게 너무 많은 것을 기대하지 않는 법을 배운다. 괴롭힘에 대항해 항의했던 경험에 관해 편지를 보냈던 학생이 기억난다. 그는 다음과 같이 썼다.

'더 해 보지 않은' 것, 너무 오랫동안 그 자리에 머문 것, 자신을 위해 충분히 떨쳐 일어나지 않은 것에 어마어마한 죄책감을 느꼈습니다. 지금도 이런 감정을 처리하고 있긴 하지만 작가님의 책을 읽으면서 이런 죄책감을 다루고 다른 각도에서 보는 데 엄청난 도움을 받았어요. 저 자신에 대해서는 분노를 덜 느끼고, 당시의 직장과 그 모든 일이 일어나도록 용인한 전반적인 문화에는 더 분노를 느끼게 되었어요.

페미니스트 킬조이가 되면, 그다지 멀리 가지 못하거나 끝내 관철하지 못한다 해도 그것이 실패의 신호가 아니라 우리가 맞서고 있는 것이 얼마나 강력한지 알려주는 척도임을 배운다. 우리가 하는 일과 우리 자신의 관계를 변화시키고, 사소해 보이는 일도 가치 있게 여기기 시작한다. 그리고 상대적 규모scale를 의심하기 시작한다. 한 사람에게는 커다란 일이 다른 이에게는 작거나 가벼운 일로 무시될 수 있다.

규모는 잘못된 것을 인식하는 데뿐 아니라 변화의 기회를 인식하는 데도 중요하다. 다시 한번 로드의 작업을 떠올린다. 나는 여전히 로드로부터 배우고 있다. 그는 "변화를 만들 수 있는 가장 작은 기회에도 촉각을 세워야"[27] 한다고 말했다. 로드는 이런 가장 작은 기회에 관해 이야기하는 데 바로 혁명이 있다고 말한다. '가장 작은 기회에도 촉각을 세워야' 한다고 요청하는 로드의 말은 직접 당신you을 향한다. 당신이 할 수 있는 일을, 할 수 있는 때에, 할 수 있는 곳에서 하라는 말이다. 변화의 기회는 창문처럼 닫혀 있을 수도 있다. 페미니스트 킬조이가 되는 것은 말하거나, 행동하거나, 누군가를 이해시킬 수 있는 바로 그 순간을, 아무리 작더라도 그런 틈을 찾는 일이다. 그토록 작은 일일지라도 매우 중요하다.

자신을 돌보려면, 정도가 지나칠 때는 멈춰 서서 한발 물러설 필요가 있다. 자신을 위한 허가 증서를 작성해 보라. 그것을 싫어 증서no note라고 부를 수도 있겠다. '미안, 그건 못 해'라거나 '미안, 거기까지는 할 수 없을 것 같아'라고 적힌 증서다. 뭔가를 하라고 요구받기 전에 미리 싫다고 말해도 된다고 스스로 허락하는 것도 도움이 된다. 이전에 벌어졌던 일이 있으니 저 사람과는 대화하기 싫다고 판단할 수 있다. 어떤 프로그램을 위해 싸우는 게 너무 진 빠지므로 싸우기 싫다고 판단할 수도 있다. 혹은 내가 그랬듯, 직장과 일을 그만두겠다고 할 수도 있다. 내가 왜 사직했는지는 활동가로서의 페미니스트 킬조이를 다루는 장에서 더 자세히 이야기하겠다. 여기에서는 (생존의 문제를 이야기하고 있으니) 이 정도로만 말해 둔다. 나는 당시 일하던 기관이 성적괴롭힘을 제도적 문제로 다루지 않았기 때문에 사직했다. 할 만큼 했기 때문에 사직한 것도 있다. 더 멀리 가지도 못하는데 그토록 힘겹게 싸우는 일을 그만하고 싶었다.

내가 사직할 수 있었던 것은 물질적 자원과 안정성, 그리고 페미니스트 킬조이 작가(어쩌면 이 핸드북이 그 '싫어!'의 결과물인지도 모르겠다)로서의 경력이라는 다른 길이 있었던 덕이었다. 그런데도 홀로 망망대해에 떨어진 기분이었다. 나는 단순히 일과 직장을 떠나는 것이 아니라 그때까지 사랑했고 익숙해졌던 삶을 떠나는 참이었다. 사직이 수동적이고 체념적으로 두 손 두 발 다 들고 운명에 자신을 맡기는 일처럼 들릴지도 모른다. 하지만 사직도 페미니스트의 저항 행위가 될 수 있다. 떠남으로써 당신은 이렇게 말한다. 나는 성적괴롭힘 문제를 다루지 않는 기관에서 일하지 않겠다. 떠남으로써 당신은 또 이렇게 말한다. 내가 참을 수 없는 것을 재생산하지 않겠다.

일을 그만두거나 직장을 떠나는 것은 당신의 프로젝트를 포기하는 것이 아니라 포기하기를 거부하는 행위다. 당신 자신과 시간, 에너지와 노력을 그것들을 빼앗는 대상에 과하게 쏟기를 거부하는 것이다.

킬조이 생존 팁 8:

즐거움을 망치는 일을 포함해
모든 것을 느껴라

이 세상이 불행해서 페미니스트가 되었다면, 우리의 불행은 이 세상에 관한 평가다. 불행은 느낌이기도 하다. 그 느낌은 의무 사항이 아니다. 이 사실을 알고 나면 마음이 조금 놓일지도 모르겠다. 페미니스트 킬조이가 되는 것이 불행을 느껴야 한다는 의미는 아니다! 하지만 킬조이들은 분명히 불행하다는 가정 속에서 살아간다. 당신이 행복하다는 것을 보여 주려 애쓰며 그런 가정에 맞설 필요는 없다. 행복해야 한다는 압박은 실제 감정과 당신을 유리시키고 심지어 불행하게 만들 수 있다. 다음 장에서 행복이라는 압박에 관해 더 이야기하겠다. 페미니스트 킬조이는 오히려 페미니스트가 불행하다는 가정을 어떻게 진단하는지의 문제다. 페미니스트 킬조이의 가까운 친척은 유머 없는 페미니스트다. 농담을 이해할 수 없고 이해하지도 않을 이들 말이다.

우리는 여러 경험을 통해 사람들이 어떤 대상을 자꾸 가벼이 여길 때는 뭔가 무거운 일이 벌어지고 있는 것임을 배웠다. 우리는 성차별적 농담에 웃기를 거부한다. 기억하자, 그것이 **킬조이 격언**이다. 우리는 농담이 우습지 않을 때 웃기를 거부한다. 페미니스트 킬조이를 소개하면서, 어떤 대상에 대해 웃어 <u>버리는</u> 것과 웃어<u>넘기는</u> 것을 구별 지었다. 우리는 어떤 대상에 대해, 혹은 이 세상의 부조리를 깨닫고 웃어 버릴 수 있다. 한 다양성 책임자는 회사 경영진 사진을 함께 보던 친구가 "이 사람들 친척이야?"라고 물었던 일을 이야기해 주었다. 경영진이 전부 백인 남성이었기 때문이다. 그 질문을 듣고 함께 어찌나 웃었는지. 뭔가가 보이지 않음으로써 얼마나 자주 재생산되는지 알아차리면, 제도가 어떻게 스스로 재생산하다 못해 서로 유사하거나 똑같다는 인상을 만들어 내는지 알아차리면 커다란 안도가 될 수 있다. 웃음은 우리가 어떤 대상, 공통의 경험, 패턴, 구조를 불러내어 <u>거기에 대해 웃어</u> <u>버리는</u> 수단이 될 수 있다. 뭔가에 대해 웃어 버리는 것은 대상을 더 실재로 만들고 확대하는 일이지만, 동시에 당신에게 그것이 발휘하는 영향력이나 힘은 줄이는 일이다.

페미니스트 킬조이가 되는 것이 반드시 감정이

상하는 것을 의미하지는 않지만, 분명 감정과 관련된 일이기는 하다. 페미니스트 킬조이들은 자주 너무 감정적이라 기분이 앞서서 판단력이 흐려지거나 다른 이들을 방해한다고 여겨진다. 그렇다면 감정이 반란의 현장이 될 수 있다 한들 놀랄 일은 아니다. 우리는 분노하고, 분노는 뭔가를 향한다. 그 분노에는, 오드리 로드가 묘사하듯 "정보와 에너지가 실려 있다".[28] 그러나 당신은 이내 그저 늘 화가 나 있는, 화난 흑인 여성, 화난 유색인 여성으로 치부된다. 분노로 인해 뭐가 잘못되었는지 알 수 있지만 그 분노 덕에 우리가 옳은 사람이 되는 것은 아니다. 우리의 분노가 옳다고 가정하면 분노는 정당한 일로 바뀐다.

분노는 뭔가가 잘못되었다거나 어떻게 잘못되었는지 말해 줄 뿐 아니라 그것을 마주할 에너지를 준다. 우리는 거기에 올라탄다. 그러나 분노만 에너지를 주는 것은 아니다. 내 책 『감정의 문화정치』에서, 경탄wonder과 희망도 분노만큼이나 페미니즘으로의 여정에 주요하다고 이야기한 바 있다. 경탄은 모양을 갖추어 가는 세계를 경이롭게 바라보는 방식이다. 우리는 사회적 모임의 형태, 말하자면 가족, 커플의 모양이라는 흥미로운 형태에 경탄하고, 얼마나 다양한 방식으로 모일 수 있는지에 경탄한다. 희망은 다른 세계가 가능하며 거기에 투쟁의 의의가 있다는 감각을 전해 준다. 그러나 희망의 정치는 여기에서 그치지 않는다. 나의 킬조이 심장은 "희망에 엿 먹어라fuck hope"라는 첼시 워터고Chelsea Watego의 명령을 들으면 더 빨리 뛴다. "식민지에서 또 하루를" 살아가는 선주민 페미니스트로서, 워터고는 매일, 또 하루 사람들의 주의를 현재의 폭력에서 앞으로 다가올 "변화 없는 변화"[29]에 대한 텅 빈 약속으로 돌리는 데 희망이 이용된다는 것을 또렷이 안다. 어쩌면 우리를 지금 당장 해야 하는 일로부터 떼어 놓는 데 변화가 이용된다는 사실에 분노할 때만 변화를 만들어 낼 수 있을지 모른다.

우리를 즐겁게 하고, 기쁨을 주고, 짐을 덜어 주는 것들도 여전히 중요하다. 달리 살고, 달리 존재하고, 다르게 몸에 머무르고, 공간을 덜 차지하려 애쓰지 않고, 우리의 땅을 딛고, 오래된 페미니스트 책 제목을 빌리자면 "우리 몸, 우리 자신our bodies, ourselves"을 되찾는 데 에너지가(그리고 배움이) 있을 수 있다. 내 생존 키트에 책만 들어 있는 것은 아니다. 몸도 거기 넣었다. 그리고 삶도 넣었다. 페미니스트 킬조이로 살아남는 것은 페미니스트로서 삶을 사는 데 뭐가 필요한지 알아내는 일이다. 우리가 들이마시는 공기, 음식, 영양분을 섭취할 방법, 과거를 챙기는 방법, 향신료 냄새가 떠오른다. 또 우리가 필요로 하는 이들, 친구들과 동반자들이 생각난다. 나의 생존을 생각하면 어렸을 때 내 삶에 찾아와 어딘가 다른 곳으로, 안전한 곳으로 갈 수 있도록 도와주었던 말 물카가 떠오른다. 또 소중한 반려견 포피와 블루벨도 떠오른다. 그들의 반려 인간이 되어 함께 산책할 수 있음이 얼마나 기쁜지.

우리 몸이 해낼 수 있는 일의 한계를 말해 주기는 하지만, 그것이 몸이 하는 역할의 전부는 아니다. 우리는 몸을 통해 우리가 할 수 있는 일을 한다. 말하고, 걷고, 춤춘다. 나는 몇 년 동안 '레즈비언의 삶Lesbian Lives' 콘퍼런스에 참여했다. 거기서 아주 많은 이야기를 나누었지만, 기억에 남는 것은 춤이다. 콘퍼런스에서 내 친구 닐라와 나는 함께 춤추었다. 서로 다른 몸을 함께 움직이는 춤은 퀴어이자 불구다. 닐라를 향한 아름다운 회고록에서, 님 랠프Nim Ralph는 그 둘의 춤을 묘사한다. "함께 흘리는 땀과 몸짓의 즐거움을 찾는 데 몰두했던 닐라는 적응형 춤adapted dancing의 대가였다. 나는 종종 그가 댄스플로어를 가로질러 화려한 솜씨로 의자에 앉아 몸을 움직이거나 지팡이를 활용해 벽을 지렛대 삼아 포인트 동작을 덧붙인 몸짓을 만들어 내는 모습을 바라보았다."[30] 춤은 다른 이들 가까이 자신을 내던지는 방식이 될 수 있다. 우리 중 누군가가 이 세상을 통과하는 데 필요한 장비를 달리 사용해 퀴어한 모양을 만들어 내면서 말이다. 아나키스트 에마 골드먼Emma Goldman의 이 유명한 선언을 떠올려 볼 수도 있겠다. "춤출 수 없다면 나는 당신의 혁명에 참여하지 않겠습니다." "근엄한 표정의" 젊은 남성이 그에게 "춤은 선동가의 일이 아니다"[31]라고 말했을 때 골드먼이 춤출 자유를 단언하며 한 말이다. 골드먼은 춤을 춘다. 그리고 춤을 춤으로써 근엄해야 한다는 요구에 대한 정서적 반항으로서의 춤을 긍정한다. 우리는 행복에 참여하지 않거나 올바른 장소에서 웃지 않을 때뿐 아니라, 슬프거나 근엄해져야 할 때 즐거워해서도 정서 이방인이 된다. 어쩌면 어리석게 군다는 말을 들을지도 모른다. 페미니스트 킬조이는 흔히 지나치게 슬프거나 지나치게 근엄하다고 여겨질뿐더러 어리석다고 여겨지기도 한다. 어리석다silly는 말은 원래 '축복받은blessed' '행복한happy' 혹은 '황홀한blissful'이라는 뜻이었다. 시간이 흐르면서 그 의미는 변해 갔다. '축복받은'

에서 '경건한pious' '순수한innocent' '무해한harmless' '측은한pitiable' '약한weak' 그리고 '미약한feeble'까지. 그렇다, 어리석다라는 단어에도 킬조이의 역사가 있다.[32]

페미니스트 킬조이 형상은 사회적 감정이나 공유되는 감정에 관해 아주 많은 것을 알려 준다. 이 사실이 놀라울 수도 있다. 페미니스트 킬조이는 보통 다른 사람들을, 그 많은 이를 밀어붙이는 반사회적 형상으로 나타나기 때문이다. 페미니스트 킬조이는 사회적 경험을 이상화하지 않도록 경계하라고 가르쳐 줌으로써 '사회적인 것'을 달리 이해할 수 있게 한다. 우리는 분열을 타인과 함께하기 위해 극복해야 할, 사회적 유대가 실패한 증거로 다루는 대신 사회적 경험의 일부로 여긴다. 우리는 이를 통해 서로에게서 배운다. 때로는 사회적 적대감에 대한 해결책으로 근접성이 제시된다. 마치 가까워지면 하나가 될 수 있다는 듯 말이다. 그러나 근접성은 해결책이 아니라 하나의 상황이다. 우리는 자기 자신에게 완전히 드러나지 않는 것과 마찬가지로, 서로에게도 완전히 드러나지 않는다.

감정의 사회적 성격은 감정을 한층 더 복잡하게 만든다. 정서 이방인이 된다는 것은 그런 복잡성에 한껏 주의를 기울인다는 의미다. 우리는 다른 사람과 똑같은 감정을 느끼라거나 '올바른' 순간에 기뻐하거나 슬퍼하라는 요구를 잘 안다. 그렇다고 일이 잘 풀릴 때 다른 사람들과 함께 흥겨워하고, 일이 잘 안 될 때 함께 슬퍼하는 것이 얼마나 가치 있는지 모른다는 뜻은 아니다. 우리는 또 어떤 이들은 슬픔이 전염될까 두려워서, 슬퍼 보이는, 혹은 슬플 것이 틀림없는 이들과 거리를 두면서 '스스로 정당화한

119

다'는 것도 안다. 어쩌면 곁에 있는 이들을 보호하고자 슬픔을 혼자 속으로만 간직하면서 동병상련misery loves company이라는 오래된 표현을 걱정스럽게 떠올릴지도 모른다. 나누어진다는 감정의 성질 때문에 어떤 이들은 결국 더욱 고립된다. 하지만 우리는 더불어 슬퍼하지 않으려, 혹은 적어도 그렇게 보이지 않으려 애쓰며 다른 사람들의 슬픔을 듣고, 그들의 슬픔이 전달되리라는 걱정에 짓눌리지 않고 슬픔을 표현할 여지를 주는 법을 배운다. 그리고 우리 자신의 슬픔을 듣는 법을 배운다. 어쩌면 기분 전환이 필요해 누군가에게 연락할지도 모른다. 혹은 누군가가 우리의 기분을 북돋으려고 노력할 때 그것을 슬퍼하거나 애통해하는 데에도 적당한 기간이 있는데 이미 그것을 넘어섰다는 압박처럼 느낄 수도 있다. 그래서 시간이 지나면서 우리는 서로에게 각자가 필요로 하는 것을 설명할 시간을 주는 법을 배운다. 그렇다고 항상 그 필요를 제대로 이해하는 것은 아니다. 항상 서로를 이해할 수는 없다. 킬조이 프로젝트를 공유한다 해도, 어쩌면 바로 그 이유로, 우리는 서로가 다르다는 것을 잘 안다.

　　페미니스트 킬조이로 살아남는 것은 다른 페미니스트 킬조이들이 살아남게 하겠다고 다짐하는 일이다. 그렇다고 서로의 잘못을 덮어 주려 애쓰는 것은 아니다. 그대신 우리는 서로 맞닥뜨린다. 연대는 호락호락하지 않은 길이다. 내 저작에서 가장 많이 인용되는 두 문장은 연대에 관한 것이다. 그 문장을 여기에 다시 옮긴다.

연대할 때 우리의 투쟁이 같은 투쟁이라거나, 우리의 고통이 같은 고통이라거나, 우리의 희망이 같은 미래를 향한다고 가정하지 않는다. 연대에는 다짐과 노력, 그리고 같은 감정과 같은 삶, 같은 몸을 가지지 않았더라도 공통의 터전에서 살아간다는 인식이 필요하다.[33]

연대한다는 것은 설령 같은 문제를 논하더라도 같은 장소에 있지 않다는 의미다. 연대는 당연히 전제되는 것이 아니라 성취해야 하는 대상이다. 달리 말하자면, 연대를 위해서는 킬조이들을 이전과 다르게 바라보아야 한다. <u>그들은 우리보다 먼저 도달한다.</u>

도달에 즐거움이, 생존에 즐거움이 있다. 페미니스트 킬조이 독서 모임을 만들었던 라즈니 샤의 이야기로 돌아가 보자. 그는 생존에 관해 썼다. "어느 날 나는 킬조이들과 함께 그때까지 해낸 일을 돌아보는 시간을 가졌다. 그리고 생각했다, 우리는 살아남았다고. 우리는 그 사실을 기념했다. 생존은 기념이다. 모두 그게 무슨 의미인지 알았다. 계속했다는 것, 살아남았다는 것은 우리 일을 해내고 있다는 의미였다." 기념하고 즐거워할 때 우리는 킬조이가 되기를 멈추는가? 그러지 않는다. 즐거움 역시 이론의 여지가 없이 킬조이 생존의 한 부분이다. 계속해서 즐거움을 망치려면 즐거움이 필요하다. 우리는 즐거움을 망치는 데서 즐거움을 찾는다. 페미니스트 킬조이들이 내게 보낸 그 모든 편지를, 우리가 서로에게 닿는 방법을 생각한다. 수년 전 페미니스트 형상을 발견하고 그를 활용하면서 배운 것들을 생각한다. 이런 생각을 떠올릴 때 나는 <u>킬조이 즐거움</u>을 느낀다. 우리는 저항에서 <u>킬조이 즐거움</u>을,

121

힘을 합치는 데서 킬조이 즐거움을, 서로와 함께, 서로를 통해 어떻게 무엇이 될지 열어젖혀 인생을 실험하는 데서 킬조이 즐거움을 느끼는지도 모른다. 킬조이 즐거움은 그 자체로 특별한 종류의 즐거움이다.

그리고 마지막으로, 지금까지 페미니스트 킬조이로 살아남는 팁을 전하긴 했지만, 페미니스트 킬조이가 되는 일이야말로 우리가 살아남는 방법일 수 있다고 다시 한 번 강조하고 싶다. 페미니스트 킬조이를 탈환하면 힘과 에너지를 얻을 수 있을 것 같다. 그렇게 될 수 있다. 그 형상을 탈환하는 것이 또한 피곤하고, 어렵고, 고통스러운 일일 것도 같다. 그렇게 될 수 있다. 페미니스트 킬조이는 이두 가지가 서로 다른 두 페미니즘 이야기, 즉 하나는 임파워링과 자기실현, 에너지 및 희망과 관련되고 다른 하나는 고통과 소진, 어려움에 관련된 이야기가 아님을 가르쳐 준다. 둘은 같은 이야기의 양면이다. 우리는 고통스러운 대상으로부터 거리를 둠으로써가 아니라 오히려 이를 헤쳐 나가면서 우리가 누구고 또 어떤 세상을 원하는지 더 명확하고 날카롭게 감각하고, 이로써 힘과 에너지를 얻는다. 즐거움을 망치는 일은 세상을 만들어 나가는 프로젝트다. 그건 우리가 무엇을 보여 주는지(페미니스트 킬조이 문화 비평가), 어떻게 아는지(페미니스트 킬조이 철학자), 무엇을 만드는지(페미니스트 킬조이 시인)에 관한 프로젝트다. 따라서 무엇을 무너뜨리는지(페미니스트 킬조이 활동가)에 관한 프로젝트이기도 하다. 이제 즐거움을 망치는 일을 세상을 만들어 나가는 프로젝트로 접근하는, 이처럼 다양한 방법에 관해 이야기하겠다.

122

페미니스트 킬조이

문화비평가

페미니스트 킬조이를 소개하면서, 나는 열띤 대화가 한창인 테이블 주위, 우리가 자주 그가 되는 자리에 그를 위치시켰다. 페미니스트 킬조이를 문화비평가로 생각하는 것은 그를 어딘가 다른 곳에 위치시키는 일로 보일 수도 있다. 가령 그가 거리를 두고 의자에 앉아 영화 등 특정 대상을 바라보고 있다고 말이다. 하지만 문화비평가가 된 페미니스트 킬조이는 결국 열띤 대화가 한창인 또 다른 테이블에 다다르게 된다.

영화 〈크레이머 대 크레이머〉(로버트 벤턴Robert Benton 감독, 1979)를 두고 그런 열띤 대화를 했던 때가 떠오른다. 영화의 줄거리는 다음과 같다. '아내가 떠나자, 맨해튼의 일중독자 광고 전문가는 오랫동안 나 몰라라 했던 육아 기술을 익혀야 한다. 그러나 어린 아들을 사이에 둔 열띤 양육권 다툼으로, 두 사람의 이별이 남긴 상처는 더욱 깊어진다.' 가족과 함께 영화를 본 뒤, 나는 아내이자 어머니인 인물이 지독한 악인으로, 그의 욕망은 이기적으로 묘사된 데 대해 의문을 제기했다. 명백히 페미니즘적인 문제를 지적한 것이다. 그러자 그 소란, 소란이라니! "아, 산뜻하고 따뜻한 영화 그냥 좀 즐기게 내버려 둘 수 없어?" "세상에, 아버지와 아들의 저 특별한 관계가 안 보여? 아침 식사 장면은 얼마나 감동적이니!" "와, 엄마가 정말 잔혹하기 짝이 없다. 둘 다 저렇게 내버리고는 양육권을 얻을 거라고 기대하다니!" 첫 번째 발언을 보면, 여성이 묘사된 방식에 문제를 제기하면 다른 사람들이 그 묘사를 즐기도록 허락하지 않는 일로 치부된다는 것을 알 수 있다. 도대체 다른 사람의 허락에 그토록 의존하면서 즐기는 것을 즐긴다고 할 수 있나? 그렇게 취약한, 심지어 질문 하나에도 흔들리는 즐거움이라니? 문화비평가로서 페미니스트 킬조이는 질문을 던지거나 본격적인 비평을 내놓는 사람의 모습을 하고 있다. 그 목적은 다른 이들이 뭔가를 '그냥' 즐기는 것을 막는 데 있다.

물론 뭔가를 비판하면서도 여전히 즐길 수 있다고 대답할 수도 있다. 혹은 대상에 완전히 몰입해야만 즐거운 것은 아니라고, 즐거움은 피상적이라고 대답할 수도 있다. 뭔가를 이상화하면("사랑스럽고 따뜻한 영화") 그 안에 있는 너무 많은 것을 놓치게 된다. 페미니스트 킬조이 문화비평가가 더 많은 이야기를 할 수 있는 것은 그가 기꺼이 즐길 만한 대상에 의문을 제기하기 때문이다. 페미니스트 킬조이가 등장하는 것을 보며, 우리는 즐거움의 정치를 배운다. 즐거움이 순수한innocent 것으로 둔갑할 때, 페미니스트 킬조이는 순수함의 상실로 나타난다. 페미니스트 영화비평가 주디스 메인Judith Mayne은 〈크레이머 대 크레이머〉를 보러 갔던 경험을 이야기한다.

영화관에 있던 대다수 사람처럼 나는 〈크레이머 대 크레이머〉에 흠뻑 빠져들었다. 영화에 사로잡혔고 적절한 순간에 감동했다는 말이다. 하지만 영화가 끝나고 조명이 켜질 때쯤 되자 속았다는 생각이 들기 시작했다. 흥미로운 건 감정적으로 몰입한 바람에 아직도 콧물이 흐르고 있던 바로 그 순간에, 내가 "간담이 서늘하네"라고 말했다는 사실이다. 한 영화를 막 '수용embrace'했는데 뒤이어 '부인disavowal'의 순간이 찾아왔다. 페미니스트를 포함해

126

많은 여성 관객에게 '수용'과 '부인'이 우리가 생각하는 것
보다 더 긴밀히 연관되어 있는 것이 아닌가 생각한다.[1]

　　당신도 겪을 수 있는 일이다. 여전히 '콧물이 흐
르는' 상태에서, 당신은 그렇게 느끼도록 조종당했음을
깨닫게 된다. 메인에 따르면 '부인의 순간'은 이전의 수
용을 취소하는 것이 아니라 수용과 '긴밀히 연관'되어 있
다. 이 긴밀한 연관성은 양가감정의 원천이 된다. 양가감
정은 당신을 서로 다른 방향으로 이끈다. 감동했으면서 그
사실에 간담이 서늘해지는 느낌이 한 사람 안에 공존하는
것이다. 페미니스트 킬조이는 복잡함 그 자체이자 복잡한
느낌으로도 나타날 수 있다.

　　따라서 페미니스트 킬조이가 된다 해도 의문을
제기하거나 비판하는 대상에 대해 더는 즐거움을 느끼지
않는다는 의미는 아니다. 페미니스트 킬조이는 아마 페미
니스트 작가 록산 게이Roxane Gay가 "나쁜 페미니스트"
라고 부르는 존재와 일맥상통할 것이다. 자신만의 페미니
스트 행로를 그리는 감동적인 에세이에서, 게이는 자신이
처음에 페미니즘을 부인한 것은 페미니스트가 되려면 원
하는 것을 포기해야 하리라고 여겼기 때문이라고 설명한
다. "나는 내심 페미니스트이면서 동시에 성적으로 개방
될 수는 없다고 생각했다." 게이에게 나쁜 페미니스트가
되는 것은 골치 아픈 일이다. 미심쩍은 젠더정치에 의문
을 던지는 동시에 미심쩍은 젠더정치를 담은 음악을 즐기
는 셈이기 때문이다. 게이는 "여성에게 끔찍이 나쁘다는
것을 알고 있는, 자기가 알고 있는 음악에 맞추어 맹렬히

127

춤춘다".[2] 게이가 페미니스트로서 자신이 알고 있다는 것을 강조한다는 사실이 감탄스럽다. 우리는 뭔가를 피하지 않으면서도 그게 문제적임을 알 수 있다. 뭔가가 문제적임을 알면서도 즐길 수 있다. 페미니스트 킬조이가 된다는 것은 우리가 제기하는 질문 위나 그 너머에 자리하는 것이 아니다. 조명이 켜지거나 노래 가사를 들을 때, 당신은 당신이 아는 것에 다시 화들짝 놀랄 수 있다. 무엇에 감동했는지 돌이켜 보면서, 게이가 그랬듯 당신이 아는 바를 강조하면 더 많은 것을 배운다. 즐거움을 망치는 것은 즐거움에 관해 배우는 방법이다.

　　내 마지막 킬조이 생존 팁은 **모든 것을 느끼라**는 것이었다. 페미니스트 킬조이 비평가가 되는 일은 자주 느낌에서 시작된다. 우리가 다른 이들처럼 느끼지 않거나, 느껴야 하는 대로 느끼지 않기 때문이다. 그래서 결국 감정에 관해 고민하게 되고, 그 감정들을 자원으로 바꾼다. 감정을 자원으로 바꾸는 일은 안쪽이 아니라 바깥, 즉 사물을 향한다. '같은' 방식 혹은 '옳은' 방식으로 영향을 받지 않을 때, 우리는 대상을 더 자세히 살펴본다. 페미니스트 킬조이가 되는 것을 일종의 기술 세트로 생각할 수 있는 것도 그래서다. 본능적인 반응, 즉 싫다는 말, 질문, 분노, 거부로 시작하더라도, 시간이 지나면서 우리는 그 반응을 설명하는 법을 배운다. 때로는 이야기의 해피엔드를 방해하는 인물로 나타나는 페미니스트 킬조이를 찾아냄으로써 그런 반응을 설명하기도 한다. 이번 장을 시작하면서, 나는 페미니스트 킬조이의 서사적 기능을 먼저 고려하고자 한다. 그러고 나서 행복에 관해 전부터 이어 온 고찰을 나누며 행복이 어떻게 우리가 자기 자신에 관해 늘어놓는 이야기로 탈바꿈하는지 살펴본다. 그 이야기에서 무엇이 제거되었는지 보여줄 때 우리는 페미니스트 킬조이 비평가가 된다.

　　이 핸드북을 쓰면서 〈크레이머 대 크레이머〉를 다시 보았다. 가족 식사 테이블로 돌아간 느낌이었다. 그리고 영화를 다시 보면서 조애너 크레이머가 페미니스트 킬조이로 자리매김한 것이 그저 그의 불행이 결혼과 가족을 깨뜨렸기 때문이 아니라, 그의 불행이 명시적으로 페미니즘과 연관 지어졌기 때문임을 깨달았다. 수년 전 가족과 논쟁을 벌였을 때는 그 연관성을 기억해 내지 못한 거였다!

　　영화에 등장하는 페미니즘에 관한 사소한 언급들은 전체 줄거리 측면에서 상당히 중요하다. 테드가 집에 도착하고, 조애너는 떠나겠다고 말한다. 테드는 화가 난다. 막 직장에서 성과를 낸 참이고 축하받기를 기대했기 때문이다. 조애너에게는 마거릿이라는 이웃 친구가 있다. 영화는 떠나는 조애너의 모습으로 시작한다. 조애너가 아파트 현관을 나서고, 테드를 떠날 때, 그 이유를 테드에게 알려 주는 사람은 마거릿이다. 마거릿은 "조애나는 아주아주 불행한 여자예요"라고 말한다. 마거릿은 또한 테드의 반응을 목격한다. 떠나는 조애너를 향한 테드의 반응은 조애너가 떠나는 이유를 명백히 드러낸다. 조애너가 떠난다는 사실에서 중요한 것은 그것이 테드에게 어떤 영향을 미치는지, 어떻게 받아야 했을 축하를 박탈했는지가 된다. 테드는 상사에게 조애너가 떠난 이유를 설명하면서 마거릿을 언급한다. "조애너가 마거릿한테 물든 겁니다. 왜(수다를 떠는 모습을 손짓으로 표현한다), 여성해방 있잖습니까." 조애너가 킬조이로 자리매김했다면, 자신의 불행 때문에 테드의 행복에 신경 쓰는 일을 그만두었다면, 그건 마거릿에 의해, 그리고 마거릿을 통해 페미니즘에 감염되었기 때문이라는 암시다. 페미니즘은 불행을 퍼뜨리는 감염병으로 묘사된다.

킬조이 격언:

페미니스트 감염병이 되라!

따라서 페미니스트 친구의 형상이 매우 중요하다. 영화가 끝나 갈 때쯤 마거릿은 대화를 나눈다. 이번에는 마거릿이 테드의 이야기를 듣는다. 그는 테드에게 동정심을 느낀다. 마거릿이 조애너의 불행에 대한 걱정에서 테드의 행복으로 이끌렸기 때문에, 우리의 동정심도 그리로 이끌린다.

영화가 우리를 조애너에게서 멀찍이 떨어뜨리긴 하지만, 그에게도 이야기가 주어진다. 두 차례의 대사에서 이를 잠깐 엿볼 수 있는데, 하나는 테드를 향한 발언이고, 다른 하나는 양육권 재판 법정에서 한 발언이다. 조애너는 테드와의 첫 번째 만남에서 아들을 사랑한다고 호소하면서 준비해 온 말을 한다. "사는 내내 나는 누군가의 아내, 누군가의 엄마, 혹은 누군가의 딸처럼 느껴졌어." 여성이 관계 속에서 어떻게 사라지는지를 보여 주는 중대한 발언이다. 조애너 자신의 존재가 사라져야만 테드의 행복

130

을 돌볼 수 있음을 드러내는 킬조이 발언이기도 하다. 그러자 테드는 '참지 못하고' 벽을 향해 유리잔을 집어 던진다. 잔이 산산이 조각나는 소리가 들린다. 산산이 조각나는 소리는 그저 유리가 깨지는 소리 이상이다. 말은 산산조각 날 수 있다. 사물도, 관계도 마찬가지다.

모든 것을 한데 모아 유지하고 관계를 붙드는 것이 목표라면, 해서는 안 될 말이 너무나 많다. 사실 우리가 조애너의 이야기를 이 정도나마 들을 수 있었던 것은 메릴 스트립이 대사에 개입한 덕이다. 메릴 스트립은 대본을 바꾸려고 싸워야 했다. 다른 이야기를 조금이나마 드러내기 위해 대본을 좌지우지하는 남자들과 싸워야 했다는 말이다.

더스틴 [호프먼]이 줄거리에 관해 의견을 물었을 때, 그(메릴 스트립)는 확실하게 답했다. 그는 인물이 완전히 잘못되었다고 꿋꿋이 이야기했다. 조애너가 테드를 떠나는 이유가 너무 모호했다. 왜 조애너가 양육권을 얻으러 돌아오는지 관객들이 이해할 수 있어야 했다. 마지막 장면에서 조애너가 빌리를 포기할 때, 그건 아들을 위해서지 자신을 위해서가 아니어야 했다. 조애너는 악당이 아니다. 그는 나라 전역에서 여성들이 겪고 있는 현실의 투쟁을 반영하는 인물이고, 관객은 그에게 어느 정도 공감할 수 있어야 했다.[3]

테드가 조애너가 떠난 이유로 '여성해방'을 언급했듯, 더스틴 호프먼은 메릴 스트립이 대본을 바꾸는 이유로 페미니즘을 들었다. 그는 "메릴, 페미니즘 깃발은 내려놓고 그냥 연기나 하는 게 어때요"라고 말했다.[4] 조애너가 공감을 얻을 수 있도록, 메릴 스트립은 조애너가 밀어붙였던 것처럼 밀어붙여야 했다.

아마 그래서 이 영화를 비평하는 일이 공감이라는 벽에 대고 밀어붙이는 것처럼 느껴질 것이다. 공감sympathy이라는 말은 동류의식, 혹은 따라서 느낀다는 의미의 파토스pathos에서 유래했다. 영화가 테드의 관점에서 이야기되기 때문에 우리는 그에게 공감하게 되어 있다. 페미니스트 철학자 케이트 만Kate Manne의 유용한 용어를 빌리자면,[5] 심퍼시sympathy가 아니라 힘퍼시himpathy*다. 여기에서 공감은 달리 표현하자면 배치다. 어떻게 이야기가 테드와 그의 삶, 사랑, 상실을 중심으로 배치되어 있는지의 문제다. 그에게 가까운 것은 우리에게 가깝고 그에게 먼 것은 우리에게도 멀다. 페미니스트 킬조이에게 공감하는 것은 우리가 킬조이 비평가가 되는 방법이다. 그의 관점에서 세상을 보기 위해, 상황의 비참함에 감염되기를 스스로 허용하는 일이다.

잘못된 방법으로, 혹은 잘못된 인물에 공감을 내어 주는 일에는 대가가 따른다. 사실 조애너의 발언 이후 테드가 유리잔을 벽에 내던지는 장면은 대본에 없었다. 더스틴 호프먼이 반응을 얻어 내려고 이야기 속으로 뭔가를 집어던진 것이다. 허구에 실제가 침범하고, 이야기를, 그저 자기 이야기를 조금 더 해 보려고 음모를 꾸미는 여

---

* 남성을 가리키는 대명사 he와 공감, 동정을 의미하는 sympathy를 합성한 신조어. 가해자 남성에게 더 공감하고 그의 사정을 동정하는 태도를 의미한다.

성을 향한 분노가 예상치 못한 산산조각으로 표현된다. 이처럼 허구에 실제가 침범하는, 그 산산조각의 지점이 의미하는 것은 처벌이다. 페미니스트 킬조이는 조기 경고 시스템으로 작동한다. 페미니스트 킬조이의 운명은 우리가 페미니즘을 단념하게 하는 데 이용된다. 마치 페미니스트가 되면 비참한 방향으로 향할 수밖에 없다는 듯 말이다. 경고는 위협이 될 수 있다. 여성에게 공감을 내어 주면 그의 비참한 운명을 우리도 겪게 되리라고 위협당한다.

행복을 상실하리라는 위협은 우리에게 행복에 관해 너무나 많은 것을 가르쳐 준다. 그래서 페미니스트 킬조이가 되는 일은 행복을 이해하는 능력, 즉 행복 리터러시를 얻는 일이다. 행복을 읽는 법을 배우면, 비평의 범위는 영화를 비롯한 기타 문화적 대상 읽기를 넘어 일상으로 확대된다. 행복을 읽는다는 건 무슨 의미인가? 행복은 많은 경우 시작과 난관, 결말이 있는 이야기의 형태를 띤다. 행복은 이야기와 이야기의 결말 둘 다가 될 수 있다. 그 개념이 아무리 다양하더라도 행복은 보통 모두가 원하고, 바라고, 추구하는 것으로 여겨진다. 경제학자 브루노 S. 프라이Bruno S. Frye와 앨로이스 스터처Alois Stutzer는 다음과 같이 간단한 말로 주장했다. "모두가 행복해지기를 원한다. 인생에서 이처럼 높은 수준의 합의가 이루어진 다른 목표는 아마 없을 것이다."[6] 원하는 것이 서로 다를 때조차 우리는 당연히 모두 행복을 원한다고 여겨진다. 행복은 인간이 원하는 다양한 대상을 담는 그릇이 되었다.

행복은 전통적으로 수단보다는 목적으로 간주되었다. 아리스토텔레스는 『니코마코스 윤리학』에서 행복을

133

"모든 것의 궁극적 목적"[7]인 최고선으로 묘사한다. 행복은 우리가 "언제나 그 자체로 선택하는" 독자적인 선善으로 정의된다. (명예나 쾌락, 지성 등) 다른 선은 도구적이다. 우리가 이들을 선택하는 것은 "행복을 위해서, 그 수단성을 통해 우리가 틀림없이 행복해지리라고 생각하기"[8] 때문이다. 수단적 선은 행복으로 이끄는 것이다. 행복은 이야기의 막바지라는 의미에서만 결말이 아니라, 우리가 이룩하고자 추구하는 것이라는 의미에서도 그렇다. 행복은 존재의 핵심이다. 따라서 원하는 결말[목적]을 이룩하는 데 방해가 되거나 그 실현을 막는 자인 킬조이는 핵심에서 빗나가 있다. 그것부터가 꽤 이야깃거리가 된다.

이처럼 목적 지향적인 성격은 행복을 강력한 도구로 만든다. 어떤 것들은 행복의 방향을 가리키기 때문에 '좋은' 것이 된다. 1792년 최초로 출간된 메리 울스턴크래프트Mary Wollstonecraft의 『여성의 권리 옹호』를 생각해보라. 이 책은 여성들을 대신해 호소한다. "생각해 보십시오. 입법자인 당신께 말씀드립니다. 남성들은 자유를 위해 싸우고 자신들의 행복을 존중해 스스로 판단하도록 허용되는데, 여성을 예속시키는 것은 일관성 없고 부당한 일이 아닌지요. 설령 당신께서 그게 여성의 행복 증진을 위해 가장 치밀하게 계산된 방식이라고 굳게 믿으신다고 해도 말입니다."[9]* 울스턴크래프트는 여성의 행복을 어떻게

---

* 『여성의 권리 옹호』는 울스턴크래프트가 여성은 이성적 교육을 받아서는 안 된다고 주장했던 18세기 정치가 및 이론가 들에게 반박하고자 쓴 책이다. 인용된 부분

증진하는지 안다고 주장하는 남성들에게 어떻게 여성의 예속이 달려 있는지 보여 준다. 울스턴크래프트는 페미니스트 킬조이 비평가로서 말하고 있다.

행복을 이용해 여성의 예속을 정당화하는 일에 대한 울스턴크래프트의 비판은 장 자크 루소와, 역사상 가장 영향력 있는 도덕 및 교육철학서 중 하나인 그의 책 『에밀』을 염두에 둔 것이었다. 『에밀』에서 루소는 가상의 학생 두 명을 소개한다. 에밀과 그의 아내가 될 운명인 소피다. 루소는 덕망 있는 여성을 묘사하는데, 이는 바로 소피가 되어야 할 모습이다.

그 여성이 덕을 사랑하는 것은 그만큼 공정한 것이 없기 때문이다. 그는 덕이 여성의 영광이기 때문에 사랑하며 덕망 있는 여성은 천사보다 조금 못한 존재이기 때문에 사랑한다. 그는 진실한 행복으로 향하는 유일한 길로서 덕을 사랑하며, 나쁜 여성의 삶에서는 가난, 무시, 불행, 수치, 불명예만을 보기 때문에 사랑한다. 그는 존경하는 아버지와 다정하고 훌륭한 어머니가 덕을 소중히 여기기 때문에 덕을 사랑한다. 부모님은 자신들의 덕으로 행복해하는 것만으로 만족하지 않고 그의 덕을 바란다. 그리고 그는 자신의 최고의 행복을 그저 부모님을 행복하게 하려는 소망에서 찾는다.[10]

은 서문으로, 1791년 여성은 오직 가사 교육만 받아야 한다고 주장하는 보고서를 작성한 프랑스 제헌의회의 탈레랑에게 쓴 헌정사의 일부다.

행복을 통한 도덕경제의 젠더화된 성격이 이보다 더 명백히 드러나는 예시는 찾기 힘들 것이다. 좋은 여성은 행복으로 향하는 길로서 덕을 사랑한다. 나쁨에는 불행과 불명예가 뒤따른다. 딸이 행복하려면, 착해야만 한다. 착한 것이 그의 부모를 행복하게 하기 때문이다. 또 그는 부모님이 행복할 때만 행복할 수 있다. 누군가의 행복이 다른 이의 행복에 달려 있을 때 그것은 <u>조건부 행복</u>이다. 어떤 이들이 우선시되면 <u>그들의 행복이 우선시된다.</u> 나중으로 취급되는 사람들에게 행복은 다른 사람들의 '좋음'을 향하는 것이다. 딸은 처음에는 결혼함으로써 부모의 행복을 우선하고, 결혼한 뒤에는 남편의 행복을 우선한다. 그 행복이 딸이 사라지는 데 달렸다는 사실이, 수 세기 뒤 조애너가 한 발언의 주제가 된다.

『에밀』 속 이야기의 한 시점에, 소피는 잘못된 길에 들어선다. 책을 너무 많이 읽어 상상력과 욕망이 발현되고, 이는 소피가 "비밀스러운 슬픔에 압도된 불행한 소녀"[11]가 되도록 이끈다. 사실 소피가 슬픈 원인은 비밀스럽지 않다. 우리는 소피가 그리스신화의 등장인물 텔레마코스에게 "푹 빠졌다는" 것을 알게 된다. 이런 서사는 책을 읽는 어린 여성은 자신의 행복을 위험에 처하게 하고, 현실에서 도피함으로써 적절한 대상에 대한 애정을 거둔다고 암시한다. 소피에게는 해결책이 주어진다. "에밀에게 그의 소피를 줍시다. 이 사랑스러운 소녀를 삶으로 돌려놓고 그에게 덜 생생한 상상과 더 행복한 운명을 줍시다."[12] 루소가 페미니스트 킬조이를 불러내는 것은 오직 그를 잠재우기 위해서다. 소피의 "더 행복한 운명"은 다른 이의 손에 넘겨지는 것이다.

루소는 자연의 길이 곧 행복의 길이라고 주장했다. 모든 일탈은 불행으로 향한다. 누군가가 행복하려면 그 가능성을 제약할 필요가 있다고 여겨진다. 이러한 제약은 단순히 젠더에만 국한되지 않는다. 행복은 여러 계급의 교육을 제한하는 일을 정당화하는 데도 이용되었다. 예를 들어, 1807년 영국에서 노동계급 아이들의 교육을 위해 마련된 교구학교법Parochial Schools Bill은 행복을 이유로 부결되었다. 한 정치인은 "가난한 노동계급에 교육을 제공하는 일"이 "그들의 사기와 행복에 해가 될 것이다. 교육은 그들이 농업과, 그들의 사회적 지위로 운명지어진 다른 고된 직군에서 좋은 일꾼이 되는 대신 인생의 운을 경멸하도록 가르칠 것이다"[13]라고 주장했다. 행복은 "인생의 운"을 수용하도록 하고 사회질서를 유지하는 데 필요하다고 여겨졌다.

페미니스트들이 왜 한결같이 행복을 비평해 왔는지 슬슬 이해가 갈 것이다. 이런 비평을 배제하는 행복의 역사는 '좋은 것'에 대한 역사로 행복하게만 이야기될 수 있다. 페미니스트 킬조이가 그 역사를 바라보는 독특한 전망 지점이 되는 것도 그래서다.[14] 1949년 시몬 드 보부아르는 다음과 같이 썼다. "우리는 '행복'이라는 단어가 무엇을 의미하는지 실제로 알 수 없고, 그 단어가 포괄하는 정확한 가치는 더더욱 알 수 없다. 타인의 행복을 측정할 방법은 없으나, 다른 이에게 강요하고 싶은 상황을 행복이라고 말하기는 쉽다."[15] 행복을 좋은 것으로 여긴다 해도, 행복을 정의하거나 측정하기는 어렵다. 행복은 특정 상황을 좋아 보이게 만듦으로써 강요하는 수단일 수 있다. 앤 오클리는 "행복은 보수주의의 다른 이름이 될 수 있으며" "수많은 악"이 행복의 이름으로 "처벌될" 수 있다고 주장한다.[16] 문화비평가로서 페미니스트 킬조이는 두 번째로, 혹은 더 나중으로 치부되는 사람의 관점에서 행복을 새로이 정의할 뿐 아니라 행복이 무엇을 하는지와 어디에 이용되는지도 이야기한다.

그게 바로 보부아르가 한 일이다. 보부아르는 행복이 강요되는 방식을 통해 여성들이 행복을 자유롭게 선택한 것으로 경험한다는 사실을 보여 주었다. 행복을 자기기만으로 본 보부아르의 실존주의적 비판도 이 사실을 기반으로 한다. 여성들은 강요된 제약을 자신의 행복을 위해 직접 선택한 것으로 경험하도록 배운다. 보부아르는 여성이 가사노동을 즐기도록 학습함으로써 자신의 상황에 적응하는 방식을 탐구한다. "어린 소녀는 기꺼이 은 식기를 닦고 손잡이 광내기를 즐긴다."[17] 달리 말하면, 그 '소녀'는 여성이자 아내가 되어 가면서 살림을 사랑하기를 배운다. "아내는 집안일을 통해서 비로소 자신의 '둥지'를 자신만의 것으로 만든다." 그가 자신의 지평에 걸린 제약에 동의하기 위해서는 가사노동이 "어딘가에서는 즐거움이나 기쁨을 조금이라도 유발해야 한다".[18] 페미니스트 킬조이 스타일로, 보부아르는 가정주부가 "제자리뛰기로 자신을 소진한다"[19]라고 결론짓는다. 어디에도 도달하지 않는 일 자체에 어마어마한 에너지가 소모될 수도 있다. 상황에 적응하는 것은 그 안에서 행복을 찾는 일이다. 이미 존재하는 배치를 통해 강제되는 한계에 적응할 때, 그 한계는 더는 한계로 인식조차 되지 않는다. 강요된 상황에 기꺼이 적응하기를 거부할 때 페미니스트 킬조이가 된다.

킬조이 격언:

**부적응하라,
불공정에 적응하지 말라!**

물론 1장에서 이야기했듯, 그렇게 되면 되레 변화를 강요하는 이들로 자리매김하는 것은 페미니스트들이다. 우리가 바꾸려고 애쓰는 대상이 강요된다는 사실을 깨닫지 못하는 것은 이런 서사의 일부다. 행복은 바로 그 강요의 핵심이다. 우리는 우리의 행복을 위해 꼭 필요하다는 상황을 받아들이지 않음으로써 페미니스트 킬조이가 된다. 왜 거기에 행복이 있다고 기대하느냐고 묻는 것만으로도 페미니스트 킬조이가 되기에 충분하다는 의미다. 얼마나 자주 그날이 오기도 전에 결혼식 날이 '인생에서 가장 행복한 날'이라고 묘사되는지만 생각해 봐도 된다! 기대는 이야기로 변신한다. 착한 소녀에게, 대부분 왕자의 등장이라는 형태로 상을 주는 동화 같은 이야기다. 페미니스트 킬조이 비평가로서, 우리는 오래된 동화들이 로맨틱코미디로 변신해 여자아이는 아무리 많은 것을 원한다 한들 왕자님을 찾아야만 진정으로 행복해질 수 있다고 말하고 또 가르친다는 것을 지적할 수 있다. 우리 모두가 우리를 행복하게 만든다고들 하는 대상을 원하는 것은 아니다. 왕자를 원치 않을 수도 있다. 어쩌면 왕자가 되고자 할 수도 있다. 애초에 왕자가 있는 것을 원치 않을 수도 있다.

조건부 행복의 개념으로 돌아가 보자. 사랑하는 이들의 행복을 원하는 것, 적어도 그들이 원하는 바를 얻기를 바라는 것은 평범하고 이해할 만한 일이다. 그러나 당신이 누군가 행복하기를 원하면서도 그를 행복하게 할 만한 것은 원치 않는다면? 당신의 부모님이 행복하려면 당신이 결혼하고 아이를 가져야 한다고 생각해 보자. 당신은 그걸 원치 않지만, 부모님이 원하는 것을 주고 싶다. 당신은 부모님이 원하는 바로 그것이 당신이 원하는 거라고 스스로 설득하려 애쓸 것이다.

킬조이 진실:

설득되려는 노력보다 설득력 없는 것은 없다

자신을 설득하려 애쓰는 것은 사실 사회학자 앨리 혹실드Arlie Hochschild가 '감정노동emotional labour'이라 부르는 것에 가깝다. 혹실드는 결혼식 날 행복하지 않은 신부를 예시로 든다. "마땅히 느껴야 할 감정과 자신이 견뎌 내는 실제 감정 사이 간극을 감지한 신부는 스스로 '행복해지자'라고 재촉한다."[20] 이 예는 자기 자신의 행복에 온전히 머물지 못하거나 심지어 이로부터 소외될 수 있음을 가르쳐 준다. 다른 이들을 설득하려 애써 볼 수도 있다. 당신과 그들의 행복을 위해 그들이 원하는 것을 나중에 얻을 수 있다고 말이다. 행복해지려는 그들의 희망을 행복한 먼 미래로 밀어 두려고, 당신도 아이를 원하지만 지금 당장은 아니라고 말하는 것이다. 하지만 그러면 당신은 더 많은, 점점 더 많은 질문을 마주하게 된다. 결혼은 언제 할 건데? 아이는 언제 가질 건데? 질문은 때로 경고가 될 수 있다. '너무 늑장 부리지 마, 시간이 없어!' 페미니스트와 퀴어를 포함한 우리 중 누군가는 아이를 원한다. 또 다른 이들은 원치 않는다. 만약 확고하게 "아니, 싫어요, 저는 아이를 원치 않아요"라고 말하면, 당신은 묵직한 애통함을 마주하게 된다. 마치 다른 이들이 자기 자신을 위해 상상하거나 예상해 온 미래를 빼앗기라도 한 것처럼, 그들의 손주를 훔치기라도 한 것처럼. 앞에서 킬조이들이 과거를 앗아 간 자들로 여겨진다고 이야기했다. 킬조이들은 미래 역시 앗아 간 자들이다.

　　"난 그저 네가 행복했으면 좋겠다"라는 언어행위 speech act*를 생각해 보자. 부모가 자식에게 이 말을 하면, 그 의미는 '네가 행복해지는 건 <u>무엇이라도 했으면 한다</u>' 처럼 보인다. 하지만 어머니는 오히려 내 말이나 행동에 당황했을 때 격분한 말투로 "난 그저 네가 행복했으면 하는 거야"라고 말하곤 했다. 달리 말해 어머니는 내 행동으

---

*　　'너를 용서할게'라는 말을 통해 상대를 용서하는 것처럼, 언어를 통해 행하는 행위를 가리키는 언어학 용어.

로 어머니 자신의 행복이 위험에 빠질 때 나의 행복을 향한 바람을 표현한 셈이다. 누군가 당신의 행복을 이야기한다 해도, 실제로 그가 이야기하는 행복이 누구의 것인지 명확하지 않을 수 있다. 다른 사람의 행복을 바라는 것은 그에게 자신을 행복하게 할 만한 것을 선택할 자유를 주는 척함으로써 일종의 지침이 된다.

　　나는 30대에 커밍아웃하면서 레즈비언과 게이 문학을 읽기 시작했다. 당신도 그랬을 것이다. 그리고 나는 부모가 퀴어 자식에게 끝없이 '난 그저 네가 행복했으면 좋겠다'라는 문장을 반복한다는 것을 깨달았다. 낸시 가든Nancy Garden의 소설 『내 마음의 애니』 속 다음 대화를 살펴보자.

"리사," 아버지가 말했다. "널 지지하겠다고 말했고 그렇게 할 거다. 지금 당장 이 이야기를 더 하기에는 우리 모두 너무 마음이 상한 것 같구나. 그러니 조금 뒤에 너와 엄마를 데리고 점심을 먹으러 가야겠다. 하지만 얘야, 이렇게 말하는 게 그다지 멋지지 않다는 건 알지만 (글쎄, 아마도 내가 이 말을 할 수밖에 없는 건 네 엄마와 너와 채드를 너무나 사랑하기 때문일 거야) 나는 동성애자들이 그렇게까지 행복해질 수 있다고 생각해 본 적이 없다. 우선 아이가 없고, 진짜 가족생활도 없지. 얘야, 네가 기가 막히게 훌륭한 건축가가 될 수는 있겠지. 하지만 난 네가 다른 방향으로도 행복해졌으면 좋겠다. 남편과 자식이 있는 네 엄마와 마찬가지로 말이야. 네가 둘 다 해낼 수 있다는 걸 안다……." 저 행복해요, 나는 눈으로 아버지에게 말하려 애썼다. 전 애니와 함께 있어 행복해요. 저한테 필요한 건 애니와 일밖에 없어요. 애니도 행복해요. 우리 둘 다 이런 일이 일어나기 전까진 행복했어요.[21]

아버지는 딸을 지지하겠다고 말한다. 그러고는 곧장 동성애자들이 그렇게까지 행복해질 수는 없다고 판단한다. 자식이 불행하면 자신도 불행하므로, 그는 자식이 동성애자인 것이 불행하다. 동성애자라는 것은 당신을 행복하게 만들 '남편과 자식'을 포기하는 일로 여겨진다. 그러나 딸은 행복하다. 그의 애인 역시 행복하다. 두 사람 모두 '이런 일이 일어나기 전까지는' 행복했다. 아버지는 딸의 불행이 두려워 딸의 결정에 대한 지지를 철회함으로써 자신이 두려워했던 그 불행을 초래한다. 행복한 퀴어들도 이 정도면 불행해지기 마련이다!

동성애자들이 행복할 수 없다는 생각은 비록 말하기에 '멋지지 않아도' 널리 퍼져 있다. 아이의 불행을 걱정하면서도 동성애자라는 사실 자체에 문제가 있다는 동성애 혐오적 판단과는 거리를 두는 이들도 있다. 가족 중 한 명이 테이블에서 내게 한 말 중에는 "동성애자들이 아이를 갖는 건 이기적인 짓이야"도 있었다. 그는 동성 부부의 아이가 심하게 괴롭힘을 당할까 걱정했다. 그는 동성애는 병이라거나 변태 성향이라는 판단에 동의하지는 않았을 것이다. 다만 그는 다른 사람들이 내리는 그런 판단 때문에 아이들이 상처 입는 것을 걱정했다. 이런 걱정 역시 동성애자들이 아이를 원하는 것은 아이의 행복보다 자신의 행복을 우선하는 이기적인 일이라는, 동성애자를 향한 [일방적] 평가의 바탕이 될 수 있다.

퀴어 가정 아이의 잠재적인 불행을 걱정하는 것은 동성애자 자체를 교정해야 할 변태로 낙인찍는 동성애 혐오보다는 덜 해로워 보일지 모른다. 아이의 행복을 원하는 것은 어쨌든 염려에서 비롯한 일로 보이니까 말이다. 그러나 변태 성향을 추측하는 것과 불행을 추측하는 것은 본질적으로 연관되어 있다. 가령 심리학자 마이클 슈뢰더 Michael Schroeder와 에리얼 시들로Ariel Shidlo는 동성애 자들이 불가피하게 불행하리라는 주장을 임상의들이 어떻게 전환치료*를 정당화하는 데 이용하는지 분석했다.[22] 전환치료라는 폭력은 불행한 퀴어 어린이를 행복한 이성 애자로 교화하려는 시도였다. 달리 말해, 전환치료는 행복에 대한 염려로 정당화되었다.

영국에서는 전환치료를 불법화하려는 싸움이 계속되고 있다.[23] 이러한 노력에 반대하는 주요 진영에서는 표면적으로는 레즈비언과 게이를 지지하기 때문이라고 내세운다. 트랜스젠더 아이들을 트랜스젠더라는 자기 이해self-understanding에서 떨어뜨릴 수 있는 치료법을 금지하고 싶지 않기 때문이란다. 트랜스젠더 페미니스트 학자이자 활동가 줄리아 서라노Julia Serano는 역사학자이자 생물윤리학자인 앨리스 드레거Alice Dreger가 언급한 치료 과정을 인용한다.

---

* 개인의 성적 지향을 전환할 수 있다고 주장하며, 동성애나 양성애 등의 성적 지향을 병으로 보고 '치료'하려는 시도.

144

임상의가 생각하기에 환자가 게이 남자아이일 가능성이 있다면, 즉 아이가 가족에게 및 사회적으로 지지를 받는 양호한 환경에 있으며 성전환수술이나 평생의 호르몬 대체요법이 필요치 않은 정서적으로 안정된 게이 남성으로 성장할 만하다면, 임상의는 그 아이의 [자기] 이해를 '바꾸거나 조정'하지 말아야 한다. 그러나 아이의 이해를 '바꾸거나 조정'하지 않음으로써, 즉 '트랜스젠더' 정체성이 나타나자마자 이를 '확정'함으로써 임상의는 사실상 트랜스젠더 정체성을 자극하거나 강화하고 있는 것일 수 있다.[24]

서라노가 보여 주듯, 이 과정에 등장하는 정서적으로 안정된 유일한 성인은 게이 남성이다. 만약 트랜스젠더 여성이 등장한다면, 그 자체만으로도 상당한 대가를 치러야겠지만 그의 등장은 애초에 잘못된 것이다. 아이를 '바꾸거나 조정'하지 않음으로써, 즉 아이의 '방향을 전환하지' 않음으로써 '강화된' 결과이기 때문이다. 치료사는 행복에 대한 염려로 정당화된 폭력인 전환치료를 통해 불행한 게이 어린이를 행복한 이성애자로 바꾸는 것이 아니라, 불행한 트랜스젠더 어린이를 행복한 동성애자로 전환하려 한다.[25] 이게 바로 트랜스젠더 혐오가 그 형태를 그대로 가져가면서 동성애 혐오를 대체하는 방식이다. 너무나 많은 폭력이 행복에 대한 염려로 정당화된다.

'난 그저 네가 행복했으면 좋겠다'라는 언어행위는 퀴어나 트랜스젠더 자식이 거부당하는 아픔을 겪을까 봐 보호하려는 마음에서 표현되기도 한다. 영화 〈제

이미〉*(조너선 버터럴Jonathan Butterell 감독, 2021)을 보자. 이 영화는 BBC 다큐멘터리 〈제이미: 16세의 드래그 퀸Jamie: Drag Queen at 16〉[26]을 바탕으로 한 뮤지컬을 기반으로 한다. 제이미의 어머니는 드래그 퀸이 되려는 퀴어 아들을 사랑하고 지지한다. 어머니는 아들에게 "난 그저 네가 행복했으면 좋겠다"라고 말한다. 그건 아들이 스트레이트가 되거나 욕망과 꿈을 포기하고 스스로 바로잡기를 바라서가 아니다. 어머니는 아들이 퀴어이고, 방방 뛰고, 좁은 길을 따라가며 여러 가능성을 포기하기를 거부함에도 불구하고 그를 사랑하는 것이 아니라 바로 그 이유로 사랑한다. 어머니가 마치 아버지가 한 것처럼 편지를 쓰고 꽃을 보내 아버지가 그를 거부했다는 사실을 숨겨 왔다는 것을 알게 된 제이미가 분노했을 때, 어머니는 "난 그저 네가 행복했으면 좋겠다"라고 말한다. 아버지가 아들을 거부하고 혐오적으로 구는 것을 막지 못한 어머니는 그 사실을 아들이 알게 되는 것을 막으려 애쓴다. 소용없는 일이다. 결국 편지를 보낸 사람은 어머니라는 사실을 알게 되었기 때문이기도 하지만, 자신이 거부당했음을 모른다 한들 그 사실이 변하는 것은 아니기 때문이다. 거부당하는 일에는 깊은 슬픔이 자리한다. 우리는 갖지 못했던 관계를 슬퍼한다. 또 갖지 못할 관계를 슬퍼한다. 슬픔에 압도당하지 않아야 한다는 마음에도 슬픔이 있을 수

---

* 원제는 〈모두가 제이미 이야기를 해Everybody's Talking about Jamie〉이다. 이 뮤지컬은 우리나라에서도 〈제이미〉라는 제목으로 공연되었다.

146

있다. 우리는 슬픔을 통과해야 하며, 때로는 거기에 압도 당하게 자신을 내버려두어야 한다.

불행으로부터 보호하려는 노력이 행복으로 이끄는 것은 아니다. 오드리 로드의 작업은 그 이유를 이해하게 도와준다. 로드는 말한다. "대상의 긍정적인 면을 보는 것은, 터놓고 고민했다가는 현상 유지에 위협이 되거나 위험할 법한 삶의 특정 현실을 흐릿하게 만드는 데 이용되는 완곡어법이다." 로드는 이런 관찰에서 차폐책으로서의 행복에 대한 더 넓은 비판으로 나아간다. "진짜 음식과 맑은 공기와 살 만한 지구에서의 더 건강한 미래보다 '즐거움'을 추구하자! 마치 행복만이 이윤을 추구하는 광기가 불러오는 결과로부터 우리를 지킬 수 있다는 듯이." 그는 우리 자신의 행복이 우리의 첫 번째 책임이라는 바로 그 생각이야말로 정치적 투쟁과 저항의 대상이 되어야 한다고 썼다. "내가 고작 최우선이자 가장 위대한, 행복해지기라는 책임을 다하는 것을 피하려고 방사능, 인종차별주의, 여성 살해, 먹거리를 위협하는 화학약품, 환경오염, 그리고 우리 젊은이들의 학대와 심리적 파괴에 대항해 싸웠단 말인가?"[27] 로드는 우리에게 자신의 답을 주었다.

킬조이 진실:

행복하기 위해
폭력을 외면해야 한다면
행복은 폭력이다

이것이 로드의 진실이다. 이 책 『페미니스트 킬조이』는 로드의 가르침이다. 로드는 암 환자로서 마치 기분이 나아지면 몸도 나아진다는 듯 긍정적이어야 한다는 명령에 관해 썼다. 이런 도덕적 주장에 숨겨진 의미는 몸이 낫지 않는다면 스스로 나아지도록 하지 못했다는 것이다. 긍정적이어야 한다는 명령은 개인을 문제 겸 해결책으로 만들어 버린다. 마치 긍정적인 세계관을 구축하면 더는 아프거나 가난하거나 차별받지 않을 수 있다는 듯. 긍정적이어야 한다는 명령은 잔혹하다. "삶의 특정한 현실들을 흐릿하게" 만드는 일이 염려에서 비롯한다면 그 염려 역시 잔혹하다. 『자미』에서 로드는 딸에게 침을 뱉는 사람들을 두고 어머니가 어떻게 그들이 "허공에 침을 뱉는 것"처럼 둘러댔는지 예를 들어 설명한다. 로드는 쓴다.

어머니를 의심하는 일은 없었다. 수년이 지나서야 나는 대화 중에 어머니께 "요즘은 사람들이 예전만큼 허공에 침을 안 뱉는 거 눈치채셨어요?"라고 물었다. 그때 어머니의 표정은 내가 다시는 입 밖에 내서는 안 되는 비밀스러운 고통의 공간을 건드렸다는 것을 말해 주었다. 자식들이 흑인이라는 이유로 백인들이 자식들에게 침 뱉는 걸 막을 수 없다면 그 의미가 전혀 다르다고 우기는 것이야말로 내 어린 시절 어머니가 할 법한 일이었다.[28]

로드의 어머니는 인종차별의 고통을 흐릿하게 만들어 자식을 보호하고자 했다. 오드리가 어머니에게 "눈치채셨어요?"라고 물었을 때, 그는 위험을 무릅쓰고 그 고통의 공간으로 들어섰다. 행복은 종종 그런 고통의 공간을 은폐하는 데 사용된다. 은폐가 실패하면 너무나 많은 것이 빠져나온다.

은폐는 실패한다. 행복한 가족이라는 익숙한 이미지를 다시 떠올려 보자. 이미지는 광을 낼 수 있다. 광내기polishing는 행위이자 노동의 형태다. 은폐는 외관에 대한 노동이다. 어린 여성들이 가구 광내기를 즐기게 된다는 보부아르의 설명을 돌이켜 보라. 보부아르가 말하는 이들은 집 밖에서 일할 필요가 없었던 중산층 여성이라는 점을 기억할 필요가 있다. 앤 매클린톡Anne McClintock은 저서 『제국의 가죽Imperial Leather』에서 광내기를 설명하며 계급을 명시적으로 언급한다. "실제로 문지르고 청소하고 닦고 긁어 내며 하루를 보낸 중산층 여성들은 자신들의 노동을 위장하고 손에서 그 증거를 지우려 부조리한 노력을 기울였다."[29]

광내기는 단순히 먼지와 얼룩을 제거하는 것이 아니다. 광내기는 그 자신의 증거를 지운다. 클라우디아

149

랭킨은 한 백인 여성이 어떻게 "우리의 주의를 디저트 쟁반으로 돌림"으로써 인종에 관한 어려운 대화를 끝내 버렸는지 묘사한다. 그는 설명한다. "오래된 영화 속 백인 여성들에게서 아주 자주 봤던 그 붕 뜬 듯한 몸짓이 있다, 반짝이는 물건에 압도되는 여성들."[30] 반짝이는 물건은 우리가 무엇으로부터, 혹은 무엇에 의한 집중을 방해받는 방식이다. 표면 광내기를 거부하면 우리는 실제를 마주한다. 반짝이는 인상을 만들기 위해 제거되었던 모든 것을. 행복을 바라봄으로써, 단순히 바라보는 것이 아니라 꿰뚫어 봄으로써, 우리는 무수히 많은 다른 것을 보게 된다. 실제 현실은 로드가 "고통의 공간"이라고 부른 것으로 나타나거나 그 공간 안으로 침입할 수 있다.

광을 내는 것은 반짝이는 상상(想)을 만들어 내는 일이다. 미소 역시 윤이 날 수 있다. 충분히 미소 짓지 않았거나 당시의 마음 그대로 심통 맞은 표정을 지은 탓에 사진을 망쳤다는 힐책을 들었던 수많은 날이 떠오른다. 너무나 많은 저녁 식사가 망쳐졌다. 너무나 많은 사진도 마찬가지다! 우리 가족이 행복하게 보이려면 내 느낌을 억눌러야 했을 것이다. 이 책을 쓰기 시작한 이래 행복한 외관을 유지하는 데 얼마나 큰 노고가 들어갈 수 있는지 더 많이 생각해 보게 되었다.

부모님이 헤어졌을 때 나는 커다란 안도감을 느꼈다. 아버지가 더는 거기 있지 않을 테니까. 아버지가 떠난 뒤, 어머니는 다 함께 아버지가 새로운 파트너와 사는 새집에서 크리스마스를 보내는 데 동의했다. 마치 이별로 인해 자식들의 휴일을 망치지 않으려는 듯, 자식들을 위한 선물인 양 제안된 일이었다. 나는 어머니에게 그 집에 있고 싶지도, 가고 싶지도 않다는 내 느낌을 전하고 싶었다. 하지만 그렇게 하지 않았다. 어쩌면 하지 못했는지도 모른다. 어머니가 그 사실을 받아들일 수 없으리라는 것을 느꼈기 때문이다. 나는 그 공간으로 돌아가 그 테이블에 앉아 있었던 그날의 슬픔을 기억한다.

내가 잘 알고 있는 이야기다. 하지만 과거로 되돌아가 보면 우리는 종종 다른 이야기를 하게 된다. 어머니는 주부였다. 어머니의 임무는 다른 사람, 즉 남편과 자식의 행복을 돌보는 일이었다. 어머니가 주부가 된 건 20대 후반에 병을 앓으면서 경력을, 간호사라는 천직을 포기해야만 했기 때문이었다. 당신의 불행을 희생으로 여기는 데서 위안을 찾는 것이 어머니가 불행을 감당하는 방식이었을 수도 있겠다는 생각이 든다. 앞에서 나는 누군가가 당신의 행복을 원할 때, 그가 진정으로 원하는 것이 누구의 행복인지 정확히 알기 어려울 수 있다고 말했다. 어머니 당신이 행복할 가능성은 우리의 행복에 달린 것처럼 보였다. 어쩌면 어머니에게는 가족의 행복과 그 안에서, 그리고 그로 인해서 우리가 행복하다는 환상이 필요했는지도 모른다. 당신이 포기했던 것에도 의의와 목적이 있다고 느끼기 위해서 말이다. 돌이켜 보면 내가 벌떡 일어나 아버지에게 대들었을 때 어머니가 힘들어했던 것도 그래서인 것 같다. 환상이 산산이 조각났기 때문이다. 어머니에게, 우리의 행복이라는 환상을 포기하는 것은 너무 많은 것을 포기하는 일이었을 것이다.

어머니는 가족의 행복이라는 환상이 산산이 조각

나는 데 대비되어 있지 않았던 것 같다. 어쩌면 모두를 한 번 더 한자리에 모으는 것이 자신을 붙잡는 방법이었는지도 모른다. 어머니가 해야만 했을 일을 생각하면 내게는 여지가 더 있다고 느껴진다. 그날을 기억하면 나는 숨을 쉴 수 있다. 부모님의 결혼에는 많은 스트레스와 중압감이 있었다. 어머니의 병, 가족이라고는 아무도 없는 나라에 사는 것, 파키스탄계 무슬림 남성과 백인 기독교인 여성으로 이루어진 인종과 종교가 다른 부부. 이혼 후 어머니는 수입이 거의 없는 장애인 연금 수급자가 되었다. 아버지는 부유한 고소득 남성으로 남았다. 한번은 다른 테이블에서, 마찬가지로 가족 식사 테이블에서 누군가의 아버지가 말했다. "이혼은 남자에 대한 차별이야." 1장에서 언급한 기억할 만한 발언 중 하나다. 그 말을 듣자 엄청난 분노가 치밀었다. 그의 딸로부터 그 말이 사실이 아니라고 들었던 데다, 무엇보다도 나의 아버지에게 절대 해당하지 않는 말이었기 때문이다. 그즈음 나는 이미 자타 공인 킬조이였다. 내 생각대로 표현했다가는 좋게 끝나지 않으리라는 것을 알았다. 허가 증서를 사용할 수도, 잠자코 있을 수도 없었다. 결국 나는 내 생각을 말했다. 그 대화는 좋게 끝나지 않았다.

때로는 좋게 끝나지 않는 것이 옳다. 친구나 가족, 지인 들로부터 내가 들은 발언 중 또 하나 기억할 만한 것은 "무슬림이랑 결혼하니까 이런 일이 생기지"였다. 이는 사실 1980년대 중반 아버지가 떠난 뒤 가족의 지인이 어머니에게 한 말이다. 그는 부모님이 함께였을 때는 아버지가 무슬림인 것에 대해 아무 말 하지 않았다. 그러다가 부모님이 갈라서자 입을 열었다. 아마 그 전에는 예의를 차리느라 아무 말 하지 않았을 것이다. 예의 바른 인종차별주의polite racism는 예의라는 겉껍질로, 때로는 아주 아슬아슬하게 가려진 인종차별주의다. 예의 바른polite이라는 단어는 광내다polish, 즉 '부드럽게 만들다' '흠결을 가리다'라는 단어와 어원이 같다. 뭔가가 작동하지 않고 더는 일이 매끄럽게 돌아가지 않아 가면이 미끄러지면, 인종차별주의가 재빨리 튀어나온다. 그러고 나면 작동하지 않는 것, 망가진 것에 대한 설명으로 이용된다. 마치 어머니가 무슬림과 결혼함으로써, 이교도와 결혼함으로써 그런 일을 자초하기라도 한 것처럼.

이별이 당신이 맺은 약속의 불가피한 결과라는 말을 듣는 것은 고통스럽다. 그 이별은 곧 당신의 운명이 된다. 그러면 자신이 가진 용어로 자신에게 일어나는 어려운 일들을 설명하고 이해하려 애쓰게 된다. 시간이 많이 흐른 뒤 "이넉 파월이 옳았어"라고 내게 말한 사람은 어머니였다. 어머니가 그 말을 했을 때 파월의 말이, 이민의 끔찍하고 무서운 결과에 대한 인종차별적 예측인 저 악명 높은 '피의 강물' 연설이 내 귀에 메아리쳤다. 어머니가 그 말을 한 것은 내가 콘퍼런스에서 막 다문화주의와 행복의 약속에 관해 강연한 직후였다. 나는 킬조이 즐거움으로 가득 차 몹시 신이 난 상태였다. (평소처럼 유일한 유색인이 아니라) 내가 많은 유색인 중 하나일 뿐인 오스트레일리아에서 첫 번째로 참석한 콘퍼런스였기 때문이다. 오스트레일리아 선주민 학자들은 참석만 한 것이 아니라 기조연설도 했다. 어머니의 말을 듣고 나는 산산이 조각났다.

몇 년 뒤 어머니는 그런 말을 한 적이 없거나, 적어도 진심으로 한 말은 아니었다고 말했다. 그리고 어머니는 1960년대 영국에서 다인종 부부로서 겪었던 인종차별에 관해 이야기했다. 집에 백인성이 있는데 자신은 백인이 아닌, 이런 어려운 공간을 납득하기 위해서는 때로 다른 이들의 이야기를 듣고 그로부터 배우는 것이 도움이 된다. 흑인 페미니스트 학자 게일 루이스Gail Lewis는 어머니를 수신인으로 해서 백인 어머니와의 관계에 관한 글을 썼다. 나는 수년간 루이스에게 너무나 많은 것을 배웠는데, 특히 다인종 가족 내 애증이 얼마나 "지저분하고 양면적"인지 알게 되었다. 여기에는 연대감뿐 아니라 다른 것들, 꼭 외부에서 오는 것만은 아닌 "인종 갈등과 적대감"도 연관되어 있다.[31]

다른 것들, 너무나 많은 것들. 가족은 많은 차이가 충돌하는 접촉 지점이 될 수 있다. 어머니에 대해서, 그리고 어머니 자신은 가지 못한 대학을 나온 세 딸을 두었다는 사실이 어머니에게 어떤 의미일지 다시 생각해 본다. 그날 행사에서 느낀 지적인 벅차오름이, 그 킬조이 즐거움이 넘쳐흘러 과도한 자신감이 되어 내가 얼마나 많은 여지, 공간을 차지하고 있는지 의식하지 못했던 것은 아닌가 생각한다. 이런 생각은 추측이고 조심스러운 회상이다. 어머니에게도 당신만의 이야기가 있을 것이다. 어머니 이야기를 하는 것은 내 몫이 아니다. 하지만 이야기를 하면서 우리는 서로에 관해, 우리가 공유하고 있는 단어들에 관해 이야기한다. 그렇다, 어떤 문장은 당신을 아프게 때릴 수 있다. 어쩌면 그 문장은 어머니에게서 온 것이 아니라 어머니에게 왔을 것이다. 다른 사람들이 한 말, 지인이 한 말이 반향을 일으킨 것이다. 틀린 사람과 결혼해 마주한 이별, 틀린 종류의 사람, 너무나 많고 너무나 틀린 종류의, 혼혈인, 뒤죽박죽인 사람, 국가의 분열, 결혼의 붕괴, 관계와 행복을 향한 희망, 그리고 백인성의 상실, 피의 강물, 귀향.

듣기만 해도 산산이 조각나는 말이었던 것은 사실이다. 시간이 흐르면 우리는 조각을 주워 그 날카로움 속에서 통찰을 찾는다. 집에서의 백인성이 어떤지 살피는 것이 내게는 행복의 광나는 표면을 넘어 꿰뚫어 보는 일이었다. 행복을 꿰뚫어 볼 때 우리는 백인성을 본다. 백인성을 보는 일이 페미니스트 킬조이 비평의 핵심 과업인 이유다. 토니 모리슨의 소설 『가장 푸른 눈』이 떠오른다. 주인공 페콜라에게 '가장 푸른 눈'은 그가 가질 수 없는 것, 그가 될 수 없는 사람을 의미한다. 마치 백인성에서 멀어지고 백인성으로부터 소외되면 아름답지 않고, 자신을 행복하게 만들 것이 틀림없지만 그렇게 만들 수 있는 것을 가지지 못하는 것처럼. 페콜라는 자신이 검고 추하다고 여긴다. 그는 백인성의 렌즈로 자신을 본다. 흑인에 대한 인종차별주의의 렌즈, 흑인성을 백인성과 떨어뜨려 놓는, 빛과 지식, 행복으로부터도 떨어뜨려 놓는 바로 그 렌즈다. 페콜라는 세상이 보라고 가르쳐 준 그대로 자신을 본다.

우리는 화자 클라우디아를 통해 페콜라에 관해 알게 된다. 클라우디아는 흑인 페미니스트 킬조이로 묘사할 수 있다. 클라우디아가 인형을 받고 고민하는 장면이 있다.

시작은 크리스마스와 인형 선물이었다. 특별하고 커다란,

사랑이 넘치는 선물은 항상 커다란 푸른 눈의 아기 인형
이었다. 어른들의 혀 차는 소리로, 어른들은 그 인형이 내
가장 간절한 소망을 나타낸다고 생각한다는 것을 알았다.
(……) 내게 커다란 즐거움을 주었어야 했을 테지만 결과는
정반대였다. (……) [나는] 들창코를 손가락으로 훑고, 유리
같은 푸른 눈을 찌르고 노란 머리를 비비 꼬았다. 인형을
사랑할 수는 없었다. 하지만 온 세상이 사랑스럽다고 여기
는 것이 뭔지 알아보기 위해 인형을 분석할 수는 있었다.
(……) 나는 백인 아기 인형을 망가뜨렸다.[32]

 클라우디아는 어른들이 혀를 차는 소리를 통해 자
신이 백인 아기 인형을 사랑하는 것이 마땅함을 안다. 그는
그렇게, 옳은 방식으로 영향받지 않는다. 오히려 정반대 방
향의 영향을 받는다. 클라우디아는 인형을 어르고 달래는
대신 찌르고 비튼다. 그가 인형을 다루는 방식은, 내 생각
에 틀림없이 폭력적이고 공격적이라고 여겨질 것이다. 불
만, 불충, 배은망덕으로. 인형을 사랑하지 않는다는 것은
클라우디아가 인형을 분석해 '온 세상이 사랑스럽다고 말
하는 것'이 뭔지 알아낼 수 있다는 뜻이다. 우리를 행복하
게 만든다고 여겨지는 것이 우리를 행복하게 만들지 않을
때, 우리는 그 존재를 배운다. 모리슨이 탐구함으로써 도전
하고자 하는 행복 등식은 행복=백인성에 대한 근접이다.
 이 등식을 손에 들고 있으면 아주 많은 것을 설명
할 수 있다. 문화비평가가 된 우리는 그저 구체적인 역할
을 하는 페미니스트 킬조이 형상을 찾아내기만 하면 되는
것이 아니다. 문화의 비평가로서 페미니스트 킬조이는 문

156

화 <u>안에서</u> 드러난다. 우리의 킬조이 자매 시시에게로 돌아가 보자. 아마 아타 아이두의 동명의 소설 속 주인공이다. 우리는 가나에서 독일, 그리고 영국으로 향하는 시시의 여정을 뒤쫓는다. 독일에서 시시는 시장 근처를 배회한다. 그는 "광택을 낸 강철. 광택을 낸 주석. 광택을 낸 황동"을 본다. 시시는 "그것들이 번쩍이고 반짝거리는 것을 본다".[33] 어떤 대상이 번쩍이는 것은 보이지 않는 무언가 때문이다. 시시는 보이지 않는 것을 본다. 그리고 자신이 어떻게 보이는지를 본다.

문득 그는 한 여자가 분명 딸인 듯한 어린 소녀에게 말하고 있다는 것을 깨닫는다. "Ja, das Schwartze Mädchen." 여행을 위해 배워 두는 게 좋다고 했던 짤막한 독일어 덕에, 시시는 das Schwartze Mädchen이 '흑인 소녀'를 뜻한다는 것을 안다. 그는 어쩐지 혼란스러웠다. 흑인 소녀? 흑인 소녀? 그래서 시시는 주위를 둘러본다. 이번에는 정말 주의 깊게.[34]

흑인 소녀로 지칭되자 시시는 혼란스럽다. 그러나 곧 그것이 그들이 보는 자신임을 알아차린다. 이 과정을 읽자 혁명적인 심리분석가 프란츠 파농이 『검은 피부, 하얀 가면』에서 백인 어린이에게 흑인 남성으로 보이는 일에 관해 이야기했던 내용이 떠올랐다. 파농은 흑인으로 보이는 일이 무시무시한 현재의 존재가 되는 동시에 "수천 가지 세부 사항, 일화, 이야기"로 짜인 역사가 주어지는 일임을 보여 준다.[35] 역사는 "조금 더 조여 오는 원"처럼 숨통을 조여 올 수 있다.

　　　자신을 흑인 소녀로 보게 된 시시는 주위를 둘러
본다. 그러고 나면 백인성이 보인다. "그리고 그는 불현
듯 깨닫는다. 이쪽저쪽 오가는 모든 사람이 고향의 가게
에 들여놓곤 했던, 외국산 돼지 특수 부위를 절인 피부색
이라는 것을."[36] 시시에게 백인성을 보는 것은 그 안에 잠
기기를 거부하는 일이다. 다른 흑인들과 유럽에 사는 이유
에 관해 대화를 나누면서 시시는 더욱 우리의 자매 킬조
이가 되고 고향에 더 가까워진다. 그는 "저들에게 우리가
얼마나 가치 있는지 가르치기 위해" 유럽에 남았다는 한
영민한 의사 이야기를 듣는다. 시시가 '저들'이 '백인들'을
의미하냐고 묻자 의사가 대답한다. "뭐 그렇죠."[37] 시시는
'그렇죠'에서 누군가의 가치를 부인하는 이들에게 그 가치
를 증명해야 한다는 사실의 폭력을 발견한다. 긍정적이어
야 한다는 명령에 대한 시시의 비판은 피식민자가 식민자
에게 가치 있는 존재로 인정받기 위해 해야 하는 일, 자기
자신에게서 뭔가를 지워 버리는 일에 대한 비판이다.

　　　여기에는 결국 누군가는 수용되기 위해 스스로
광내고, 감사하는 태도와 미소를 드러내며 자신을 구미에
맞게 만들어야 하거나, 파농의 용어를 빌리자면 '하얀 가
면'을 써야 한다는 사실이 내포되어 있다. 이로써 다시 한
번 행복=백인성에 대한 근접 등식이 등장한다. 행복은 포
용inclusion의 기술로 작용할 수 있다. 다양성이 어떻게 행
복한 조직의 이미지를 만들어 내는 데 이용되는지 떠올
려 보라. 다양성의 사례로 즉각 인식되는, 여러 색 얼굴이
등장하는 번쩍이는 홍보 책자들을 말이다. 유색인들은 이

미소 짓는 색색의 얼굴을 제공하라는 요구를 받는다. 어쩌면 다양성이라는 단어는 외관을 매끈하게 만드는 미소인지도 모른다. 다양성은 백인성을 가리는 또 하나의 하얀 가면인 셈이다.

혹은 다양성을 제도적 광내기라고 묘사할 수도 있을 것이다. 나는 직업의 명칭에 다양성이라는 단어가 들어가 있음에도 자신은 그 단어를 사용하지 않는다는 다양성 책임자를 인터뷰했었다. 그는 "다양성은 반짝거리는 커다란 빨간 사과예요, 그렇지 않나요? 겉보기에는 아주 근사하지만, 실제로 사과를 자르면 그 중심은 썩었고 우리는 전체가 썩고 있다는 것도, 사실은 해결되고 있지 않다는 것도 알죠. 멋지게야 보이지만, 불평등은 해결되고 있지 않아요"라고 말했다. 반짝이는 빨간 사과 이야기를 듣자, 환한 미소 뒤에 감염된 상태를 숨기고 있는 행복한 주부 이미지를 비판했던 베티 프리던Betty Friedan이 떠올랐다.[38] 어떤 조직이 겉으로 행복하게 보이는 수단이 다양성이라면, 불평등은 바로 그 다양성으로 인해 '사실은 해결되고 있지 않다'.

우리는 다양성을 보지만, 보이지 않는 것은 너무나 많다. 다양성으로 인해 백인성은 보이지 않는다. 유색인들은 번쩍이는 상을 만들어 내는 데 일조하는 광택제가 된다. 앞에서 내가 다문화주의와 행복의 약속에 대해 강연했던 콘퍼런스 이야기를 했었다. 강연에서는 주로 영화 〈슈팅 라이크 베컴〉(거린더 차다Gurinder Chadha 감독, 2002)을 다루었다. 이 영화는 내가 행복에 관해 글을 쓰기로 마음먹은 계기 중 하나였다. 나는 그 해피엔드에 너무

나 놀랐고 (좋다, 나도 이렇게 말해 보겠다) **간담이 서늘해 졌다.**[*] 영화에서 명시적으로 드러나는 메시지는 딸들이 자유롭게 자기만의 방식으로 행복을 찾을 수 있어야 한다는 것이다. 영화 속 아버지가 말하듯 "두 딸이 한날한시에 행복하다면 아버지로서 바랄 게 뭐가 더 있겠냐"라는 의미다. 그의 딸 제스는 타고난 킬조이는 아니다. 제스는 축구를 하고 싶다. 동시에 부모님을 행복하게 만들고 싶다. 부모님은 딸이 축구를 하지 않기를 바란다. 그래서 제스는 몰래 축구를 계속한다. 많은 이민 2세대가 제스의 이야기에서 자신의 경험을 발견할 수 있을 것이다. 우리는 부모님이 우리의 행복을 위해 얼마나 많은 것을 포기했는지 안다.

킬조이 비평가로서, 우리는 행복을 가로막는 장해물이 어디에 놓이는지 알아차리는 법을 배웠다. 영화에서 제시가 행복해지는 일을 하지 못하게 막는 인물은 아버지다. 따라서 영화 속 킬조이로 자리매김하는 사람은 아버지다. 아버지는 딸에 대해 두 번 대사를 한다. 첫 번째 대사에서 그는 말한다. "내가 나이로비의 10대였을 때, 나는 학교에서 제일 빠른 크리켓 투수였다. 우리 팀은 심지어 동아프리카컵도 우승했어. 하지만 이 나라에 오니 아무것도 없었어. 클럽하우스에 있는 빌어먹을 고라^{**}는 터번을 보고 비웃더니 짐 싸서 내보냈지. (……) 그 애도 결국 나처

---

[*]　　저자는 2장 초반에 언급한, 〈크레이머 대 크레이머〉 주디스 메인의 비평에서 언급된 '간담이 서늘하다 appalled'라는 표현을 그대로 가져와 썼다.

^{**}　　gora. 인도인들이 백인을 지칭하는 말.

럼 실망만 하게 될 거야." 인종차별을 겪었던 기억 때문에
아버지는 딸이 축구를 하게 내버려둘 수가 없다. 아버지는
딸이 자신처럼 고통받지 않기를 바란다. 영화가 끝날 때쯤
아버지는 마음을 바꾼다. "그 망할 놈의 영국 크리켓 선수
들이 자기네 클럽에서 나를 개처럼 내쫓았을 때, 난 불평
하지 않았어. 오히려 다시는 경기를 하지 않겠다고 맹세했
지. 그렇다면 누가 고통받은 거지? 바로 나야. 제스는 고통
받지 않았으면 좋겠어. 그 애가 제 아버지와 같은 실수를
하지 않았으면 좋겠어. 인생을 받아들이고 주어진 상황을
받아들이는 것 말이야. 그 애는 싸웠으면 해. 그리고 이겼
으면 해." 첫 번째에서 아버지는 제스가 자신처럼 고통받
지 않으려면 축구를 해선 안 된다고 말하지만, 두 번째에
서는 자신처럼 고통받지 않으려면 축구를 해야 한다고 말
한다. 두 번째 대사는 국가 리그 경기에서 뛰는 것을 거부
하는 일이 이민자들이 겪는 고통의 진면목이라고 암시한
다. 그들은 경기에 참여하지 않기 때문에 고통받는다. 참
여하지 않는 것은 자발적 배제로 읽힌다. 제스가 행복해지
려면 아버지는 그가 떠나게 두어야 한다. 함축적으로, 그
는 딸만 보내 주는 것이 아니라 인종차별을 수용함으로써
겪은 자신의 불행과 고통 또한 보내 주는 것이기도 하다.

     자신의 상처에 매달리기를 그친 아버지는 딸이 떠
나게 둔다. 제스는 프로축구선수가 되려는 꿈을 좇아 미국
으로 향한다. 그리고 백인 축구 코치 조와 사랑에 빠진다.
때로는 인종 간 사랑이 문제로 지목된다. 그러나 인종 간
사랑이 해결책으로 지목될 때, 그건 정말 문제가 될 수 있
다. 인종 간 이성애가 수용되는 것은 사실 지나간 적대 관

계를 이겨 낸 사랑이라는 전형적인 화해의 서사다(광내기로서의 사랑이라고 할까). 마지막 장면은 크리켓 경기 장면이다. 제스의 아버지가 타자다. 전경에 자리한 조가 공을 던지고 있다. 조는 우리에게 다가오며 미소 짓는다. 영화의 마지막 장면이자 첫 번째 크리켓 경기 장면이다. 이 장면이 함축하는 것은 물론 아버지가 다시 크리켓을 할 수 있게 되었다는 사실이다. 우울한 이민자를 다시 국가의 품으로 데려오는 매개자로 그려지는 이는 백인 남성이다.

영화는 갈색 피부의 어린 여성에게 그만의 이야기와 그만의 욕망, 소망과 필요를 부여하려 노력한다. 하지만 결국은 모리슨과 아이두가 흑인 페미니스트 킬조이 비평가 클라우디아와 시시를 통해 해체한 바로 그 행복 등식을 활용하고 만다. <u>행복=백인성에 대한 근접</u>, 더 구체적으로는 <u>행복=백인 남성에 대한 근접</u>이라는 등식 말이다. 제스의 이야기는 물론 어느 수준까지는 비관습적인 젊은 인도 여성 이야기다. 그는 무슨 일을 하고 어떤 사람이 되라고 지시하는 규칙을 피해 간다. 한편 (알루고비[*]를 요리하고 싶어 하는 게 아니라) 베컴처럼 공을 감아 차고 싶어 하는 젊은 인도 여성 이야기는 이민자 가정의 딸이 국가와 국가가 약속한 행복에 자신을 동일시하고 그 게임에 참여함으로써, 과거나 가족의 문화적 제약에서 벗어날 수 있다고 말하는 관습적이고 국가주의적인 이야기이기도 하다.

---

*   감자와 콜리플라워로 만드는 인도 음식.

킬조이 진실:

이민자 가족의 비관습적 딸은
사회적 희망의 관습적 형태다

페미니스트 킬조이 비평가로서 이 영화를 읽어 내니 왜 결말이 너무나 문제적으로 느껴졌는지 설명할 수 있었다. 인종차별주의는 우울한 이민자가 심적으로 <u>집착하는</u> 대상으로 드러난다. 상처에 대한 이 집착은 이민자들이 국가 경기에 참여하기를 거부하면서 이를 정당화할 수 있도록 한다("클럽하우스의 고라"). 우리는 고통을 이해하려면, 인종차별을 놓아줌으로써 인종차별의 고통을 놓아주라는 이야기를 듣는다. 인종차별주의는 계속 살려 둬 봤자 그저 우리를 소진할 뿐인 기억으로 덧칠된다. 페미니스트 킬조이 형상이 암시하는 것은 상처에 관해 이야기하면 상처를 <u>실제보다 더 크게 만든다</u>는 것이다. 한편 우울한 이민자 형상은 인종차별을 이야기하는 일은 그것을 떨쳐 내지 못했다는 뜻이라고 암시한다.

킬조이 다짐:

나는 아직 끝나지 않은 것을 극복하지 않을 것이다

우울한 이민자 형상은 인종차별주의는 고사하고 인종 자체에 연연하는 것은 자기 자신이나 자신만의 개별적 세부 사항에 지나치게 집착하는 일이라고 암시한다. 행복은 그 자체로 보편이 된다. V. S. 나이폴V. S. Naipaul의 글 「우리의 보편 문명Our Universal Civilization」 속 행복의 묘사를 보라.

이것은 탄력적인 개념이다. 모든 사람에게 들어맞는다. 이 것은 어떤 특정한 종류의 사회, 특정한 종류의 깨어 있는 정신을 함의한다. 내 아버지의 힌두교인 부모가 그 개념을 이해할 수 있었으리라는 생각은 들지 않는다. 그 안에는 실로 많은 것이 포함되어 있다. 개인, 책임, 선택이라는 개념, 지식인의 삶, 소명과 완전무결함과 성취의 개념. 이 것은 거대한 인간의 개념이다. 이것은 고정된 체계로 축소될 수 없다. 이것은 광신주의를 만들어 낼 수 없다. 그러나 이것은 존재한다고 알려져 있으며, 그런 이유로 더 단단한 다른 체제들은 결국 날아가 버린다.[39]

이 글에서 조부모는 '이것'을 '이해'하기에는 너무

개별적이어서 보편에 진입할 수 없을 뿐 아니라 보편에 진입하기 위해서는 포기되어야 하는 인물로 형상화된다. 여기에 또 다른 행복 등식이 숨어 있다. <u>흰색 보편, 갈색 상대 항.</u> 우리 중 누군가 개별성을 포기해야 한다면, 보편은 그다지 탄력적이지 않다. 딱히 '모든 사람'에게 들어맞지 않는 것이다. 어쩌면 보편은 탄력적인 고무줄인지도 모른다. 모두에게 맞추려고 늘어나다 보면 결국 튕겨 나간다.

　　　우울한 이민자 형상은 문학과 대중 영화뿐 아니라 더 넓은 정치적 발화에서도 돌고 돈다. 2020년, 부분적으로는 '흑인의 생명도 소중하다' 운동에 대한 대응으로 영국 정부는 '영국 내 인종 및 민족 불균형'을 조사하기 위해 새로운 위원회를 설립했다. 뒤이어 발표된 보고서[*]에서는 영국에 제도적 인종차별의 증거가 없을 뿐 아니라 "교육 분야와 그보다는 정도가 덜하더라도 경제 분야에서 많은 소수인종이 거두고 있는 성공은 다른 백인 중심주의 국가의 모범으로 여겨져야 한다"[40]라고 주장했다. 해당 보고서에서는 인종차별주의를 과거의 일로 치부했을 뿐 아니라 보고서에서 과거를 고수한다고 언급된 이들의 마음속 문제로 만들었다. "일부 집단의 경우, 인종차별의 역사적 경험이 여전히 현재를 괴롭히고 있으며, 영국이 더 개방되고 공정해졌다는 사실을 인정하기를 주저했다." 보고서는 인종차별주의가 역사로 괴로워하는 이들의 마음과 기억 속에만 존재하며, 인종차별주의가 일부 집단의 참여

---

[*]　　　위원회 위원장이었던 토니 슈얼Tony Sewell의 성을 따 슈얼 보고서Sewell Report라고도 불린다.

를 막는 것이 아니라 그들 스스로 참여를 그만두는 것이라고 암시한다. 긍정적인 것은 객관적이고 중립적이고 미래지향적인 것으로 취급된다. 부정적인 것은 주관적이고 편향되고 과거에 처박힌 것이다. 우리는 킬조이 비평가로서 긍정성과 부정성이 어떻게 분배되는지 읽어 내는 법을 배웠다. 슈얼 보고서는 개인적 결과뿐 아니라 서로 다른 인종 집단 간 성과와 직결된 태도를 묘사하는 데도 긍정성과 부정성을 이용한다.

영국 사회에서 가장 큰 성공을 이룩한 집단, 특히 인도와 중국계 민족 집단은 장해물과 편견이 드물다고 생각하는 경향이 있다. 성과가 덜한 집단인 흑인과 파키스탄 및 방글라데시계 무슬림들은 장해물과 편견을 더 많이 느끼고 경험하는 경향이 있으나 아프리카계 흑인은 카리브계 흑인보다는 훨씬 긍정적이다.

보고서는 심지어 노예제에서도 '긍정적인 면을 보려' 애쓴다. "카리브해 지역의 경험을 새로이 평가하는 논의가 있다. 여기에서는 노예제 시기를 이윤과 고통에만 연관 짓는 것이 아니라, 아프리카인들이 문화적으로 자신을 개조된 아프리카인/영국인으로 변모시킬 수 있었던 시기로 본다." 그렇다. 수백만 아프리카인의 사망과 실종의 원인이었던 대서양 노예무역조차 자기 임파워링의 긍정적인 이야기로 둔갑할 수 있다.

다시금 로드의 행복 비판을 생각한다. 행복이 흐릿하게 만드는 잔혹함과 그렇게 흐릿하게 만드는 행위의 잔

166

혹함에 관해. 앞에서 가정 내 광내기 노동이 빛나는 표면을 만들어 노동의 흔적 자체를 없앤다는 앤 매클린톡의 주장을 언급했다. 매클린톡은 또한 피어스 비누* 광고 캠페인을 언급하며 부르주아 도덕률과 제국주의 임무가 어떻게 청결을 지침으로 변모시켰는지 설명한다. 비누는 "'영국의 꼬질꼬질한** 대중'에게 도덕적이고 경제적인 구원을 가져다주었을 뿐만 아니라, 신비로운 방식으로 영적인 사명 그 자체를 구현"[41]한다고 인정받았다. 흰색은 순수하고 청결한 것이 되었고, 노동과 검은색은 흠결이나 불결이 되었다. 한 광고에서는 "지상의 어두운 구석을 밝게 만드는 강력한 요소"인 비누를 통해 "청결의 미덕을 가르치는" 일이 "백인 남자의 집"***이라며 키플링을 인용했다. 광고에는 자기 위에 서 있는 백인 남성으로부터 감지덕지하며 행복하게 비누를 받아 드는 '원주민native' 그림이 등장한다.

제국은 세계 광내기로 묘사될 수 있다. 제국의 행복한 이미지는 폭력을 제거하고, 그런 제거 행위의 증거를 제거해서 만들어졌다. 한 공리주의 철학자는 제국주의 프

---

* 1807년 영국 런던에 설립된 피어스사에서 생산한 비누.

** unwashed는 직역하면 '씻지 않은'이라는 뜻으로, 사회적 지위나 재산, 권력이 특출나지 않은 평범한 대중을 가리키는 오래된 표현이다.

*** 영국의 소설가이자 시인 키플링의 시에 등장한 표현. 키플링은 미개한 민족을 문명화하는 일이 백인의 집이자 의무라고 주장했다.

로젝트를 다음과 같이 묘사했다. "문명의 속도는 전례 없이 가속할 것이다. 유럽의 법정, 지식, 규범이 그들의 문간에 당도하고, 그 수용은 저항할 수 없는 도덕적 압박으로 강제될 것이다. 그리하여 인류의 행복은 막대하게 증가할 것이다."[42] 제국이 행복한 이야기로 언급될 때는 제국을 정당화하는 용어들이 사용된다. 나는 그러한 방식으로 제국주의를 이야기하는 일이 식민지 자원의 대량 추출 및 착취를 포함해 얼마나 많은 사실을 흐릿하게 하는지 드러내고자 <u>세계 광내기</u>라는 말을 쓴 것이다. 이는 또한 제국이 어떻게 제국의 진보에 대한 행복한 이야기를 반복하라고 감정적으로 명령해 왔는지 지적하기 위함이다. 제국에 관한 이런 관점은 시민권을 통해 강화된다. 시민이 되려면 그러한 관점을 배우고 반복하라는 요구를 받는다는 의미다. 시민권 심사를 위한 영국 내무부 가이드 「영국에서의 삶—시민권을 향한 여정」에서는 제국이 몇 차례 언급되는데, 모두 이를 긍정하거나 극찬하는 단어들이 사용되었다. 예를 들어 가이드에서는 제국이 "아프리카, 인도아대륙 및 기타 지역 원주민"에게 "규칙적이고 수용 가능하며 공정한 법과 질서 체계"를 가져다주었다고 언급한다.[43]

선주민에게 행복한 제국주의 발전을 이야기하라고 요구하는 것은, 그들 자신의 실종을 기념하라고 요구하는 것과 다름없다. 1788년 제1함대가 시드니항에 상륙한 날인 1월 26일이 오스트레일리아의 날로 지정된 일을, 식민지 정복이 어떻게 연례 기념행사로 탈바꿈했는지를 생각해 보라. 오스트레일리아 선주민들은 이날을 침략의 날Invasion Day로, 때로는 생존의 날Survival Day로 재명명해 기념이 아니라 투쟁과 애도의 날로 삼았다. 선주민 페미니스트 셀레스트 리들Celeste Liddle은 "선주민의 투쟁과 주권 확립의 날로 남은" 침략의 날의 중요성을 강조한다. 그는 투쟁에 대한 최선의 답변은 날짜를 바꾸거나 기념식에 더 많은 오스트레일리아 선주민 및 토레스해협 선주민을 포함하는 것이 아니라 사람들이 "왜 우리 중 그토록 많은 이가 이날을 기념일로 여기지 않는지 알게 되는 것"이라고 말한다. 그리고 다음과 같이 덧붙인다. "나는 '모두를 위한 공정a fair go for all'*이라는 개념에 자부심을 가진 나라에서라면, 내가 언급한 모든 일이 불가능한 꿈은 아니리라고 늘 낙관적으로 여겨 왔다. 우리는 미래세대에게 그 일을 빚졌다. 하지만 힘겨운 대화가 이루어지고 사람들이 이야기를 듣기 시작하기 전까지는, [내가 언급한 답변은] 불행히도 내 남은 생 동안 이루어지는 모습을 보기는 어려울 것이다. 그리고 그것이야말로 실로 애도해야 할 이유다."[44] 우리는 애도해야 할 이유를 애도한다. 우리는 계속해서 식민주의에 관한 '힘겨운 대화'를 이어 가야 한다. 심지어는, 아니 특히 기념의 시기에 말이다.

　　　최근 들어 제국의 이상화된 이야기, 저 예절 바른 식민자들의 예의 바른 이야기를 그만두고 폭력에 광을 내닦아 버리기를 그만두자는 결연한 노력이 있긴 했지만 그 노력마저 저항에 부딪혔다. 킬조이 문화비평가는 이 저항

---

*　　　오스트레일리아에서 fair go라는 표현은, 공평한 기회를 강조하는 구어적 의미로 자신이 대우받고 싶은 대로 타인을 공정하게 대하는 태도를 가리키는 데에 쓰인다.

을 설명할 수 있도록 우리를 도와준다. 슈얼 보고서로 돌아가 보자. 보고서는 식민 및 노예제의 역사를 이상화하는 것에 문제를 제기하는 정치적 운동을 "부정적"이라고 묘사(및 일축)한다. 달리 말하면 그런 운동이 킬조이 프로젝트라는 것이다. 예를 들어, 보고서에서는 영국의 유산과 역사를 "긍정하는 것"과, 교육과정을 탈식민화해야 한다는 "부정적인 요구"를 대비시킨다. "백인 작가들을 퇴출하는 것과 명목상 흑인들의 업적을 내세우는 것 중 무엇도 젊은 정신을 넓히는 데 도움이 되지 않을 것이다. 우리는 동상을 철거하는 데 반대하며, 그 대신 모든 아이가 그들의 영국적 유산을 되찾기 바란다."

교육과정의 탈식민화와 백인 작가 퇴출을 동일시하는 일은 언론에서 빈번하게 일어난다. 여기 한 예시가 있다. "명망 높은 런던대학교의 학생들이 플라톤, 데카르트, 칸트와 같은 인물들을 백인이라는 이유로 교육과정에서 대거 퇴출해야 한다고 요구하고 있다."[45] 그러나 대학의 교육과정 탈식민화 계획을 확인해 보면, 학생들이 ("백인이라는 이유로" 부분은 차치하더라도) 그 어떤 저자도 퇴출해야 한다고 주장하지 않았음을 알게 될 것이다. 교육과정을 탈식민화하는 것은 좁은 사고 체계를 넘어 교육과정을 넓히자는 의미다. 학생들의 요구는 서구 이외의 철학을 더 포함하고, 18세기와 19세기 유럽 철학을 형성한 식민주의 맥락에 관한 논의를 강화하자는 것이었다. 가령 계몽철학 내 인종차별주의의 역할에 관해 질문하면 우리는 계몽철학에 관해 더 많은 것을 배우게 되지 그 반대가 아니다. 다음 장에서 킬조이를 철학자로 위치시키는

170

것이 어떤 의미인지 다시 설명하겠다.

정전canon*에 대한 비판은 그것을 숭배하지 않는 행위라는 누명을 쓴다. 정전이 질이나 가치를 나타내는 단순한 표현이 아니며, 이 '위대한 텍스트'들이 그저 '위대한 텍스트'라서 거기 올라 있는 것이 아니라고 말하기만 해도 당신은 (한 베스트셀러 작가의 표현을 빌리자면[46]) "위대한 문학을 배수구로 흘려보내고" (이러한 문제의식에 상대적으로 공감한다고 시인하는 문화연구자의 말을 빌리자면[47]) 결국 "셰익스피어 대신 시리얼 상자나 읽게 될" 거라는 답변을 들을 것이다. 어떤 대상을 비판하는 일은 대상을 파괴한다고 여겨진다. 누가, 혹은 무엇이 이상화되었는지 묻는 것은 해를 입히는 것으로 간주되며 "고귀하고 아름다운 것을 의도적으로 파괴하는 자"[48], 훼손자vandal가 되는 일이다.

---

*   canon에는 '규범' '계율' '정본 목록' '관련 분야에서 인정받는 대상의 집합' 등 다양한 의미가 있다. 여기에서는 문맥을 고려해, 묵시적 합의를 통해 위대하다고 인정한 작품을 가리키는 용어인 '정전'으로 옮겼다.

비판이 해를 입힌다면, 나는 기꺼이 해를 입히겠다

부정성은 행위가 아니라 평가에 속한다는 사실을 기억하자. 평가 때문에 행위로부터 멀어지기를 거부할 때, 즐거움을 망치는 일은 세상을 만들어 나가는 프로젝트가 된다. 우리는 그 대신 평가의 방어적 기능을 폭로한다. 우리는 왜 수많은 보수적인 이들이 문화와 역사를 방어하는 데 '깨어 있는 자the woke'의 형상을 도구로 휘두르는지 설명할 자원을 얻는다. 한 보수주의 정치인이 '워키즘wokeism은 무엇이며 어떻게 물리칠 수 있는가'라는 제목으로 기고한 기사는 다음과 같이 시작한다. "영국이 공격받고 있다. 물리적인 의미가 아니라 철학적·이념적·역사적 의미에서다. 우리의 유산은 직접적인 공격을 받고 있다. '영국적'인 것의 의미 자체에 의문이 제기되었으며, 제도가 훼손되고 우리 역사 속 주요인물들은 중상모략을 당했다."[49] 그는 영국적인 것이 무엇인가 하는 데 대한 '공격'의 예시로 '흑인의 생명도 소중하다' 운동과 탈식민화 운동을 든다. 그리고 이러한 운동의 "동기는 긍정성이 아니다. 오히려 그 반대다"라고 말한다.

긍정성은 현상 유지와 결부된다. 부정적 평가가 너무나 큰 역할을 하는 이유가 바로 이것이다. 이는 단순

히 동기에 관한 이야기가 아니다. 킬조이든 '깨어 있는 자'
든, 외부인에게 부정성을 부여함으로써 문화와 역사는 안
정되고 마치 공유된 실체인 것처럼 취급된다. 기사의 작성
자는 덧붙인다. "수천 년간 보편적으로 이해되었던 <u>남성</u>
이나 <u>여성</u>과 같은 단어에는 이제 감정적 무게가 실려 있
으며 위험해졌다." 이런 진술은 당연히 옳지 않다. 단어와
언어는 변한다. 우리와 마찬가지다. <u>남성</u>과 <u>여성</u>을 포함해
(정말이다) 단어의 의미가 결정되어 있지 않음을 보이면,
의사소통 수단을 단절해 사람들이 서로 대화할 능력을 빼
앗는 일로 취급된다. 또 다른 보수주의 정치인은 말했다.
"우리는 우리의 역사, 우리의 가치, 우리의 여성들을 취소
하려는 이 좌편향된 문화에 맞서고자 한다."[50] 서구 이외
의 철학자들도 가르치라고 요청하기만 해도 백인 철학자
들을 취소한다고 여겨지고(역사를 취소하는 일로 요약된
다), 예를 들어 (임신한 모든 사람이 <u>여성</u>이 아니라는 인식
에서) <u>임신한</u> 사람pregnant people처럼 더 포용적인 언어를
쓰자고 요청하면 <u>여성</u>을 취소하는 것으로 간주된다. 고루
한 성차별적 소유형용사("우리의 여성들")로 표현된, <u>여성</u>
들이 취소되고 있다는 주장은 젠더라는 용어가 <u>성별</u>을 대
체해 버렸다는 '젠더 비판적' 주장에 느슨하게 기대고 있
다. 이쯤 되면 성별을 일종의 동상처럼 대해야 하는 건가
싶다. 거기에 있음을 확언해야 하는, 꼼짝 않고 굳건히 서
있어야 마땅한 대상으로서 말이다.

　　　우리는 많은 것을 확언하기를 거부한다. 이번 장
을 시작하면서 페미니스트 킬조이가 문화비평가가 된다
는 것은 대상에서 떨어져 그것을 관찰하는 것이 아니라

고 말했다. 우리는 그 안에 있다. 그 근접성으로 이번 장을 마무리하고자 한다. 우리 중 많은 이에게 제국은 그리 오래되지도, 멀지도 않은 이야기다. 나는 아버지에게서 인도 분할 이야기를 들으며 자랐다. 고된 기차 여정, 둘로 쪼개진 나라, 서로 다른 나라를 과거로 갖게 된 가족. 우리는 이야기를 한다. 이야기를 지닌다. 우리는 곧 이야기다. 인종은 한 번도 내게 거리를 두고 접근하는 연구 대상이었던 적이 없다. 나는 1994년 젠더와 인종을 다루는 주요 강의를 맡기 위해 여성학과 조교수로 임명되었다. 나를 임명한 것은 페미니즘이 젠더를 부차적인 범주가 아니라 우선적인 범주로 진지하게 고민해야 한다는 사실을 인식한 결과였다. 그러한 인식이 옳음에도, 우리 중 일부는 결국 범주가 구현된 존재가 되고 만다. 그 인종의 사람, 인종 그 자체가 되는 것이다.

나는 '젠더, 인종 그리고 식민주의'라는 새로운 강의를 계획했다. 강의를 개설하려면 신청서를 작성하고 승인을 받아야 했다. 그 마지막 단계로 나는 대학 위원회에 참석하라는 요청을 받았다. 모두가 테이블에 둘러앉았고, 강의는 대부분 별다른 논의 없이 승인되었다. 내 강의 차례가 되었다. 그러자 다른 과의 석좌교수 한 명이 심문을 시작했다. 같은 테이블에 앉은 나는 젊은 여성이자 유색인, 방 안의 유일한 갈색 피부 사람으로 거기 있었다. 다른 사람들은 아무 말도 하지 않았다. 옆자리 백인 남성이 고개를 끄덕였던 것 같다. 동의하는 듯 웅얼거리는 소리를 들은 것도 같다. 석좌교수의 말과 말하는 방식 전부가 내가 자신이 있는 그곳에 있을 수 있고, 그런 말을 하고, 그런 행동을 할 수 있다는 사실에 대한 그의 분노, 불쾌감, 혐오감을 드러냈다. 그의 말이 전부 기억나지는 않는다. 하지만 강의 설명서에서 그런 반응을 촉발한 것은 상대적으로 별로 특별할 것 없는 '함축된implicated'이라는 단어였다. 그는 그 단어를 사용한 것이 내가 식민주의를 나쁘게 생각하고 있음을 드러내는 표시라고 말했다. 그러더니 내게 식민주의가 왜 좋은지 일장 연설을 늘어놓았다. 근대성으로서의 식민주의, 철도와 언어, 법률의 행복한 이야기, 늘 들어 온 익숙한 이야기였다. 나는 그 말을 들으면서, 그가 백인성의 렌즈를 통해 나쁜 아니라 내 강의와 내 언어, 내 작업을 어떻게 바라보고 있는지 알았다. 나는 슬픈 갈색 상대 항, 근대성의 선물을 고마워하지 않는 괘씸한 수혜자였다.

어쩌면 저들은 사물이 감히 말하는 것을, 모든 것을 받아들이고 기꺼워하는 수혜자로 그려지는 이들이 싫다고 말하는 것을 참을 수 없을지 모른다. 석좌교수는 함축된이라는 단어에서 싫다는 말을 들었다. 나는 그 함축된 바를 이론으로 만들었고, 내 작업에 싫다는 말을 함축했다. 우리가 싫다고 하면, 우리는 알고 있는 바를 보여주는 것이다. 싫다는 말이 철학으로도 향하게 할 수 있다. 그리고 이제 나는 킬조이 철학자로 향하려 한다.

175

페미니스트 킬조이

철학자

철학자 이미지를 떠올리면 어떤 그림이 떠오르는가? 그림도 이야기의 일부가 될 수 있다.

우리가 철학자 이미지로 떠올리는 것은, 혹은 떠올리는 사람은 아마도 수염 난 백인 남성일 것이다. 참으로 현명하고 근엄해 보인다. 철학이 어디에서 유래한다고 생각하는가? 인간과 대상 사이 일대일 조우에서 번뜩 떠오른다고 생각할 수도 있다. 나무에서 떨어진 사과같이 철학자의 머리를 '탁' 치는 중력의 법칙처럼. 만약 철학이 그런 식으로 발생한다고 생각한다면, 철학은 페미니스트 킬조이들이 자기 역할을 해내고 있는 곳과는 다른 데에서 발생하는 것처럼 보인다. 우리가 다른 이들과 매일매일 조우하면서 발생하는 사건과 열기가 있는 곳이 아니라.

그러나 철학이 꼭 그 남성을 소환하거나 그런 식으로 발생할 필요는 없다. 페미니스트 킬조이를 철학자로서 고려하는 것은 그를 철학이라는 학문 분야와 관계 지어 위치시키는 것이 아니다(나중에 문 이야기를 할 때 그 이유를 설명하겠다). 그렇다면 왜 그를 철학자처럼 이야기하는가? 철학philosophy이라는 단어는 앎, 앎에 대한 사랑에서 왔다. 페미니스트 킬조이를 철학자로 생각한다는 것은 즐거움을 망치는 경험으로부터 우리가 어떻게, 얼마만큼 알게 되는지를, 즉 '앎'의 문제를 논하는 일이다. 페미니스트 킬조이를 철학자로 생각하는 일은 철학자가 누구인지에 대한 이미지와 철학자가 무엇을 하는지에 대한 이해를 변화시킨다.

라이브 청중들에게 앤절라 데이비스에 관한 영화를 소개했던 일이 떠오른다. 흑인 페미니스트 활동가, 임신중지권 운동가, 자유 투쟁가로서 그가 얼마나 중요한 인물인지 설명하던 중이었다. 그때 갑자기, 종이 한 장을 들고 있던 내 손이, 마치 자유의지라도 있는 것처럼 옆에 있던 테이블을 내리쳤다. 나는 앤절라 데이비스가 철학자라고 말했다. 큰 소리로 말했다. 어쩌면 소리쳤는지도 모른다. "앤절라 데이비스는 철학자입니다!" 데이비스가 실제로 철학자로서 훈련을 받긴 했지만, 내가 그토록 집요하게 말한 것은 그 때문은 아니었다. 너무나 자주 흑인 여성이나 유색인 여성의 작업은, 그가 활동가이든 자유 투쟁가이든 상관없이, 철학이나 일반 지식으로 이해되지 <u>않으며</u> 그저 개별적인 이야기, 개인적 폭로로 여겨진다.

개별적이라고 여겨지는 사람들이야말로 일반적으로 우리에게 가르쳐 줄 것이 아주 많은 이들이다. 앤절라 데이비스는 세상을 바꾸려고 애쓰는 행동주의가 우리가 세상을 알게 되는 방법이라는 사실을 알려 준다. 널리 이용되는 '교차성intersectionality'이라는 단어만 봐도 그렇다. 이 단어는 흑인 페미니스트 법학자 킴베를레 크렌쇼 Kimberlé Crenshaw의 중요한 작업에서 유래했다. 그는 이 말을 차별이 "교차로를 지나는 차들"[1]처럼 작용한다는 사실을 포착하기 위해 사용했다. 단어 이전에 노고가 있었다. 데이비스가 설명하듯 "교차성 개념 뒤에는 수많은 투쟁의 역사가 있다. 운동이 형성되는 과정에서 활동가들 사이에 이루어진 대화와 학자들과, 또한 학자들 사이에 이루어진 대화의 역사다".[2] 데이비스를 따라, 우리는 앎, 즉 지식이 일방통행 시스템이 아님을 보여 줄 수 있다. 지식은 학계나 학문 분야<u>로부터</u> 발생해서 세상<u>으로</u> 나가 평범한 사람들이나 활동가들이 일상생활에서 사용하게 되는 것이 아니다. 우리는 예전의 세상을 변화시키려고 애쓰면서 새로운 개념들을 창조한다. 어쩌면 내가 테이블을 내려친 것은 철학이 바로 테이블에서 발생하기 때문인지도 모른다. 페미니스트 킬조이를 철학자로 생각하는 것은 철학을 <u>바로</u> 그 테이블로, 대화의 열기로, 행동주의으로, 더 공정한 세상을 세우려는 노력으로 가져오는 일이다. 이번 장에서는 우선 우리가 세상에서 소외됨으로써 어떻게 세상을 인식하게 되는지(이 이야기에서는 테이블이 등장한다), 가로막히는 경험에서 무엇을 알게 되는지(이 이야기에서는 문이 등장한다), 제도를 바꾸려는 노력에서 제도에 관해 무엇을 알게 되는지(이 이야기에서는 벽이 등장한다)를 돌이켜 본다.

페미니스트 킬조이가 <u>테이블 주위에서</u> 철학자가된다고 말하면, 테이블이 마치 우리에게만 철학적 사물인 것처럼 느껴질 수 있다. 하지만 테이블은 이미 흔한 철학적 사물이었다. 사실 테이블은 철학 어디에나 등장한다. 그래서 예를 들어 분석철학자 버트런드 러셀은 그가 어디에 있고, 무엇을 하고 있고, 무엇이 보이는지 묘사하면서 테이블로 그의 고전 『철학의 문제들』을 연다. "나는 지금 특정한 형태의 테이블 앞, 의자에 앉아 있는 것처럼 보인다. 테이블 위에는 글이 적혀 있거나 프린트된 종이 몇 장이 보인다."[3] 여기에 이상하거나 놀라운 것은 아무것도 없다. 러셀은 그 어떤 "평범한 사람"이라도 그 방에 들어서게 되면 "내가 보는 것과 같은 의자들과 테이블들과 책들과 종이들을 볼 것"이며 "테이블에 내 팔을 기대고 있으므로" 그가 보는 테이블이 "같은 테이블"임을 확인하리라고 말한다. 러셀은 이 단순한 이야기를 테이블로 몇 번이나 돌아오고 또 돌아오면서 복잡하게 만든다. 그는 테이블이 어떻게 생겼고, 두드리면 어떤 소리가 나고, 만지면 어떤 느낌인지, 그 표면과 질감을 이야기한다. 이것은 동일한 테이블인가 혹은 이런 인상과 별개인 실제 테이블인가? 어떻게 그 사실을 아는가? 러셀은 "만약 실제 테이블이라는 것이 있다면, 그건 우리가 시각이나 촉각이나 청각으로 즉각 경험하는 것과 다른 것임이 분명해진다"라고 말한다. "지금까지 우리에게 아주 사소한 생각들을 불러일으켰던" 그 "익숙한 테이블"은 이제 "놀라운 가능성으로 가득한 문제가 된다".[4]

그 테이블이 얼마나 놀라운 가능성으로 가득 찼는지에 상관없이, 러셀은 테이블을 뒤로 밀어 둔다. 감질나는 테이블 묘사 뒤로 이어지는 것은 어떻게 다양한 철학자들과 철학적 전통이, 곁에 있는 테이블 덕에 묻게 된 물질, 실제, 진실과 관련된 질문을 다루어 왔는지에 관한 논의다. 철학의 가치에 관한 마지막 장에서, 테이블은 아예 등장조차 하지 않는다. 철학자로 훈련받은 이들은 테이블이 사라진다 해도 놀라지 않을 것이다. 테이블이 예시로서 등장할 때, 사실 요점은 그것이 아니다. 테이블이 예시라는 사실 자체가 철학의 지향점에 관해 우리에게 뭔가 말하고 있는 것이다. 문학평론가 앤 밴필드Ann Banfield가 관찰한 대로 "막 철학이라는 의자를 차지한, 늘 앉아 지내는 철학자의 가장 지척에 있는 테이블과 의자는 그가 현실 세상을 관찰하는 '자기만의 방'의 가구다".[5] 테이블이 철학의 지향점을 보여 주는 것은 그것이 철학자의 "가장 지척에" 있기 때문만이 아니라, 철학이라는 의자를 차지하기 위해서는 테이블에 관한 질문을 던질 시간과 자원이 주어져야 하기 때문이다. 이런 질문은 대부분 다른 철학자들과의 대화 중에 던져진다.

테이블 주변에서 페미니스트 킬조이가 된 우리는 그저 테이블에 관한 대화를 나누거나 이를 통해 현실의 본성을 숙고하지만은 않는다. 그래도 나는 테이블에 둘러앉아 나누는 대화들이 어떻게 우리가 철학자가 되도록 이끄는지 보여 주고 싶다. 테이블에서 나눈 대화로 인해 소외되거나 그런 대화에서 물러날 때, 우리는 테이블을 알아차린다. 물건으로서가 아니라 우리가 그 주위에 모여 있는 대상으로서 말이다. 우리는 우리가 어떻게 모여 있는지, 누가 모여 있는지 알아차린다. 철학자들이 무언가를 점검하기 위해서 그로부터 물러난다면, 철학자로서의 킬조이는 그로부터 물러나게 되었기 때문에 대상을 점검한다.

대상을 점검하는 방법과 이유가 얼마나 중요한지 탐구하기 위해, 이전 장들에서 언급했던 두 킬조이 이야기로 돌아가 보겠다. 토니 모리슨의 소설 『가장 푸른 눈』의 화자이자 흑인 페미니스트 킬조이 비평가 클라우디아를 떠올려 보라. 클라우디아는 백인 인형을 원치 않기 때문에 인형을 면밀히 점검한다. 그는 인형이 어떻게 만들어졌는지 살피고 들창코와 유리 같은 푸른 눈, 노란 머리를 알아차린다. 클라우디아는 단순히 인형에 관해 배우고 있는 것이 아니다. 그는 세상을 연구하고 있다. 또 백인성을 연구하고 있다. 인형은 세계를 비추는 거울이 된다. 그리고 '온 세상이 사랑스럽다고 말하는 것이 뭔지'를 발견한 그는 자신의 모습과는 완전히 다른 상을 본다.

킬조이 진실:

우리 자신의 모습이 덜 비추어질수록, 비추어진 상에서 더 많은 것을 본다

클라우디아는 어떻게 소외가 학구열을 낳을 수 있는지 가르쳐 준다. 클라우디아가 보는 대상과 그 방식으로 미루어 봤을 때 흑인 페미니스트 킬조이 비평가라면, 토니 모리슨을 킬조이 철학자로 묘사할 수 있을 것이다. 『어둠 속의 연주—백인성과 문학 상상력Playing in the Dark: Whiteness and the Literary Imagination』에서 모리슨은 백인성을 심도 있게 점검한다. 그는 글을 시작하면서 아프리카계 미국인 작가로서 자신의 상황, 자신의 "젠더화되고, 성별화되고, 인종차별적인 세상"을 되돌아봄으로써 지식과 반反지식counter-knowledge을 생성하고 있다는 점을 명확히 한다. 그리고 이를 통해 미국 문학이라는 범주가 마치 아프리카인과 아프리카계 미국인의 존재로부터 "자유롭고, 그 존재를 모르고, 그로부터 형성되지 않기라도" 한 것처럼 어떻게 세상이 백인성을 통해 알려져 왔는지 문제를 제기한다.[6] 백인성은 아프리카인들과 아프리카계 백인들이 문학작품 속 전경으로 재현될 때만 명백한 것이 아니다. 모리슨은 어항의 비유를 든다. 어항 속을 들여다볼 때 우리는 세부적인 것, 반짝임, 안에 든 것의 움직임에 주의를 빼앗겨 정작 어항은 보지 않는다.[7] 모리슨은 백인성은 우리가 그것을 통해 보는 매개체이며, 따라서 백인성은 보이지 않는다는 것을 보여 준다.

킬조이를 철학자로 생각한다는 것은 세상에 우리에게 주어진 자리가 없을 때, 그것을 통해 세상에 관해 무엇을 알게 되는지 고민하는 일이다. 성차별적 농담에 웃지 않아서 '그런 식으로 튀기' 시작한 학생을 기억하는지? 그가 '그런 식으로' 보인 것은 어딘가에 참여하지 <u>않았기</u> 때문이다. 일치하지 않으면 튄다. 일치된 것들은 시야에서 멀어진다. 미소는 일치되는 하나의 방식일 수 있다. 소리 내어 웃는 것도 마찬가지다. 튀었기 때문에, 그는 점심 식사 테이블에서 타깃이 되었다. 그는 테이블을 떠났다. 그리고 테이블을 떠나면서(나는 실제 테이블만을 의미하는 것이 아니다) 대학도 떠났다. 그가 떠난 이유는 부분적으로 대학이 그를 어떻게 문제로 만드는지를 경험하면서 대학에 관해 배운 것 때문이었다. 그는 그 과정을 설명했다.

"그 장소를 탁월함의 공간으로 보게 했던 장밋빛 안경이 벗겨진 거죠. 저는 대학이 차이를 환영한다고 생각했어요. 거기까지 가려고 정말 열심히 노력했죠. 그러기 쉽지 않은 배경이었거든요. 주위에 학위를 따러 대학에 온 사람이 아무도 없었어요." 그는 이전까지 대학이 탁월

함의 공간일 뿐 아니라 '차이를 환영한다'고 생각했다. 다양성은 노동계급 학생들을 포함해 비전통적인 배경을 가진 학생들을 향한 환영사에 자주 등장한다. 따라서 그가 장밋빛 안경을 끼고 대학을 바라봤다면, 그건 그 안경이 건네어졌기 때문이었다. 장밋빛 안경을 쓰고 보면 다양성이 보인다. 모두가 대화에 참여할 수 있다는 인상을 풍기는 행복한 테이블, 그 빛나는 테이블 말이다. 그는 그렇게 <u>반사된 상을 통해</u> 그 상이 무엇을 보여 주지 않는지, 누구를 보여 주지 않는지를 본다. 테이블은 그렇게 눈에 들어온다. 테이블에 우리 자리가 없을 때, 혹은 테이블을 둘러싸고 이루어지는 대화에서 우리가 소외될 때, 더는 세부적인 것과 우리의 몰입, 반짝임과 움직임에 주의를 빼앗기지 않을 때.

그런 과정은 알아차리는 것에서 시작될 수 있다. 당신은 어쩌면 스스로 얼마나 눈에 띄는지 알아차릴지도 모른다. 그리고 자신이 눈에 띈다는 것을, 튄다는 것을 알아차림으로써, 만약 어딘가에 참여했다면 보지 않았을 것을, 혹은 이전에 누리던 유리한 전망 지점에서는 보지 못했을 것을 보게 된다. 내가 알아차림을 정치적 노동으로 여기는 이유가 바로 이것이다. 세상을 알아차리면서 우리는 세상에 망치를 휘두른다.

킬조이 등식:

알아차림

=

페미니스트 킬조이의 망치

　　페미니스트 킬조이가 알아차림을 망치로 전환한다면, 그를 페미니스트 현상학자로 생각할 수 있다. 현상, 즉 인지될 수 있는 것을 연구하는 현상학은 페미니즘에 유용한 자원이 되어 왔다. 주디스 버틀러Judith Butler가 묘사하듯, 현상학에서는 "직접 겪어 낸 경험lived experience에 이론을 기초하고 주관적 경험을 구성하는 행위를 통해 세계가 생산되는 방식을 드러내는"[8] 데 전념하기 때문이다. 직접 겪어 낸 경험에 이론을 기초하는 것은 우리에게 주어진 모습 그대로 자신과 세상을 돌아보는 일이다. 앞에서 이미 인용한 시몬 드 보부아르와 주디스 버틀러뿐 아니라, 이번 장에서 나중에 인용할 아이리스 매리언 영Iris Marion Young과 샌드라 리 바트키Sandra Lee Bartky 모두 현상학적 방법론을 활용한다. 나는 현상학이 일반적으로 배경으로 물러나 있는 대상을 의식 전면으로 데려오기 때문에 유용하다고 생각한다. 하지만 페미니스트 킬조이를 현상학자로 칭하는 것의 요점은 그를 지적인 전통 안에 위치시키려는 것이 아니라 그가 어떻게 자신의 행위로 인해 킬조이가 되는지를 보여 주기 위해서다. 킬조이가 되는 것이 튀는 일이라면, 우리는 인식되지 <u>않는</u>, 우리 주변의 것과 우리를 둘러싼 것을 전면으로 데려와야 한다.

　　물론 알아차릴 수 있는 것에는 한계가 있다. 당신은 방에 들어선다. 익숙한 방이다. 모든 것이 있어야 할 자리에 있으면 당신은 아무것도 알아차리지 않는다. 모든 것이 그저 거기에 있다. 하지만 어쩌면 뭔가가 당신의 주의를 끌지도 모른다. 당신은 올려다보고, 주위를 둘러본다. 뭔가가 빠져 있는 것 같다. 예를 들어 그것이 평소 벽난로 선반 위에 놓여 있던 꽃병이라고 해 보자. 꽃병이 당신이 올려 둔 곳, 당신이 기대한 곳에 있다면 당신은 꽃병을 알아차리지 못할 것이다. 거기에 있거나 있어야 한다는 기대에서 벗어나는 것은 <u>두드러진다.</u> 그리고 주의를 끈다. 우리 역시 기대에서 벗어날 수 있다. 따라서 두드러질 수 있다. 당신이 기대된 모습대로 보이지 않으면, 당신은 괴상하고, 어울리지 않고, 그림을 망치고 있다고 여겨질 것이다. 사라진 꽃병처럼 그곳에 없는 어떤 부재를 알아차리면, 그 자리에 있어서는 안 될 어떤 것이나 사람의 존재를 알아차리게 된다.

　　당신은 남들이 알아차렸다는 사실을 알아차릴 것이다. 다시 시시를 떠올려 보라. '흑인 소녀'라고 불리고서야 시시는 백인성을 발견한다. 그는 "주위를 둘러본다. 이번에는 정말 주의 깊게". 시시는 "인간의 색이 다르다는 것을 알아차릴 수밖에 없게 된 것을"[9] 안타까워한다. 하지만 한번 알아차리고 나면, 돌아갈 수 없다. 더는 편안히 있을 수도 없다. 백인성은 거기 머무는 이들에게는 편

188

안할 수 있다. 편안함을 생각하면, 평소에 사용하는 사람이 사용했을 때 훨씬 편안하게 느껴지는 안락의자가 떠오른다. 사회적인 공간은 안락의자와 비슷하다. 누군가가 공간을 반복적으로 사용해 편안함을 느끼면, 다른 이들에게 그 공간은 덜 편안해진다. 편안함은 폭 가라앉은 느낌을 얻게 될 거라는 약속이다. 공간에 폭 가라앉는 몸짓이 축적되면 그 공간에 머무르게 된다.

킬조이 진실:

불편함은 세상을 폭로한다

영국의 여러 대학교에서 주로 경력을 쌓아 온 나는 문을 열었을 때 백인성을 마주하는 것에 익숙해졌다. 나는 백인성 보기를 멈추었다. 하지만 때로는 백인성에 얻어맞곤 했다. 보통은 사람들이 내게 말하는 방식이 문제였다. 한번은 친구들, 동료들과 커피 테이블에 앉아 있었다. 문화적 차이에 관한 연구로 널리 존경받는 백인 페미니스트가 반대편에 자리했다. 그는 마치 나를 구석구석 뜯어보려는 듯 앞으로 몸을 기울였다. "사라, 동양인인 줄 몰랐네요." 나는 그 단어에, 그 안에 자리한 식민주의 유산에 움찔했다.

우리는 우리에게 주어진 역사 속 자리에 따라 다른 이에게서 우리가 누구인지를 듣는다. 만약 기대를 충족하지 않으면 그때는 누구냐는 질문을 받는다. 당신은 드러나는 모습 때문에 어쩌면 가로막히고 추궁당할 것이다. 당신은 누구신가요, 어디에서 오셨나요, <u>실제로는</u> 어디에서 오셨나요? 그곳에서 태어난 흑인이나 갈색 피부의 사람일지라도 여전히 그런 질문을 받는다. 나는 카디프에서 길을 걷다가 그런 적이 있다. 나는 여기에서 태어났다고 답했다. "그 뜻이 아니라요," 남성이 말했다. "오스트레일리아에서 자랐어요." 내가 대답했다. 그는 분노했다. 나는 그 말의 뜻을 알았다. 그는 내가 내 존재를 설명하기를, 내가 어떻게 갈색이 되고 말았는지를 설명하기를 원했다. '어디에서 오셨나요?'라는 질문은 당신이 이곳 출신이 아니라거나 이곳에 속하지 않는다는 의미가 될 수 있다. 여기 출신이 <u>아닌</u> 것처럼 보이면, 실제로 <u>아니게</u> 될 수도 있다. 당신이 누군가를 침범하고, 뭔가를 압박하는 부정성으로 느껴지는 것이다.

　　　이방인은 쉽게 알아차릴 수 있다. 이방인도 알아차린다. 앞에서 내가 이해하는 이방인은 우리가 알아보지 못하는 사람이 아니라 알아보는 사람이라고 말했다. 나는 이방인을 '어울리지 않는 신체'라고 정의한다. 먼지를 "어울리지 않는 물질matter out of place"[10]로 정의한 인류학자 메리 더글러스Mary Douglas의 표현을 바꾼 것이다. 먼지를 '어울리지 않는 물질'로 정의하는 것은 뭔가에, 혹은 누군가에게 먼지가 묻어 더럽다고 의식하는 것이, 무엇이 (또 누가) 이곳에 속하는지에 대한 사전의 기대에 달려 있다는 사실을 보여 준다. 특정한 이들이 '어울리지 않는 신체'가 되면 그들은 더럽고, 반갑지 않고, 바람직하지 않다고 지목될 뿐 아니라 그들을 제거하는 일 역시 정당화된다. '네이버후드워치Neighbourhood Watch'*는 이방인을 알아보기 위한 체계로 생각될 수 있다. 의심스럽게 보이는 이들, 합당한 목적 없이 어슬렁거리는 이들이 잠재적으로 재산에 해를 끼칠 수 있다고 보는 것이다.

이방인은 기대되지 않았기 때문에 나타난다. 혹은 이방인이 기대된 모습을 하고 있지 않았을 수도 있다. 예를 들어, 당신이 흔히 철학자나 교수로 보이는 모습을 하고 있지 않다면 사람들은 당신이 철학자나 교수가 아니라고 추측한다. 나와 한 백인 남성이 함께 강의실에 들어선다. 우리 둘 다 교수다. 나는 시선이 그에게 내려앉는 것을 느낀다. 풀썩, 풀썩. 그러고 나면 사람들은 그를 교수로 대한다. 당신이 기대된 대상이 아닐 때, 당신은 누가 기대되는지 안다. 나는 교수로 보이지 않거나 그처럼 대해지지 않는 경험으로부터, 교수가 된다는 것이 어떤 것인지, 혹은 어떤 의미인지 더 잘 알게 된다.

---

* 영국에서 실행되는 일종의 자율방범대 시스템. 주민들의 자발적인 참여로 이루어진다.

킬조이 진실:

범주 안에서 '집처럼 편치' 않은 이들은 그 범주를 더 잘 아는 경향이 있다

내가 "저기, 나도 교수예요"라고 했다면 주의를 끌려 한다거나 자신을 알리려고 하는 말처럼 들렸을 것이다. 우리는 주의를 끌기 위해 "저기, 나 교수예요"라고 말할 필요도 없다. 하이디 미르자는 교수가 되어 공개 취임 강의를 했을 때 나누었던 대화를 묘사한다. "한 백인 남성 교수가 축하주 너머로 내게 몸을 기울이더니 귀에 대고 씁쓸하게 속삭였다. '뭐, 요즘은 아무한테나 아무 걸로 교수 자리를 주죠.'"[11] 유색인 여성이 교수가 될 때, 그 자리는 지위와 가치를 잃는다. 그러니 맞다, 이방인으로 지목된 이가 (직업이나 장소에) 입성하면, 그들은 대체로 자산에 해를 입히는 것으로 여겨진다.

이런 발화의 목적이 우리가 여기에 속하지 않음을 상기하려는 것일 수도 있다. 당신은 <u>집처럼 편히</u> 느끼며 자연스럽게 움직일 수 없고, 푹 가라앉는 느낌을 약속받을 수 없다. 당신은 마치 꿍꿍이라도 있는 듯 의심스러운 사람이 된다. 의심스러운 사람이 되면 결국 더 철저한 감시 아래에 놓인다. 한 유색인 여성 학자는 이런 감시의 영향력을 다음과 같이 묘사한다. "자리를 유지하려면 백인보다 더 희어야 한다. 어떠한 선의도 주어지지 않는다. 잘못을 저지를 여지는 없다. 조금이라도 불확실하게 굴 여지도 없다. 감시는 너무나 삼엄하다." 백인보다 더 희어야 한다는 표현은 시사하는 바가 있다. 백인성은 깨끗하고, 좋고, 순수한 것이 되고, 이는 유색인들에게도 마찬가지다. 당신은 깨끗하고 좋고 순수한 것이 되는 데 이미 실패했거나, 너무나 쉽게 실패한다. 감시 아래서는 그 어떤 것이라도 실패의 증거로 이용될 수 있고, 당신이 하는 그 어떤 실수라도 당신이 그 자리에 있어서는 안 된다는 사실을 확증하기 때문이다.

킬조이 진실:

공간이 주어지는 것은 실수할 여지가 주어지는 것이다

어떤 이들에게 규범은 널찍하다. 그들에게는 공간이 더 주어진다. 규범은 무엇을, 누구를 기대하라고 지시한다. 만약 기대된 모습을 보이지 않는다면, 당신은 제자리에 있는 것이 맞냐는 질문을 받게 될 것이다. 당신은 여성 화장실에 들어간다. 하지만 만약 당신이 여성에게 기대되는 모습으로 나타나지 않는다면, 시설을 잘못 사용하고 있다는 말을 들을 것이다. 당신은 '여기에 있으면 안 되고,

다른 시설로 가는 것이 옳다'는 이야기를 들을 것이다. 당신이 사용하는 시설에 의문이 제기되는 것은 당신에게 의문이 제기되는 것이다. 어떤 공간을 차지할 당신의 권리에 의문이 제기되는 것은, 당신에게 어떤 범주를 차지할 권리가 있냐는 의문이 제기되는 것이다. 범주 역시 닫혀 있는 것으로 여겨질 수 있다. 예를 들어 '여성'이라는 범주를 문으로 닫아 버릴 수도 있다. 이방인이 된다는 것은 질문을 받고, 질문이 되고, 존재를 논하고, 자신을 설명하라는 요구를 받는 일이다. 질문들은 쌓인다. 당신이 오르고 돌아가야 할 산처럼. 어떤 이들은 다른 이들보다 <u>자기 자신을 설명하라는 요구</u>를 더 많이 받는다. 당신은 누구세요, 당신은 무엇인가요, 왜 이런 모습으로 나왔나요, 남자예요, 여자예요, 뭐가 문제예요, 어디서 왔나요, 아니 실제로요, 왜 그런 꼴이에요, 왜 그런 걸 원했나요, 왜 이걸 원치 않나요?

킬조이 진실:

누군가는, 그저 있기만 해도 질문의 대상이 된다

아니면 오직 질문거리가 되거나 대화의 주제가 되기 위해 테이블 주위로 초대받을 수도 있다. 한 유색인 트랜스젠더 학생이 지도교수의 성적괴롭힘과 트랜스젠더

194

혐오적 괴롭힘에 대해 항의했다. 교수는 계속해서 그의 젠더와 생식기에 관해 상당히 선을 넘는 질문을 해댔다. 이런 질문들은 학생의 안녕을 걱정하는 언어로 짜여 있었고, 그가 고국에서 연구를 진행했더라면 위험한 상황에 놓였으리라는 판단을 전제하고 있었다. 인종차별적 평가는 자주 검은색이나 갈색인 다른 곳, '거기'에 위험을 위치시킨다. 트랜스젠더 혐오적 평가는 자주 '여기'에, 트랜스젠더의 몸 안에 위험을 위치시킨다. 마치 트랜스젠더라는 사실 자체가 그 자신에 대한 폭력을 초래하기라도 하는 것처럼.

학생이 항의하자 어떤 일이 일어났느냐고? "사람들은 그저 제 젠더 정체성 때문에 제게 어떤 물리적 위험이 닥칠 수 있다고 그[지도교수]가 믿을 만한 상황이었는지만을 따져 보려 했어요." 그는 덧붙였다. "그가 걱정하는 게 옳지 않냐는 듯 말이에요." 항의했기 때문에, 그가 항의하게 만든 질문들이 다시 던져진다. 이런 질문들은 걱정을 옳은right 것으로 만들고 심지어 권리right로, 걱정할 권리로 바꾸어 놓는다. 오늘날 너무나 많은 괴롭힘이 걱정할 권리의 탈을 쓰고 저질러진다. 우리는 ('시민'으로서) 이민에 관해 걱정할 권리가 있고, ('여자-성인'으로서) 성별 기반의 권리를 걱정할 권리가 있다. 걱정할 권리는 누군가가 자기가 말하는 그 사람이 아니며 지금 있는 곳에 있을 권리가 없다는 의심에 근거한 폭력이 저질러지는 방식이다.

왜 어떤 테이블에 함께 자리하거나 당신이 곧 질문거리나 대화 주제가 되는 토론에 임하는 것을 거부하는

195

일이 중요한지 알게 되었을 것이다. 테이블이 철학 안에서 예시로 이용될 때 결국 어떻게 사라지는지 다시 한번 생각해 본다. 테이블 주위에서 당신의 존재를 논하라는 요구는 곧 당신 자신이 사라지는 것을 목격하라는 요구다. 트랜스젠더 페미니스트 철학자 탈리아 매 베처Talia Mae Bettcher는 「테이블이 말을 하면When Tables Speak」이라는 촌철살인 제목을 단 기사에서, 철학 안에서 테이블이 사라지는 문제는 철학 안에서 사회·정치적 이슈들이 다루어져 온 방식과 관계있다고 말한다. "일부 철학자들 사이에 인종, 젠더, 장애, 트랜스젠더 이슈 등에 관한 철학적 연구가, 테이블이 실제로 존재하느냐는 질문에 관한 연구와 방법론적으로 다르지 않다고 생각하는 경향이 퍼져 있는 듯하다."[12] 우리 중 누군가 '인종, 젠더, 장애, 트랜스젠더 이슈'에 관한 철학적 대화에 임하면, 그건 테이블이 말을 하는 것과 별반 다르지 않다. 우리가 곧 이슈가 구현된 존재일 때, 우리는 그것을 우리 삶이나 행동주의로부터 추상화해 낼 수 없다.

우리가 테이블에 관해 계속 이야기하는 것은 놀랄 일이 아니다. 어쩌면 그건 우리가 예시, 즉 본보기로 취급된다는 것이 어떤 건지 알기 때문인지도 모른다. '본보기로 취급된다made an example'라는 표현은 일벌백계라는 뜻도 될 수 있다. 페미니스트 킬조이의 형상은 그런 의미에서 본보기로 취급된다. 페미니스트 킬조이가 나타나 내가 가장 몰두하는 주제가 되기 전에 마지막으로 쓴 책『퀴어 현상학—지향, 사물, 다른 것들Queer Phenomenology: Orientations, Objects, Others』에서 나는 또 다른 철학

자인 현상학자 에드문트 후설Edmund Husserl에 관해 이야
기했다. 때로 그 책을 나의 '작은 테이블 책'이라고 부르는
데, 책 서문에서 그 이유를 설명했다.

후설의 글에서 잠깐 드러났을 뿐인 테이블이 한번 눈에
들어오자, 테이블을 따라다닐 수밖에 없었다. 테이블을 따
라가면 어디에나 도달할 수 있다. 그래서 나는 후설을 따
라 테이블로 갔고 그가 등을 돌리자 방황하기 시작했다.
나는 내 테이블 앞에, 내 삶의 서로 다른 지점에서 문제가
되었던 서로 다른 테이블 앞에 앉아 있는 자신을 발견했
다. 이 테이블들이 중요한 의미를 지니기를 얼마나 바랐
던가![13]

내가 페미니스트 킬조이적 예민함 때문에 이처럼
테이블에 집착하게 되었다는 것을 안다. 테이블에 관해
쓰는 것은 페미니스트 킬조이가 내 작업에 등장할 수 있
도록 그를 위한 테이블을 차려 두는 방법이었다.
테이블은 우리가 질문을 받거나, 질문 자체가 되
는 장소일 수 있다. 킬조이 철학자가 되는 것은 질문의 방
향을 바깥으로 돌리는 일이다. 우리는 누가 질문거리가 되
고 누가 그러지 않는지 질문한다. 1장에서 당신과 당신 파
트너에게 제대로 된 대명사를 사용하라고 요청하기만 해
도 어떻게 킬조이가 되는지 지적했다. 단순히 성가신 일이
기 때문만이 아니라 다른 이들에게 요구를 강요하는 것처
럼 여겨지기 때문에 킬조이가 되는 것이다. 어쩌면 과거에
는 사람들이 차이를 알아볼 수 있다고 가정했을 것이다(혹

은 우리가 과거에 그랬으리라고 가정하는 건지도 모른다). 저기 그녀she가 있네, 저기 그he가 있네, 안녕하세요, 선생 sir, 부인madam. 어쩌면 과거에는 모두 그녀는 그녀고, 그녀는 그와 함께이고, 그는 그고, 그는 그녀와 함께라고 가정했을 것이다. 페미니스트, 퀴어, 트랜스젠더 운동 등에 참여하는 것은, 이런 식으로 가정하기를 거부함으로써 세상을 열어젖히고, 우리 자신을 열어젖히는 일이다. 우리는 차이를 알아볼 수 있다고 가정하거나 '그녀'와 '그'가 쓸 수 있는 표현 전부라고 가정하지 않는다. 우리는 누가 누구고, 누가 누구와 함께인지 가정하지 않는다. 우리는 서로를 어떻게 불러야 하는지 서로에게 묻는다.

질문 하나조차도 강제, 자유의 제한으로 취급될 수 있다. 사실 규범이나 관습을 더 포용적으로 만들고자 의문을 제기하려 애쓰는 이는 그 누구라도 곧바로 다른 이들의 자유에 제약을 강제한다는 평가를 듣는다. 규범은 그 덕에 뭔가 할 수 있는 사람들에게는 자유로 느껴지는 제약이다. 따라서 규범에 도전하는 것은 거의 언제나 다른 이들의 자유를 제약하는 일로 취급된다. 대명사를 가정이나 주장이 아니라 질문이나 선호의 문제로 바꾸는 것은 또 한 번 킬조이가 되는 일이다. 그녀인지, 그인지, 그들인지 물어봐 달라는 것처럼 작은 변화만 요청해도, 마치 천지개벽을 요청하기라도 한 듯 과장된 반응을 낳는다. 어쩌면, 정말 어쩌면, 우리가 정말 천지개벽을 요청하고 있는 건지도 모른다. 로런 벌런트가 설명하듯, "국가가 승인한 이름이나 전통적으로 그 이름에 결부된 대명사로 호명되지 않겠다는 지극히 사소한 주장조차도 '과도하다'는 말을 듣는다".[14] 일상적인 호명 방식을 조금만 수정하라고 요청해도 우리는, 벌런트의 용어를 빌리자면 "규범적 삶과 그 삶을 구성하는 관습 및 제도의 재생산에 성가신" 존재가 된다.

킬조이 다짐:

나는 기꺼이 성가신 존재가 되겠다

다른 이들에 대해 (가령 그들의 젠더를) 함부로 가정하기를 거부하는 것은 세상에 덜 밀착되는 방법일 수 있다. 가정도 하나의 습관이다. 습관이 되었다는 것은 그것에 관해 생각할 필요가 없다는 의미다. 습관은 유용하기도 하다. 운전에 관해 생각할 필요가 없는 덕에 차를 운전하며 다른 생각을 할 수 있으니 말이다. 하지만 습관으로서의 사회적 가정을 숙고해 보면, 그것들이 얼마나 자연스럽고, 명백하고, 불가피하게 보이는지 배울 수 있다. 우리는 어떤 일에 관해 생각할 필요가 없어졌기 때문에 있는 그대로 그 일을 한다. 어떤 가정에 의문을 제기하는 것은 그것에 관해 고민하고, 우리가 서로 소통하는 모든 단어와 모든 용어를 생각하고 숙고하고 검토해야 할 대상으로 바꾸는 일이다.

페미니스트 킬조이 철학자가 되는 일은 생각되지 않는 것, 습관적인 일상의 가정과 예측이 되어 버린 것에 관해 생각하겠다는 다짐이다. 모든 범주는 생각의 기회가 되고, 오래되고 낡은 설명(자연, 문화, 역사, 생물학)을 치워 버리면 모든 관행은 질문의 대상이 된다. 질문으로 세상을 활짝 열기만 해도 아주 심한 적개심의 대상이 된다. 그러나 이를 통해서도 우리는 배울 수 있다. 우리는 기존에 배치된 것을 질문하지 않는 데 얼마나 큰 노력이 들어가 있는지 배운다. 앞에서 역사는 습관이 되었기 때문에 자연스럽거나 불가피하게 보일 수 있다고 말했다. 역사는 너무나 많은 것을 생각 없이 이루어질 수 있게 해서 삶을 살아가는 우리의 여정을 더 쉽게 만든다. 따라서 이전에 무엇이 습관적이었는지 인식하게 되면 자기 자신의 역사로부터 소외될 수도 있다.

이쯤에서 행복에 관한 페미니스트 비평으로 돌아올 수 있겠다. 가능성을 제약하는 것이 행복을 위해 필요한 일로 정당화된다면, 페미니스트가 됨으로써 그 가능성을 의식할 수 있게 된다. 때로 우리는 더는 가능하지 않을 때 그 가능성을 의식한다.

킬조이 진실:

가능성을 의식하는 데는 그 상실을 애도하는 일이 필요할 수 있다

　　그러니 페미니스트 의식을 향한 여정이 우리를
페미니스트 킬조이에게 데려다 놓는다 해도 놀랍지 않다.
어쩌면 당신 자신의 즐거움을 망쳐야 한다고 느낄지도 모
른다. 페미니스트가 되는 것은 우리가 이미 포기한 것이
무엇인지 의식하는 일이다. 아이리스 매리언 영은 어떻
게 여자아이들이 "여자애처럼 던지는" 법을 배우는지 설
명한다. 아이들은 자기 자신을 행위의 주체로 삼지 않으
며, 영이 "억제된 의도성inhibited intentionality"이라고 부
르는 것을 드러낸다. 영은 또 여자아이들이 "해야 할 일
을 해낼 수 있는 자신의 능력에 대해 자신감이 결여된" 경
우가 많음을 보여 준다. 그리고 지적한다. "우리는 해야
할 일이 우리 능력을 넘어선다고 미리 (대부분 잘못된 생
각인데) 결정하고 따라서 최선을 다하지 않는다."[15] 우리
의 능력에 대해 우리가 내리는 결정이 항상 우리에게 달
린 것은 아니다. 우리는 늘 누가 무슨 일을 할 수 있다는
(그리고 할 수 없다는) 메시지를 받는다. 당신이 해낼 수
없다는 이야기를, 여자애들은 할 수 없다는 이야기를 들으

면, 당신은 자신이 할 수 있는지 의심하게 된다. 그럼 결국 그 일에 전력을 다하지 않게 되기도 한다. 그렇게 일을 해내지 않으면, 완수하지 않으면, 당신이 할 수 없다는 그 평가는 사실로 판명된다. 젠더 규범은 때로 사건이 일어나는 역순으로 작용한다. 보통은 어떤 일을 하는 것은 할 수 있기 때문이라고 가정한다. 마찬가지로 하지 않는 것은 할 수 없기 때문이다. 하지만 우리는 종종 하기 때문에 할 수 있고, 하지 않기 때문에 할 수 없다. 시간이 지나면서, 여자아이들은 할 수 없는 일을 애초에 가능하지 않은 일로 여기며 자신감이 적은 몸으로 지내는 법을 학습한다.

　　　　제약되는 것은 가능성만이 아니다. 우리 중 일부는 공간을 덜 차지해야 한다고 배운다. 차지하는 공간이 적을수록 더 적은 공간을 갖게 된다. 대화 역시 공간이 될 수 있다. 너무 많은 공간을 차지하면 페미니스트 킬조이가 된다고 앞에서 이야기했었다. 우리 중 누군가는 무슨 말이라도 하면 너무 많은 공간을 차지한다는 평가를 듣는다. 더욱 페미니스트 킬조이가 될수록 더욱 자신감을 얻게 되는 이유도 그래서다. 페미니스트가 되는 여정은 우리가 어떻게 공간을 덜 차지하라고 배워 왔는지를 (따라서 우리가 가진 공간보다 더 많은 공간을 가질 수 있었음을) 알게 되는 길이다. 학생일 때 겪은 괴롭힘에 관해 한 교수와 나누었던 대화가 떠오른다. 그는 스스로 보호하기가 얼마나 어려웠는지 묘사했다. "지도교수 한 사람이 언어적으로 저를 계속 괴롭혔어요. 사실, 점점 어떤 선에 다가가고 있었는데, 그 선만 넘으면 그가 뭘 하고 싶은 건지 꽤 분명해졌겠죠. 그냥 그 선을 밀어붙이고 제 자신감을 추켜

세워서 캠퍼스 밖에서도 자기를 만나게 하려는 거였어요. 그게 불편했어요. 교수는 어떻게든 저한테 말을 걸 방법을 찾았고, 그걸 '그냥 편하게 대하는 거야'라는 식으로 표현 했어요. 우리는 늘 예의 바르고, 신중하고, 최대한 문제를 일으키지 말아야 한다고 배우잖아요, 아닌가요."

여자애로서, 학생으로서, 예의 바르고, 신중하고, 문제를 일으키지 않고, 어떤 사람이, 어떻게 되어야 한다고 배움으로써 우리는 더 취약해지고, 자신을 보호해야 하는 선까지 누군가가 밀어붙이는 것을 막을 의지를 잃거나 그럴 수 없게 된다. 싫다고 말하면 반사회적이라는 평가를 받을 것을 아는 상황에서, 싫다고 말하기는 쉽지 않다. 가해자뿐 아니라 그런 가해자가 있게 한 구조에 대고 싫다고 말하려면, 지금까지 좋고 옳은 방향이라고 들어 왔던 사람이 되기를 거부해야 하기 때문이다. 하지만 싫다고 말한다는 것은 지금까지 어떤 방식으로 배워 왔는지 의식하게 된다는 의미이기도 하다. 젠더를 '가르침lesson'으로 의식하기 시작하면, 젠더를 잊고 이전까지 습관이었던 것으로부터 멀어진다.

페미니스트 킬조이를 철학자로 여기는 것은 페미니스트 의식을 얻는 데 얼마만큼의 시간이 드는지 생각해 보는 또 하나의 방법이다. 샌드라 리 바트키가 지적하듯 "한 사람이 페미니스트가 되려면, 그는 우선 '한 사람'이 되어야 한다". 바트키는 페미니스트가 되는 일이 그저 "자기 자신과 타인에 대해 급진적으로 변화된 의식을 기르는" 것뿐만이 아니라 그가 "사회적 현실"[16]이라고 부르는 것에 대한 의식을 바꾸는 것이라고 묘사한다. 이런 변화

과정은 끊임없이 일어난다. 심지어 스스로 페미니스트라고 정체화한 이후에도, 우리는 뭔가를 알아차리기 위해 계속해서 노력해야 한다. 페미니스트 킬조이가 우리 자신보다 앞서 등장할 때가 많은 것도 그래서다. 한 석사과정생은 높은 기대를 품고 새로운 학기를 시작했다. 그리고 모든 것이 "시작되었다". "X 교수의 두 번째인가 세 번째 강의에서 시작되었어요, 그랬던 거 같아요. 경고음이 울리는 몇몇 징후가 있었는데 제 첫 반응은 피해망상 좀 그만 갖자, 모든 걸 젠더로 보는…… 페미나치 같은 짓 좀 그만하자는 거였어요. 아시잖아요, 네가 너무 의미 부여하는 거야, 좀 물러설 필요가 있어."

비록 그 소리는 머릿속에서 울리지만, 경고음은 외부 세계의 위험을 알린다. 우리가 경고음이 들리는 모든 대상을 경계하는 것은 아니다. 이 학생은 교수의 행동보다 자기 자신을 문제 삼기 시작한다. 자기 자신에게 말을 걸어 꾸짖는다. 스스로를 문제 삼으면서 그는 페미나치라는 페미니스트에 대한 고정관념을 끌어오고, 스스로 페미니스트로 규정하면서도 페미니즘과 거리를 둠으로써 즉각적 반응과도 거리를 둔다. 하지만 교수의 행동이 반복적으로 발생하는 만큼 계속해서 이를 알아차린다. "그 교수는 기본적으로 백인이 아닌 사상가는 학기가 끝날 때까지 다루지 않았어요." 교수는 한 여성 사상가를 "그다지 수준 높지는 않다"라고 소개한다. 학생은 뭔가 잘못되었다는 자신의 첫인상이 옳았음을 깨닫게 된다. "그래서 저는 아니, 싫어, 싫어, 싫어, 젠더 측면에서만 뭔가 잘못된 것이 아니라 그냥 저 사람이 가르치는 방식 자체가 너무나도 잘못됐어, 그게 다야 하고 생각했죠." 학생이 뭔가 잘못되었다고 느낀 자신이 옳았음을 깨달을 때, 싫<u>다</u>는 말이 여러 번 등장한다. 그 모든 싫다는 말 '싫어, 싫어, 싫어, 싫어'는 그가 자신의 판단에 점점 자신감을 느끼게 되는 소리다.

킬조이 격언:

다른 이들이 뒤따를 수 있게 '싫다'고 내뱉으라!

받아들이기를 거부하는 대상으로 인해서도 킬조이가 될 수 있다. 성차별주의는 **통상적인 지혜**received wisdom로 묘사될 수 있다. 성차별주의가 지혜롭다는 것이 아니라, 받아들여야 마땅한 것이라는 의미다. 당신은 교수를, 그가 얼마나 지혜로운지, 그가 얼마나 지혜로우리라고 여겨지는지를 받아들여야 한다. 그의 정전과, 커리큘럼과, 그의 말을 받아들여야 한다. 그가 무슨 말을 하든지 간에. 이전 장에서 말했듯 우리는 정전을 숭배하다 못해 <u>집어삼켜야</u> 한다. 그래서 학생이 젠더와 인종에 관한 에세이를 쓰고 싶다고 하자 교수는 대답한다. "네가 그 좆 같은 주제로 글을 쓰면 넌 내 강의에서 씨발 과락하게 될 거야. 네가 그게 이 수업에 맞는 질문이라고 생각한다면 넌 씨발 내가 지금까지 말한 걸 아무것도 이해하지 못한 거

205

야." 잘못된 질문을 던지면, 폭력적인 교정의 소리가 들린다. 그다음 그는 교수가 자신을 평가절하하는 말을 듣는다. "그러고 나서 교수는 '아니, 너도 알지, 넌 씨발 나이도 많고, 점수도 별 상관없잖아, 학계에서 어차피 아무 일도 못 할 테니까 원하는 걸로 아무 에세이나 써. 과락하겠지만, 상관없어.'" 그는 잔소리쟁이이자 마귀할멈이 된다. 질문을 이해하지 못하는 페미니스트, 늙은 데다가 틀리기까지 한 여자, 틀리는 것이 문제조차 되지 않을 만큼, 나아가지 못할, 어차피 나아가지 않을 것이니까, 그만큼 늙은 여자.

그는 나아가지 않았다. 증언을 마무리하며 학생은 자신이 박사과정까지 이어 갈 기대로 석사를 시작했다고 말했다. 하지만 이내 말했다. "그 문은 닫혔어요." 무엇 때문에 그 문이 닫혔는지는 페미니스트 활동가에 관한 장에서 더 자세히 이야기할 것이다. 우선 '그 문은 닫혔어요'라는 표현에서 잠깐 멈추어 보겠다. 꽤 흔한 표현이다. 하지만 학생이 그 말을 했을 때, 나는 실제로 문이 쾅 하고 닫히는 소리를 들었다. 나는 그 문을 알아차렸다. 페미니스트 킬조이들이 철학자가 될 때 우리는 테이블을 문으로 바꾼다. 테이블을 알아차리는 것은 우리가 무엇으로부터 소외됐기 때문에 그것을 보게 될 때를 의미한다. 그렇다면 왜 문을 알아차리는가? 우리가 하려는 뭔가가 가로막힐 때 우리는 그것을 알아차리게 된다. 문을 열 수 없을 때 더욱 문을 알아차린다.

문은 중요하다. 우선 비유로써 중요하다. '그 문은 닫혔어요'라는 말은 길이 막혔거나 기회를 잃었다는 뜻이

206

다. 문은 또한 경첩으로 왔다 갔다 하는 평범하고 익숙한 사물로서도 중요하다. 문은 경계이자 입장 지점인 동시에 퇴장 지점이며, 누가 오가는지 통제하는 수단이기도 하다. 오드리 로드의 유명한 에세이 제목을 빌리자면, 문은 '주인의 도구'가 될 수 있다. 문을 통해 누군가에게는 건물에 들어갈 권리가 주어지고, 다른 이들은 침입자가 된다. 문지기가 된다는 것은 어떤 기관이나 직업의 '문을 붙잡고' 있는 일이다. 예를 들어 철학에는, 철학자가 되려면 통과해야 할 여러 문이 있다. 철학을 문이라고 정의할 수도 있다. 한번은 주디스 버틀러에게 문과 철학의 관계에 관해 물은 적이 있다. 그는 대답했다.

철학자들이 서로를 철학의 정의에서 배제하려고 애쓰는 방식은 사실 그들의 직업적 관행의 일부였는데, 해당 분야를 사회학적으로 묘사할 때는 항상 이 점을 언급해야 합니다. 다른 이가 '실제로는' 철학자가 아니라는 주장에는 언제나 심각하고 권위적인 측면이 있었습니다. 이런 주장은 때로는 우월하다는 분위기를 조성했고, 또 어떤 때는 조롱의 행위로 이루어졌지요.[17]

우리는 '실제로는' 그 학문을 하지 않는다고 여겨지는 사람으로부터 그 분야에 관해 아주 많은 것을 배운다. 철학자의 테이블에 집착하게 된 내 이야기만 해도 내가 '실제로는' 철학자가 아니라는 의미로 들렸을 수 있다. 페미니스트들은 자주 철학을 포함한 학문 분야와 킬조이적 관계에 있다. 우리는 그다지 학계를 집처럼 편하게 느끼지 않는다. 킬조이를 철학자처럼 여기는 것이 그가 '실제로' 철학자가 맞는다고 주장하는 일이 아닌 것도 그런 이유에서다.

　　문이 계속해서 나타난다는 사실은 세상이 어떻게 구성되는지, 그 문을 통과하려면 무엇을 해야 하는지 말해 준다. 지도교수에게 괴롭힘을 당한 또 다른 학생이 있었다. 유색인 퀴어 여성인 그는 노동계급 출신으로, 가족 중에서 처음으로 대학에 들어간 사람이었다. 그리고 그것을 위해 정말 힘들게 싸워야 했다. 그는 동경하는 이로부터 조언을 얻었다. 힘겹게 싸운 끝에 그는 원하는 곳에 있게 되었다. 하지만 여전히 뭔가 잘못된 것 같다. 그는 점점 더 불편함을 느낀다. 지도교수는 계속해서 경계를 밀어내고, 캠퍼스 밖에서, 그다음에는 카페에서, 그다음에는 자기 집에서 그를 만나고 싶어 한다. 학생은 처음에는 [핸들handle을 잡은 듯] 상황을 다루려고handle 애쓴다. 그는 말했다. "항상 캠퍼스 안에서만 만나고, 문을 열어 두려고 갖은 애를 썼어요." 그는 '현실의 문'을 열어 두는 동시에, 교수의 행동을 떨쳐 버리려 종류가 다른 문(이 문을 의식의 문이라고 부를 수 있을 것이다)을 닫는다. "그가 그런 종류의 폭력을 저지르고 있다는 걸 인정하면 제 발목을 잡는 거라고 생각했어요." '발목을 잡다.' 폭력을 인정하면 스스로 발전을 방해하는, 자기 자신의 킬조이가 된 것처럼 느껴질 수 있다. '인정하다admit'라는 말에는 진실을 털어놓는다는 의미도 있지만 뭔가를 들여보낸다는 뜻도 있다. 문에는 모순이 있다. 그가 문을 열어 둔 것은 다루고 있는 진실을 들여보내지 않음으로써 인정한 것이다. 하지

208

만 핸들이 항상 작동하는 것은 아니다.

"어느 날 동료와 점심을 먹고 있는데 교수가 자기 나체 사진을 문자로 보내기 시작했어요. 이제 정말 임계점에 다다랐다는 생각이 들었고, 정말, 더는 상황을 다룰 수가 없었어요. 제가 이것 좀 보라고 말했고 동료는, 그냥, 아시잖아요, 아무 말도 못 했어요. (……) 그러고는 그 상황이 갑자기 제게 스며들고, 동료에게도 스며들고, 함께 나누고 있는 이런 대화에도. 이런 걸 받고 있어야 하는 상황이 얼마나 끔찍하고 폭력적인지, 그렇잖아요. 결론적으로는 그래서 절차를 개시한 거예요."

핸들은 때로 우리를 향한 폭력이 우리에게 스며들거나 새어 들어가지 못하도록 막는 데 쓰인다. 핸들이 작동하지 않으면, 폭력은 그뿐 아니라 그의 동료에게도 스며든다. 대화에도, 그 대화를 나누고 있는 장소에도 마찬가지다. 폭력이 들어서면 항의가 나간다. 임계점은 어떤 일이 개시되기 위해 도달해야 할 지점인지도 모르겠다.

인정하는 일은 어렵다. 폭력을 안으로 들인다는 것은 아주 많은 것을 포기해야 한다는 의미일 수도 있다. 괴롭힘은 심지어 자신에게 일어나고 있다 해도, 혹은 바로 그 이유로 인정하기 힘들 수 있다. 어쩌면 나체 사진을 받는 것처럼 무슨 일이 일어나고 있는 건지 안 보고 넘어갈 수는 없는 어떤 지점에 다다라야 하는 건지도 모른다. 거기까지 가더라도, 심지어 그때조차도 여전히 그런 행위를 변명하거나, 혹은 다른 이들이 변명하게 시킬 수도 있지만 말이다('실수였어' '원래 저러는 거 알잖아' '별 뜻 없었을 거야'). 이런 변명들이 결국에는 당신 주변에 존재하고, 당신을 둘러싼다. 변명은 무슨 일이 일어나기도 전에 문을 닫아 버리는 방법이 된다. 우리는 뭔가를 보지 않고 떨쳐 버리기 위해 닫혀 있는 문을 이어받는다. 문을 여는 일이 절대 단 한 가지 행위로 완수되지 않는 이유다. 일어난 일이 틀렸음을 스스로 인정한다 해도, 이 학생처럼 노력해서 그 이야기를 알리면, 수많은 변명과 정당화를 듣게 된다. 그리고 더 많은 문이 닫힌다.

이 **킬조이 진실**을 기억하라. 받아들일 수 있는 데 한계가 있으므로 마주할 수 있는 데에도 한계가 있다. 때로 우리는 이미 마주했던 것 때문에 뭔가를 받아들일 수 없게 된다. 그 뒤에 뭐가 있는지 알기 때문에 문을 닫아 두는 것이다. 한 여성이 교수 회의에 참석한다. 테이블에서 여성은 그뿐이다. 그는 이런 상황에 익숙하다. 평상시와 다를 바 없는 상태다. 그러나 그때 테이블에 앉은 한 남성이 어두운 방에서 여성을 뒤쫓는 행위를 들먹이며 성차별적 발언을 한다. 교수는 어떻게 그 발언으로 남성들 간 유대의 순간이 만들어졌는지 묘사했다. 방 안 분위기가 어떻게 변했는지, 터지는 웃음과 마치 자기가 주인공이 된 듯한 흥미. 이미 익숙해졌을지라도, 성차별과 이성애중심주의는 수많은 만남의 표면에서 부글거리다가 언제든 당신을 때릴 수 있다. 교수는 아무 말도 하지 않았다. 아무런 행동도 하지 않았다.

자신이 느낀 소외감과 실망, 슬픔을 표현한 뒤 그는 내게 말했다. "'그 얘긴 하지 말자' 파일에 분류해 두는 거죠." 우리 중 많은 이가 그렇게 한다. 자기 일을 계속하고, 가장 다루기 힘든 것들은 분류해 치워 버린다. 이 파일은 우리가 이미 알아차린 것들로 가득 차 있음을 기억해 두라. '그 얘긴 하지 말자' 파일은 우리가 무슨 이야기를 들어 왔는지 말해 준다. 킬조이 철학자는 그 파일을 열어 무엇이 거기에 담겨 치워져 버렸는지 자세히 살핀다. 이 사실도 기억해 두라. 그 파일을 열면 단지 그 안에 있는 것만 보는 것이 아니다. 당신은 파일 안에 있는 것들 때문에 보이지 않는 것을 본다.

때로 우리는 뭔가를 알아차리지 않으려 애쓴다. 알아차리면 더는 우리 일을 할 수 없게 될 것이 뻔하기 때문이다. 또 어떤 때에는 뭔가가 일하는 것을 가로막기 때문에 그것을 알아차린다. 어쩌면 당신에게 문을 열 열쇠가 없을지도 모른다. 그게 실제 열쇠일 수도 있다. 특정한 잠금을 해제할 수 있도록 정확한 지시 사항에 따라 만들어진 열쇠 말이다. 신체도 열쇠가 될 수 있다. 때로 문이 닫혀 있는 것은 당신이 그 문을 열 수 없어서다. 당신이 밀기에는 너무 무겁거나 통과하기에 너무 좁을 수도 있다. 이동에 제약이 있는 이들에게는 많은 문이 쓸모가 없다. 장애인들에게 어떻게 어디로 들어가는지 알려 주는 데에는 접근 표지판이 이용된다. 타냐 티치코스키Tanya Titchkosky가 말하듯, "파란 배경에 하얀 작대기로 그려진 형상"은 "휠체어 사용자의 상징"이 되었다. 티치코스키는 또한 진입로 표시에 표지판을 사용해야 한다면 "전반적으로 접근성이 부족하다는 가정이 있어야 마땅하다"라고 지적한다.[18]

하나의 가정을 중심으로 하나의 세상이 생겨날 수 있다. 테이블과 문은 그것들을 이용하는 신체를 가정

211

한다. 에이미 햄라이Aimi Hamraie는 지적한다. "아무 출입구나 창문, 화장실, 의자, 혹은 책상을 자세히 살펴보라. (……) 그럼 그걸 이용하기로 되어 있는 신체를 대략 알 수 있다."[19] 뭔가를 사용할 수 없다면, 당신은 그것을 자세히 살펴보고 의식하게 된다. 그 무게와 크기를 알아차리고 그 성질을 파악한다. 해야 마땅한 일을 하는 데 필요한 것을 이용할 수 없으면, 그것을 면밀히 조사하게 된다. 우리는 세상과 관계 맺는 일이, 앞으로 나아가거나 세상을 향해 가는 일이 어려워지거나 그 자체로 위기가 될 때 조사를 시작한다.

킬조이 진실:

세상이 당신을 위해
만들어지지 않았을 때
당신은 세상을 알아차린다

내가 킬조이 철학자로서 설명 중인 내용은 무수한 장애학 연구에서 지적된 지점이다. 로즈마리 갈런드톰슨Rosemarie Garland-Thompson은 불일치를 다음과 같이 설명한다.

페미니스트 킬조이

212

불일치misfit*는 환경이 거기에 들어가는 신체의 모양과 기능을 지탱하지 않을 때 발생한다. 일치와 불일치를 만들어 내는 신체와 세계 사이의 역학 관계는 역동적인, 그러나 상대적으로 안정적인 신체와 환경이 만나는 공간적·시간적 지점에서 생겨난다. 우리가 삶을 영위하도록 지어지고 배치된 공간은 대부분의 신체에는 일치하고, 예를 들어 장애인처럼 소수적 형태가 체현된 존재에는 불일치하는 경향이 있다.[20]

더 이전의 기사에서 갈런드톰슨은 불일치가 "두 가지 사이의 조화롭지 않은 관계, 둥근 구멍 속 네모난 말뚝"[21]이라고 묘사했다. 당신의 몸에 맞는 모양으로 만들어지지 않은 규범에 맞추려고 애쓰면, 당신은 부조화를 만들거나 부조화 자체가 된다.

우리를 위해 만들어지지 않은 공간에 자신을 맞추려 애쓸 때 우리는 자신의 몸을 더 의식하게 된다. 킬조이 철학은 생각에 관해 생각하는 또 다른 방법을 제공한다. 우리는 우리 몸과 함께, 또 몸으로부터 생각한다. 심지어 우리가 소진되는 상황조차 통찰을 제공할 수 있다. 중압감과 투쟁의 물질성에 관해서 말이다. 우리는 계속해서 마주하는 것들로부터 배운다. 몸을 의식하게 된다는 사실은

---

*   misfit은 '미스핏'이라고 그대로 쓰이거나 대부분 '부적합'으로 번역되고, 가끔 '불일치'로 번역된다. '부적합'은 정해진 조건이 있고 거기에 도달하지 못한다는 의미를 내포하므로 여기에서는 '불일치'로 옮겼다.

세계에 관해서만큼이나 우리 몸에 관해 많은 것을 알려 준다. 우리는 수용되지 않기 때문에 철학을 논하고, 수용되지 않을 때 철학을 논한다! 들어가기 위해 끝도 없이 다른 출입 지점을 요구해야만 할 때 우리는 네모난 말뚝, 불일치, 킬조이가 된다.

한 장애인 학생과 그가 학위를 마칠 수 있도록 당연히 조정되어야 하는 것들을 얻어 내기 위해 기울였던 노력에 관해 이야기를 나눈 적이 있다. "그들은 제가 조정을 필요로 하는 걸 자기네 인생의 지긋지긋한 고통으로 여겼고, 그나마도 계속하려면 제가 극도로 비굴하게 매번 감사하기를 바랐어요. 아마 그것보다도 훨씬 큰 걸 원했겠죠. 제가 뭐 그 사람들을 위한 치어리더라도 데리고 나타났더라면, 그랬다면 아마 받아 줄 만하다고 생각했을 것 같아요." 수용하라는 요청을 하면 다른 사람을 성가시게 만들 뿐 아니라 성가신 <u>존재</u> 그 자체로 매도된다. 그리고 당신은 마치 성가심에 보상이라도 하듯 상냥히 웃어야 한다. 페미니스트 철학자 매릴린 프라이Marilyn Frye가 관찰했듯, "억압받는 이들은 자주 웃고 즐겁게 지내라는 요구를 받는다. 이런 요구에 부응하는 것은 우리가 온순하며 상황에 순응한다는 것을 보여 주는 일이다".[22] 웃지 않고 감사를 표하지 않고 기관을 위한 치어리더가 되지 않기만 해도, 순응하지 않고 투덜대고 과도한 요구를 하는 킬조이로 여겨지기에 충분하다.

어떤 방에 접근할 수 없다고 지적하면, 당신은 킬조이로 보이는 데다가 잠재적으로 다른 이들이 선택한 방을 빼앗을지도 모르는 사람으로 여겨진다. 그리고 당신이 계속해서 그 방이 접근 불가하다고 지적해야 하는 것은 아마 저들이 계속해서 접근이 불가한 방을 예약하기 때문일 것이다. 한 장애인 학자가 계속 그런 지적을 하는 것이 어떤 느낌인지 이야기해 주었다. "저는 제가 주목의 대상이 될까 봐 조심해요. 하지만 휠체어 탄 사람을 고용하면 그런 일이 생기죠. 대학에서 떠들썩한 접근성 이슈가 있었어요." 그는 "중압감, 피로, 내가 왜 총대 메는 사람이 되어야 하지?" 하는 느낌에 관해 이야기했다. 당신은 다른 사람들이 하지 않기 때문에 총대를 메야 한다. 그리고 당신이 그렇게 했기 때문에, 다른 이들은 자신의 침묵을 정당화할 수 있다. 저들이 당신의 말을 들으면 모든 것이 당신의 문제가 되고 '떠들썩한 이슈'는 당신의 이슈가 된다. 당신이 계속해서 말하는 것이 그들이 계속하기 때문이라 해도, 같은 말을 반복하는 것처럼 여겨지는 사람은 당신이다. 당신의 말은 같은 지점에서 계속 튀는 고장 난 레코드처럼 들린다.

　　　고장 난 레코드 같은 페미니스트 킬조이. 여기에서 무슨 소리가 들린다. 『알링턴파크 여자들의 어느 완벽한 하루』속 장면을 다시 떠올려 보라. '말하고 또 말하는' 누군가의 말에 끼어들었다고 줄리엣이 거슬리는 사람 취급을 당했던 장면 말이다. 누군가 같은 말을 반복한다고 여겨지는 것은 무엇이(그리고 누가) 시야에 들어오지 않는지의 문제다. 성적괴롭힘에 대해 항의했던 한 학생과 나눈 대화가 떠오른다. 그는 항의 경험을 묘사했다. "불공평, 현존하는 권력관계, 사람들이 반드시 봐야만 하는 것들에 주목하게 만들려 애쓰죠. 하지만 그런 것에 주목하

게 하려는 순간 사람들이 주목하는 건 바로 저예요." 문제
에 주목하라고 했더니 결국 당신에게 주목이 쏟아졌다면,
그 문제는 시야에 들어오지 않는다. 시야에 들어온 것은
당신이기 때문이다. 학생이 자기가 어떻게 보여지는지 볼
때, 그는 다른 이들이 보지 않는 것도 본다. 바로 '불공평,
현존하는 권력관계'다.

킬조이 등식: '알아차림=페미니스트 킬조이의 망치'
로 돌아갈 수 있겠다. 킬조이가 되는 건 어떻게 어떤 것
들은 끝내 알아차려지지 않는지 배우는 일이다. '떠들썩
한 접근성 이슈'를 다루는 과정에서 자신이 '주목의 대
상이 될까 봐 조심'한 장애인 학자는 방에 들어가는 것을
가로막는 문을 알아차렸다. 아마 그는 그 문을 열 수 있
는 이들은 문이 접근 불가하다는 것을 알아차리지 못했다
는 사실도 알아차렸을 것이다. 하지만 그는 그 점을 지적
했을 때 사람들이 어떻게 그에게서 문제를 찾음으로써 계
속해서 문을 알아차리지 않는지도 알게 되었다. 실제 문
뿐만 아니라 다른 사람들의 의식이라는 문에 대고 계속해
서 망치질하는 것은 진이 빠지는 일이다. 그리고 결과적으
로, 행사나 기관의 접근성을 개선하기 위해 문을 여는 일
의 책임을 몇몇 사람이 뒤집어쓰면서, 더 많은 문이 닫힌
다. 킬조이가 되면 다양성을 꿰뚫어 보게 되는 것도 그래
서다. 다양성은 흔히 행복한 테이블과 열린 문으로 재현된
다. 열린 문은 슬로건을 통해 환기된다. 앞에서 말한 환영
사처럼. '소수자 환영, 들어오세요, 들어오세요!'

킬조이 진실:

당신을 환영한다고 해서,
당신이 등장하기를
기대한다는 것은 아니다

우리 중 일부는 당연히 다양성을 동반하리라고 여겨진다. 그러나 아마 등장과 동시에 우리는 환영받지 못하거나 지나치게 많은 것을 바꾸려 들지 않는다는 조건으로 환영받는다는 것을 깨달을 것이다. 앞서의 학자는 자신을 "다양성과 진보적인 커리큘럼을 도입하라고, 약간의 문화적 변화를 보조하라고 데려온" 거라고 설명했다. 한 조직이 '약간의 문화적 변화를 보조하라고' 누군가를 임명할 때, 그것이 꼭 조직 내부 사람들이 보조받을 의지가 있다는 뜻은 아니다. 그 학자는 자신의 경험을 다음과 같이 설명했다.

"부교수진에서 유일한 여성인 게 상당히 괴로운 경험이라는 걸 알게 됐어요. 성차별적인 대화가 많이 이루어졌죠. 무슨 공중화장실에 있는 것 같았어요. 모두 상상 이상으로 부적절했어요. 인종차별적인 대화도 많았죠. 항상 학과장을 '그 흑인 남자애'라고 불렀어요. (……) 학과장은 페미니스트 이슈나 정책, 장학금에 아주 열성이고 엄청 관심이 많은데, 그도 이중생활을 하는 거나 다름없었

217

어요. 저는 다양한 배경에서 온 사람이 실제로 차이를 만들 수 있다고 생각했고, 그래서 그 자리를 승낙했어요. 대학에서 가시적인 장애가 있는 사람 중 제가 가장 높은 자리에 있었죠."

당신은 다양성과 평등에 대한 공식적인 약속과, 일상적으로 이루어지는 대화 사이에서 간극을 발견한다. '페미니스트 이슈에 엄청 관심이 많은' 고위급과 그 고위급의 행실 사이에서 말이다. 이 학자는 '다양한 배경'에서 온 사람을 고용하는 것이 차이를 만들지 않음을, 자신이 왔다는 사실이 차이를 만들지 않았음을 깨달았다. 학교는 그가 왔다는 사실 자체를 차이가 만들어졌다는 표지로 이용할 수 있었고, 실제로 이용했음에도 말이다. 당신의 다름이 차이를 만들지 않아도 당신은 여전히 긍정적이어야 한다. 너무나 많은 부정적 요소, 그 많은 성차별적 대화와 그 많은 인종차별적 대화를 못 본 체해야 한다는 의미다. 긍정적이어야 한다는 요구는 환경의 적대성을 감추는 수단일 수 있다. 또 다른 유색인 여성은 자신의 학과를 "회전문"으로 묘사했다. 여성들과 소수자들은 들어와 봤자 곧바로 돌아 나가게 된다. 휙, 휙. 안에 들어간 뒤 당신이 알게 된 사실로 인해 내보내질 수도 있다.

문은 열린 것처럼 보임으로써 닫힐 수도 있다. 한 흑인 여성은 백인 학과장에게 인종차별적 괴롭힘과 따돌림을 당했던 이야기를 해 주었다. "학과장은 관리자로서 자신의 입지를 유지하고 싶어 했던 것 같아요. 저는 별 볼일 없는 서민처럼 굴고요. 무슨 뜻인지 아시죠. 그가 주인이고, 저는 하인 비슷한 게 돼야 했던 거예요. 그게 백인우

218

월주의를 작동시키는 그 사람 특유의 방식이었어요. 제 학력과 학문적 능력을 비하했을 뿐 아니라 학생들 앞에서 절비하하고, 행정 직원들 앞에서 절 비하했죠."

그게 인종 때문이라는 것을 어떻게 아는가? 우리가 자주 듣게 되는 질문이다. 우리는 인종차별주의로 인해 그게 인종 때문임을 안다. 우리는 백인성을 (아니면 이 여성이 그랬듯 있는 그대로 부르자, 백인우월주의를) 밀접하게 알게 된다. 계속해서 발생하기 때문이다. 백인 기관 내부의 교수, 그것도 곧 석좌교수가 될 예정인(지금은 석좌교수가 되었다) 부교수 흑인 여성이 거기까지 도달한 것 자체가 분수를 모르고 제 상황과 제 자신을 뛰어넘은, 주제넘은 일로 여겨진다. 누군가를 비하하는 일은 명령이 될 수 있다. '작게 머물러라!' 그 명령을 거부하는 것은 자신을 넘어서는 일, 과도한 존재가 되는 일이다. 기억하라, 페미니스트 킬조이는 대상을 실제보다 크게 만드는 것처럼 보인다. 우리는 또 우리 자신을 더 크게 만들려고 애쓰는 것처럼 보인다.

그는 덧붙였다. "석좌교수가 되기 위해 열심히 노력하겠다고 적어 놨는데, 학과장이 제 면전에 대고 웃었어요." 웃음은 문이 쾅 하고 닫히는 소리가 될 수 있다. 우리 중 누군가는 석좌교수가 됨으로써 침입자가 된다. 누군가가 허락받지 못했다는 말은 들어가기 위해 허락이 필요하다는 의미다. 우리 자신을 위해 더 많은 것을 원함으로써 우리는 흑인 혹은 갈색 피부의 페미니스트 킬조이가 된다. 무엇을 할 수 있고 누가 될 수 있는지 우리가 스스로 생각하는 것이 저들의 평가치를 넘어서기 때문이다. 인식은 때로 문이 된다. 당신이 어떻게 보이는지에 따라 당신은 가로막힐 수 있다. 우리가 항상 가로막힌다는 뜻이 아니라 우리 중 일부는 인식의 문을 통과하기 위해 더 열심히, 더 많이 일해야 한다는 뜻이다. 인식이 문이 될 때, 그 문에 가로막히지 않는 이들은 문을 인식하지 않는다. 이 사실은 중요하다. 당신이 문에 가로막혔는데 그 문이 남들에게 인식되지 않는다면, 당신 스스로 가로막은 것처럼 보인다.

우리는 가로막히는 방식으로부터 세계가 어떻게 만들어졌는지 알게 된다. '일치되지 않음not fitting'은 문을 여는 것처럼 쉽고 간단한 행위처럼 보이는 일을 완수하는 데 드는 노력과 에너지의 문제일 수 있다.

그렇다면 '일치됨fitting'은 무엇일까? 일치된다는 것은 같은 행위를 완수하는 데 시간과 노력, 에너지가 덜 든다는 의미다. 세상이 당신을 위해 만들어졌다면 당신이 생각할 필요도, 할 필요도 없는 것은 정말 많다.

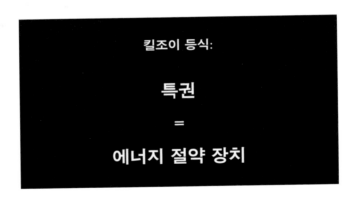

킬조이 등식:

특권

=

에너지 절약 장치

어떤 이들이 열려 있는 기관을 본다면 그들에게

열려 있었기 때문이다. 조직을 보는 이런 시각이 '공식적' 시각에 부응하고 그로써 확증된다고 덧붙이고 싶다. 문이 개방되어 있고, 누구나 들어올 수 있다는 이미지 말이다. 이때 개방성은 대상의 특성으로 여겨질 뿐 대상과의 관계는 아니다. 그저 어떤 이들은 문을 알아차릴 필요가 없다는 단순한 문제가 아니다. 이들은 어쩌면 문을 알아차리지 않는 데 몰두하고 있을 수도 있다. 문을 알아차리지 않는 데 몰두하는 것은 기관과의 관계를 보호하는 문제다.

젠더와 성별에 관해 질문했을 때 그게 어떻게 잘못된 질문이 됐었는지 다시금 생각한다. 아마 우리는 여기에 누가 있고 누가 없는지 물을 것이다. 석좌교수진에는 왜 흑인이 없는지, 가장 높은 임금을 받는 사람은 왜 전부 남성인지도 물을 것이다. 우리는 특정한 이들만 승진 조건에 일치하도록 하는 구조를, 말하고 행동하는 방식과 서로 간의 관계 덕에 그들에게는 문이 활짝 열려 있다는 사실을 지적한다. 일치하는 이들은 어쩌면 '일치된fit' 것을 [적합한 자기 자신에 대한] 자기 기술self-description로 여길 것이다. 이런 기술에서는 다윈의 진화론을 다시 쓴 허버트 스펜서의 '적자생존survival of the fittest' 개념을 체화한 것처럼 곧장 환기한다. 마치 좋은 성과를 냈거나 나은 평가를 받는다는 사실이 자신들이 기준에 '일치'하는 것이 아니라 '적합'하다는 증거이기라도 한 것처럼.

킬조이 등식:

적자생존

=

일치하는 이들의 생존

페미니스트 킬조이 철학자가 되는 것은 구조를 설명하는 일이다. 구조라는 단어가 추상적으로 들릴지도 모르겠다. 여기에서 내가 말하는 구조란 무엇인가? 구조는 다양한 부분 사이의 복잡한 배치를 이르는 말이 될 수 있다. 내 책『쓸모란 무엇인가?—쓸모의 쓸모에 관하여 What's the Use?: On the Uses of Use』에서 나는 일치됨을 엄밀한 의미의 구조 측면에서 고민하기 시작했다. 나는 다윈이 어떻게 자연선택을 설명하면서 '쓸모use'라는 단어를 활용했는지 탐구했다. 다윈은 디자인이나 설계 없이 지어진 건물의 비유를 든다. 이 돌, 혹은 저 돌이 선택된 것은 다윈의 묘사에 따르면 '우발적accidental'인 일로, 건물에 사용된 돌은 어쩌다 보니 들어맞은 것이다. '우발적'이라는 단어는 자동차 충돌 같은 사건을 떠올리게 한다. 하지만 우연accident이라는 단어는 단순히 의도하지 않았거나 예기치 못한, 공교롭게 발생한 일을 의미하기도 한다. 특정한 돌이 일치한 일 자체는 우연이더라도, 그 돌을 선발할 때에는 여전히 물리적 성질, 즉 크기와 모양이 고려된

페미니스트 킬조이

222

다.[23] 하나의 기관 역시 선발 과정을 거쳐 형성된다. 아마 이 선발 순간은 우발적으로 보일 것이다. 이 돌이 벽에 난 저 구멍과 우연히 같은 크기인 것처럼 이 사람, 혹은 저 사람이 우연히 요구 조건에 일치했다는 듯 말이다. 건물이 한번 지어지고 형태가 갖추어지고 나면, 아무래도 특정한 일부가 다른 것들보다 요구 조건에 더 일치하게 된다. 공백을 채우는 데 필요하다고 여겨지는 자질을 계속해서 같은 사람들이 갖추게 되는 것이다. 그 공백이 그들을 염두에 두고 만들어졌다면 말이다. 그렇게 되면 마치 어떤 사람들은 그저 우연히 일치되는 것처럼 보인다. 구조가 만들어진 방식 때문이 아니라.

　　이런 외관은 곧 주장으로 바뀐다. 구조를 지적하면, 우연이었다는 답변이 돌아온다. '우리가 여기 있는 건 그저 어쩌다 요구 조건을 충족했기 때문이다.' 구조는 이렇게 '우연히' 사라진다. 우리는 (우리 자신을 킬조이 철학자라고 부르자) 대답한다. '당신들이 요구 조건을 충족하는 이유는 당신들이 그것을 만들었기 때문이다.' 제도는 그 안에서 살아남거나 번영하는 데 필요한 요구 조건을 공고히 하면서 재생산된다. 그들은 아마, 더 강경한 어조로, 어쩌면 자격merit이라는 단어를 써 가며 자신이 그 자리에, 더 높은 곳에 있는 것은 자신이 더 낫고 심지어 가장 훌륭하기 때문이라고 대답할 것이다. 한 엘리트 기관에 방문 연구원으로 있었던 때가 떠오른다. 나는 동료들이 끊임없이 모든 것에 최고라는 단어를 붙인다는 것을 끊임없이 알아차렸다. 최고의 와인, 최고의 이것, 최고의 저것. 어쩌면 그들은 자기 자신을 설득하려고 애쓰고 있었거나 최고라는 단어가 결국에는 달라붙어 받아들여지기를 바라고 있었는지도 모른다. 철학자로서 킬조이는 누가 무엇을 정의하는지, 다시 말해 무엇이 받아들여지는지에 민감하게 반응한다. 우리는 대답한다. '당신이 최고여서 여기, 혹은 그 위에 있는 것이 아니라, 당신이 여기, 혹은 그 위에 있어서 당신이 최고인 것이다. 달리 말하자면, 당신 주변을 최고로 정의한 것은 당신이다.'

다양성은 자주 최고가 아닌 이들을 돕는 뒷문, 보조 도구로 채색된다. 그러나 자격을 갖춘 덕에 그 자리에 있다고 여겨지는 이들이야말로 가장 많은 보조를 받는다. 그리고 구조적으로 일부에게 주어진 보조는 구조와 더불어 사라진다. 그러고 나면 더 멀리, 더 빨리 나아가는 사람들은 자유의지로 그렇게 하는 것처럼 보인다. 백인 남성이 지배적인 조직에서 '유색인이면 직장 얻기가 더 쉬워'라거나 '다양성 전형으로만 채용된다니까' 같은 발언이 내뱉어지는 것도 그런 이유다. '평등한 기회'는 이처럼 차별적인 것으로 취급된다. 어떤 이들이 들어가거나 통과하는 것을 더 어렵게 만드는 구조와, 다른 이들이 더 쉽게 통과하고 전진하도록 하는 구조는 같다. 그렇다면 구조를 지적하고 문이 누구에게 열려 있는지 (그리고 누구에게 열려 있지 않은지) 가시적으로 드러내려고 애쓸 때 거대한 저항에 맞닥뜨린다 해도 놀랄 일은 아니다.

킬조이 진실:

구조에 도전하면 할수록 더욱 구조를 맞닥뜨리게 된다

구조가 우연처럼 사라진다 해도 여전히 구조를 엿볼 수 있다. 구조가 동상으로, 개인적 성취의 기념비로, 누가 숭배되고 존경받아야 하는지에 관한 이야기로 전환되기 때문이다. 동상, 저 오래된 덩어리old block를 생각해 보라. '판박이chip off the old block'*라는 표현은 흔히 아들이 아버지를 닮았을 때 그 친부자 관계를 가리키는 데 쓰이지만, 제도가 어떻게 아버지의 이미지 안에서 자신을 재생산하는지 이해하는 데도 도움이 된다. 철학자로서 킬조이는 옛 덩어리를 천천히 깎아 나간다chip away at the old block.

같은 것을 계속해서 재생산하지 않는 데는 노고가 든다. 많은 조직에서 이 일을 위해 평등 전문가나 다양성 책임자를 임명한다. 그러나 조직이 자신을 변화시킬 사람들을 임명한다고 해서 변화할 의지가 있다는 의미는 아니다. 한 다양성 책임자는 자기 일을 '벽돌로 된 벽에 머리를 부딪치는 직업'**이라고 표현했다. 직업에 관한 묘사

---

* 직역하면 '옛 덩어리로부터 떨어져 나왔다'는 뜻으로, 부모를 쏙 빼닮은 사람을 가리킨다.

** bang one's head against a brick wall이라는 표

225

가 벽에 관한 묘사가 된다. 의미 없이 쓰라린 반복 지점인 벽돌 벽에 머리를 부딪치는 일. 당신은 같은 것에 몇 번이고 봉착한다는 느낌을 받게 된다. 따라서 조직이 그를 임명했음에도 그는 조직을 자신의 노력을 차단하는 벽으로 느낀다. 어쩌면 그의 노력이 차단되는 것은 '임명되었음에도'가 아니라 바로 임명을 통해서인지도 모른다.

킬조이 진실:

우리는 제도를 변화시키려고 애쓰면서 제도에 관해 배운다

제도는 변화를 추구하는 것처럼 보임으로써 현상을 유지한다. 한 교수는 임명 위원회에서의 경험을 이야기해 주었다. 그가 일했던 대학교에서는 대우의 평등을 확보하려는 노력으로 입사 지원자의 성과를 평가하는 다양한 시스템을 도입했다. 그는 임명 과정에서 실제로 일어났던 일을 묘사했다. "누가 그렇게 말하는 거예요. 저 여자 발표가 탁월하긴 했는데, 솔직히, 같이 한잔하고 싶은 건 저 남자잖아요. 그러니 숫자를 조정합시다." 한 사람이 일치된다고 여겨질 때, 숫자는 거기에 일치하도록 조정된다.

현은 '무의미한 노력을 하다' '헛된 짓을 하다'라는 의미의 관용적 표현이다.

일치함은 어울림fitting in과도 관계가 있다. 임명될 확률이 가장 큰 이는 공통의 문화에 참여할 수 있는 사람이다. 공감대를 형성할 수 있고, 함께 지내기가 더 낫다고 여겨지는 '같이 한잔하고 싶은 남자' 말이다. 앞에서 습관은 시간과 에너지를 절약한다고 이야기했다. 제도에도 습관이 있다. 이미 있는 사람들의 모습을 반영한 특정 종류의 사람만이 계속 임명된다는 점에서, 고용 역시 습관이 될 수 있다. 그 습관을 타파하고자 새로운 정책과 과정이 도입된다 해도, 습관적으로 이루어지던 일들이 이루어지는 것을 항상 막을 수는 없다.

벽은 당신이 재생산하지 않으려 애쓰는 바로 그것 때문에 나타난다. 한 다양성 책임자는 임명 위원회의 모든 학자 구성원이 다양성 교육을 받아야 한다고 규정하는 새 정책을 마침내 승인받았던 기나긴 이야기를 해 주었다. 특별히 야심 찬 정책도 아니었다. 그는 다양성 교육을 필수로 요구한다 한들 임명 과정에서 더 많은 다양성이 고려되리라는 보장은 없다는 것을 이미 알았다.

그 이야기가 길어진 이유는 조직 내 다양한 관계자가 새 정책에 저항했기 때문이었다. 평등및다양성위원회에서 정책을 승인했지만, 인사 책임자는 승인 사실을 회의록에서 지워 버렸다. 그러나 회의록이 상위의 다른 위원회로 올라갔을 때, 해당 위원회 소속이자 평등및다양성위원회 소속인 위원이 삭제 사실을 알아차렸다. 그래서 회의록은 다시 이전 위원회로 돌아가 수정되어야 했고, 이 모든 노력 끝에 정책은 간신히 승인되었다. 그러나 기관 내 다른 사람들은 정책이 승인된 적 없다는 듯 행동했

227

다. 다양성 책임자는 회의 때마다 같은 내용을 지적한다. 계속해서 이전 정책을 들먹이는 동료들에게 새로운 정책이 생겼으며 상위 위원회에서 의견을 바꾸지 않았다고 설명해야만 한다. "제가 회의록을 주겠다고 말하면, 모두 엄청나게 바보 같은 소리라도 들은 것처럼 저를 그냥 쳐다봤어요. 한참 동안 이런 일이 계속됐어요. 상위 위원회 회의록에 분명 모든 구성원이 교육을 받아야 한다고 쓰여 있는데도요. 그럼 솔직히 가끔은 그냥 포기하게 되죠." 페미니스트 킬조이 생존 팁을 이야기하면서, 우리가 지워지기 때문에 킬조이의 역사가 쓰이기 어렵다고 지적했었다. 이 다양성 책임자 역시 증거가 있는데도, 아니 오히려 그 때문에 지워져 버렸다. 새로운 정책이 생겼기 때문에 모두 그것이 존재하지 않는 것처럼 굴어야만 하는 것이다. 그리고 다양성 전문가와 새 정책을 지워 버렸기 때문에, 그들은 기존의 방식으로 같은 사람들을 임명하며 하던 일을 계속한다.

  새 정책을 만들고자 노력한 이들은 아무런 결과를 얻지 못하는 데 든 노고를 알고 있다. 그러나 변화를 이뤄내기 위한 실제적인 노력만이 벽을 드러나게 만들 수 있다. 벽에 부딪히지 않는 사람들에게 벽은 드러나지조차 않는다. 조직은 아마도 조직 강령과 다양성 강령 내용처럼 행복하게만 보일 것이다. 벽돌 벽을 그처럼 단단하게 만드는 것은 다른 이들은 그것을 인식조차 못 한다는 사실이다. 실제 벽이라면 적어도 손으로 가리킬 수라도 있을 텐데. 비록 실제 대상들도 사라지게 만들 수 있긴 하지만 말이다. 실제 벽은 단단한 자재로 만들어진다. 물리학에서 경도는 물질에 힘이 작용할 때 변하지 않도록 하는 저항 값을 가리킨다. 물질이나 다름없게 되어 버린 것을 변화시키려고 애쓸 때, 우리는 변화에 대한 저항의 물질성을 마주한다. 벽에 대고 조그마한 물건을 던지면, 물건은 산산이 부서질 것이다. 벽에는 무슨 일이 생기는가? 어쩌면 표면에 작은 흠집이 생길지도 모른다. 제도를 변화시키려고 애쓰는 일도 때로 그렇게 느껴진다. 표면에 흠집을 내고 또 내는 일. 우리는 조그마한 물건이 될 수 있다. 우리는 산산이 부서질 것을 알면서도 벽에 자신을 던진다. 킬조이 이야기에 그처럼 많은 부서짐이 등장하는 이유다.

벽에 부딪히지 않는 이들은 벽에 관해 이야기하는 이들을 벽을 만드는 자로 여긴다. 페미니스트 킬조이들은 벽을 만드는 자로 자리매김한다. 문제를 존재하게 만든다고 여겨지는 것은 그 문제를 지적한 우리다. 벽을 유령처럼 비물질적인 것으로 치부할 때, 또 다른 벽이 나타난다. 그러면 우리가 어떤 일을 하지 못하고 어떤 존재가 되지 못하도록 가로막는 것은 우리 자신이라고 여겨진다. 그래서 우리는 배운다. 실제이고, 구체적이라는 의미에서 가장 단단한hardest 것이 항상 물체의 형태로 있지는 않다. 설령 같은 테이블에 앉아 있대도, 모두가 그것을 인식하거나 만질 수 있지는 않다.

킬조이 진실:

누군가에게는 가장 단단한 것이 다른 이들에게는 존재하지 않는다

같은 테이블에 앉아 있으면서 다른 세계에 있을 수 있다. 같은 테이블, 다른 세계. 오, 페미니스트 킬조이들이 그걸 어떻게 아느냐고! 그걸 살아 내고 있으므로 아는 것이다! 우리는 테이블을 둘러싼, 분위기가 불편해지는 바로 그 장면을 이야기하면서, 페미니스트 킬조이들이 왜, 그리고 어떻게 철학자가 되는지 설명할 수 있다. 같은 테이블, 다른 세계.

우리는 테이블에서 시작해 문, 벽을 지나 다시 테이블로 왔다. 테이블 역시 중요하다. 물질적이라고 해서 모두가 모든 것을 인식하지는 않는다. 특권을 가진 이들이 철학을 논하면, 너무나 많은 물질적인 것을 놓치게 된다. 아무리 비판적으로 사고하고 탐구하고 숙고한다 해도 어떤 것들은 보이게 만들 수 없다. 어떤 것이 인식되지 않는 것은 어떤 이들이 그것을 강제로 존재하게 할 필요가 없기 때문이다. 페미니스트 킬조이들이 유독 강압적으로 보이는 것은 우리가 끝까지 해내야 하기 때문이다. 그렇다면 우리가 아는 방법과 우리가 하는 것 사이에는 연관성이 있다. 나는 세상을 바꾸려고 노력함으로써 철학을 논하는 방법을 가르쳐 준 앤절라 데이비스를 다시금 생각

230

하며 테이블을 내리친다. 상황을 변화시키려고 애쓰는 것은 지금 어떤 상황인지 아는 일이다. 그게 바로 페미니스트 킬조이들이 그토록 많은 것을 알게 된 이유이자 방법인 셈이다.

페미니스트 킬조이

사인

페미니스트 킬조이를 시인으로 여기노라면 우리만의 새로운 표현형식을 찾아낼 필요가 있다는 생각이 든다. 아무 말 하지 않고도 웃거나 미소 짓지 않아서, 현존하는 체제에 순응하는 모습을 보이지 않아서 킬조이가 될 수 있다고 앞에서 이야기했다. 하지만 때로 페미니스트 킬조이가 되려면 자기 자신을 표현하려는 노력을 기울여야 한다. 표현한다는 것은 밀어서 내보낸다press out는 의미가 되기도 한다. 표현expression이라는 단어의 의미 변화를 보면 알 수 있다. 이 단어는 "찰흙이 압력을 받아 특정한 형태를 띠듯, 매개적 감각을 통해 생각을 말로 나타내거나 이야기하는 것"[1]을 의미하게 되었다. 찰흙을 상상해 보면, 어떤 대상에 형태를 부여하는 일뿐만 아니라 우리 자신이 압력을 받아 특정한 형태를 띠게 되는 일도 함께 떠오른다. 스스로 표현하기 위해서, 즉 우리 자신에게서 뭔가를, 혹은 우리 자신을 꺼내 놓기 위해서는 그 압력에 저항해야 할 때도 있다. '페미니스트 킬조이 시인'이라는 말은 그저 페미니스트 킬조이들이 자신을 표현하기 위해, 손에 든 과제를 해결하기 위한 도구 삼아 시를 쓴다는 의미가 아니다. 오히려 시는 순응하라는 압력 아래서, 생각을 말로 드러내고 사고와 감정에 형태를 부여할 방법을 생각하는 길이다.

시를 쓰는 모든 사람이 시인으로 나타나는 것은 아니다. 비평가이자 시인, 철학자이기도 한 클라우디아 랭킨은 '시인'의 인종차별적인 역사를 단도직입적으로 언급한다. 그의 시적이고 실험적인 텍스트 『오직 우리』에는 「백인성의 주에 대한 비망록Notes of the State of Whiteness」

235

이라는 토막이 있다. 이는 1787년 출간된 책『버지니아주에 대한 비망록Notes on the State of Virginia』* 일부를 재창작한 글이다.[2] 랭킨의 이 오래된 책에서는 몇몇 문장만을 볼 수 있다. 다른 문장들은 검게 칠해져 보이지 않는다. 칠해지지 않음으로써 강조되는 문장들이 당신을 뒤흔든다. 여기 일부 예시가 있다. "불행은 종종 시에서 가장 커다란 감동을 낳는다. 흑인들에게 불행은 충분하지만, 신께서 아시듯, 시는 없다. (……) 흑인에게서는 시인이 나올 수 없다."[3] 고차원적 문화로서 시는 마땅히 고차원적 사람들, 즉 백인들에게서 나와야 한다는 의미다. 괴로움에도 계급이 있다. 그렇다, 백인 시인도 우울할 수 있다. 그러나 그의 고통은, 그의 행복이 고귀하듯 심오하다.

> 킬조이 진실:
>
> ## 흑인과 갈색 피부의 사람이 시인이 될 때, 우리는 역사에 대항해 싸우는 것이다

---

* 버지니아주의 역사, 사회, 정치, 교육 등의 현황을 기록한 토머스 제퍼슨의 책.

창조하기 위해서는 누가 창조하는지에 관한 생각, 혹은 우리 자신이 창조할 만한 사람이 아니라는 생각을 밀어내야 할지도 모른다. 창조가 아직 존재하지 않는 뭔가를 만들어 내는 일이라면, 우리는 그렇게 하고 있고 또 할 수 있다. 우리 뒤에 있는 이들 덕분이다. 내 가족의 이야기, 특히 시인이었던 고모 굴자르 바노Gulzar Bano의 이야기를 생각한다. 고모는 삶을 살았던 방식 그대로 강렬하고 격렬하게, 사납게 시를 썼다. 고모는 비혼 여성, 무슬림 페미니스트였다. 그리고 여성들, 특히 폭력적인 제국주의 역사로 산산이 부서진 잔재에서 세워진 나라 파키스탄의 가난한 여성들에게 덜 가혹하고 덜 적대적인 세상을 창조하는 데 최선을 다했다. 고모는 자기 의견을 표현하는 것을 두려워하지 않았다. 심지어 고모를 독선적이라고 칭하는 이들도 있었다.

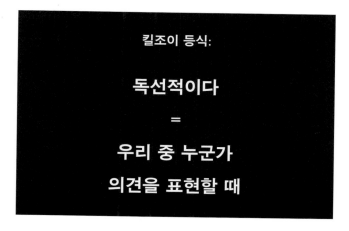

킬조이 등식:

독선적이다

=

우리 중 누군가
의견을 표현할 때

고모와 페미니즘, 그리고 고모가 가족 자서전에서

"여성의 힘WOMAN POWER"이라 부른 것을 향한 그 열정과 가까워지면서 나는 다른 정치 성향을 갖게 됐고, 세상 속 내 자리를 달리 생각하기 시작했다. 고모는 자식이 없었다. 관습적인 계보학에서 자식이 없는 여성은 종점이 된다.

딱 부러지고, 딱 부러지고: 직선의 끝.

올곧은 선을 따르지 않고, 무엇을 해야 한다거나 무엇이 되어야 한다는 말을 듣지 않고 멀찍이 떨어진 이들이 만든 페미니스트 킬조이 계보학에서는, 그 지점에서부터 삶이 펼쳐진다.

딱 부러지고, 딱 부러지고: 다시 시작.

페미니스트 킬조이, 갈색 피부의 페미니스트 킬조이인 나는 고모로부터 너무나 많은 것을 물려받았다. 시인으로서의 페미니스트 킬조이에 대한 모든 상념을 고모에게 바친다. 이 장을 열면서 나는 고집스러움wilfulness과 창조에 대해, 그리고 창조와 소통에 모두 필요한 물리적 자원에 대해 고민한다. 그러고 나서 내 킬조이 경로를 설정하는 데 영향을 미친 두 작가 에이드리언 리치Adrienne Rich와 오드리 로드의 시와 프로젝트에 관해 이야기하겠다(문틀에서 문, 문간으로 이어지는 논의다). 마지막으로 즐거움을 망치는 일, 즉 언어뿐 아니라 세계를 재배치하는, 배치에 삶을 불어넣는 일 어디에 시가 담겨 있는지 탐구한다.

페미니스트 킬조이를 시인으로서 생각하는 것은 페미니스트 킬조이가 되는 일의 창조성을 보여 주는 방식이다. 우리는 무엇을 하기를, 혹은 무엇이 되기를 거부함으로써 부분적으로 뭔가를 창조한다. 페미니스트 킬조이들이 창조적인 것은 킬조이임에도 불구하고가 아니라, 킬조이이기 때문이다. 그럼에도 여전히 창조성이 페미니스트 킬조이가 살아가는 상황과 거리가 멀다고 느껴질 수 있다. 킬조이의 작업 방식modus operandi은 오히려 파괴적으로 보이기 쉽다. 다시 한번 『가장 푸른 눈』 속 자신이 사랑해야 마땅할 백인 아기 인형을 조사하는 클라우디아를 떠올려 보자. 클라우디아는 인형이 어떻게 조립되었는지 알아보려고 인형의 팔다리를 해체한다. 어떤 면에서 킬조이의 작업에는 실제로 뭔가를 파괴하는 일이 필요하다. 한번 떼어 낸 것은 같은 방법으로 다시 조립할 수 없다. 우리가 그것을 원치도 않는다. 결국 그 인형 자체도 파괴적이다. 행복을 백인성과 등가로 두면 너무나 많은 이가 자신을 잘못되고, 아름답지 않고, 아무도 원치 않는 존재로 생각하게 된다. 사랑받지 못한다고 느끼는 것이다. 파괴적인 것을 파괴하는 일은 우리 중 더 많은 이가 세상에 반영될 수 있도록 하는 무언가를 창조하는 일이다.

우리는 다른 방식으로 새로 조립하려고 뭔가를 떼어 낸다. 어쩌면 그렇게 우리 자신도 다시 조립하는 것인지 모른다. 바로 그래서 그 행위는, 파괴적으로 여겨지든 말든, 연구하고 쓰는 방법일 뿐 아니라 이방인답게strangerwise 살아가는 방식이다. 이방인답게는 오래된 지혜를 의미하는 기이한 단어다. 이방인들, 세상으로부터 떨어지면서 그 세상을 알아차리는 이들의 지혜다.

앞 장에서 알아차림이 페미니스트 킬조이의 망치라고 이야기했다. 꽃병이 사라졌기 때문에 꽃병을 알아차리고 기이하거나 어울리지 않는 것이 눈에 들어온다면, 바로 거기에 시가 있다. 알아차림만 망치가 될 수 있는 것이 아니라 펜이나 키보드도 마찬가지다. 글을 쓰는 일은 단어들을 미세하게 움직여 조정함으로써 상황이 다르게 드러나도록 한다. 『가장 푸른 눈』이 어린이책에 등장하는 행복한 가족 이야기로 시작한다는 점을 다시금 상기해 본다. "여기 가족이 있습니다. 엄마, 아빠, 딕과 제인은 초록색과 흰색 집에 살고 있습니다. 모두 아주 행복합니다."[4] 그러고 나서 모리슨은 구두점과 단어들 사이의 간격을 없애 버려 이야기가 더는 말이 되지 않게 만든다. 이것이 바로 토니 모리슨이 시적으로 주의를 환기하는 방식이 창의적인 이유다. 그는 단어를 재배치해 그 단어가 묘사하는 대상과 우리의 관계를 바꿔 놓는다. 평범한 배열을 바꾸는 것은 킬조이의 일 중 많은 부분을 차지한다. 뭔가를 막으려면, 그것이 말이 되지 않도록 막아야 한다. 어떤 단어들은 꼼짝 못하게 갇혀, 우리 입에서 그렇게 쉽게 뱉어 낼 수 없게 되어야 한다.

> ### 킬조이 격언:
> # 세상이 말이 되지 않게 만들라!

어쩌면 시인이 된다는 것은 시인이라는 말을 포함해 다른 단어들이 우리 입에서 더 쉽게 굴러 나올 수 있

게 한다는 뜻일 수도 있다. 시인은 무엇을 하고 싶고 무엇이 되고 싶으냐는 질문에 대한 답이 될 수 있다. 시인이자 소설가인 아마 아타 아이두는 그 질문의 답을 찾았다.

> 열다섯 살 때, 선생님이 직업으로 무슨 일을 하고 싶냐고 물었고 나는 이유도 방법도 모르면서 시인이 되고 싶다고 답했다. 그로부터 4년 뒤 단편소설 대회에서 우승하고도, 대회를 주최한 신문을 펼쳐 신문 중간에 소설이 실려 있는 것을 보고 그 소설의 작가로 인쇄된 이름이 나임을 깨달았을 때에야 그 사실을 알았다. 그 순간이 내게 가장 중요했다고 생각하는데 왜냐하면 (……) 나는 꿈을 입 밖에 냈었고 (……) 인쇄된 이름을 보는 것은 내가 작가라는 주요한 확언이었다.[5]

시인은 무엇이, 또 누가 되고 싶냐는 질문의 대답으로 요청될 수 있다. 당신은 시인이 되기 전에 시인이 되기를 요청할 수 있다. 시인도 당신을 요청할 수 있고, 당신을 요청하면서 당신의 이름과 당신의 말이 마침내 인쇄되도록 할 수 있다.

나는 또 우리의 자매 킬조이 시시도 떠올린다. 그가 어떻게 여행하고, 여러 장소를 방문하고, 말을 꺼내고 퍼뜨리는지를 생각한다. 그는 "나의 소중하고 특별한"이라고 지칭한 연인에게 편지를 쓰지만 보내지 않는다. 편지는 연인의 지시 사항으로 시작한다. "그래, 모든 일에 긍정적이겠다고 다짐했던 걸 기억해. 네가 부정적인 건 사람을 갉아먹는다고 당부했으니까."[6] 하지만 연인이 암에 비교해 가며 당부했던 부정성의 침식성을 돌이켜 보면서 시시는 서구와의 유사성을 찾아낸다.

나는 동의하며 끄덕였어, 네가 매사 얼마나 야무지고 명료한지 새삼스러워 눈을 빛내면서. 하지만 정치적으로 유사한 예를 들어 네 지적을 더 잘 이해하려고 시도했을 때, 그렇다면 부정주의가 근대 서구 문명의 확장과 비슷한 게 틀림없다고, 왜냐하면 모든 생명의 숨통을 조였고 심지어 스스로 퍼져 나가는 과정에서 한 인종 전체를 말살했으니까라고 말했을 때, 네가 웃으며 말했던 것도 기억해. "또 시작이네, 시시, 넌 너무 심각해."[7]

　　페미니스트 킬조이, 혹은 킬조이 자매는 종종 저 심각하다는 단어에 붙들린다. '심각하다'는 고집스러운 단어다. 앨리스 워커Alice Walker는 '우머니스트womanist'*를 다음과 같이 묘사한다. "흑인 페미니스트 혹은 유색인 페미니스트로 (……) 보통 과격하고, 대담하고, 용감하거나 고집스러운 행동을 시사한다. '좋다'고 여겨지는 정도보다 더 깊이, 더 많이 알기를 원한다. (……) 책임감 있는. 책임지는. 심각한."[8]

　　너무 많이 알고 너무 많이 말하면 우리는 고집스럽다는 말을 듣는다. 그 정도면 우리에게 충분하리라고 사람들이 기대하는 바를 넘어서기 때문이다. 흑인 페미니

---

*　　'우머니즘womanism'은 백인 여성 중심 서구 페미니즘에 대한 비판에서 출발한 페미니즘 사상이다.

스트와 유색인 페미니스트들은 종종 의지대로 행동할 때, 혹은 그 때문에 고집스럽다고 여겨진다. 워커는 <u>고집스러운</u>과 <u>심각한</u>이라는 두 단어를 모두 강조한다. **책임지는**in charge 길로 향하는 이 단어들은 킬조이의 동반자다. 어떤 평가는 그 자체로 부정적인 비난charge으로 이해된다. 평가를 프로젝트로 전환하는 일은 결국 다시 충전되는 charged up 일이다. 전기처럼 말이다. 딱, 딱, 찌르르. 우리는 다시 이 소리로 돌아온다.

킬조이 격언:

고집스럽다는 비난을 들으면, 받아들이고 그 고집을 동원하라!

시시는 비난을 받아들인다. 비록 소설 속에서 등장하지만 우리는 시시를 킬조이 자매 시인이라고 부를 수 있을 것이다. 시시의 이야기는 선형으로 진행되지 않는다. 어떤 문장은 혼자 불쑥 나타나고, 짝지어진 문장들은 서로 다른 페이지에서 등장한다. 어떤 페이지의 글은 마치 시처럼 가장자리가 들쭉날쭉하고, 그 덕에 단어들은 더 날카롭고 명확하게 빛난다. 어떤 장은 알고 보면 시시가 썼으나 수신인에게 보내지 않은 편지로 드러난다. 독자로서 우리는 보내지 않은 편지의 수신인이 된다. 시시의 생각, 킬조이 생각이 페이지에 흘러넘친다. 어쩌면 킬조이 인물에게는 새로운 종류의 책이 필요한지도 모른다. 그가 그런 책을 쓸 수도 있다. 혹은 그런 책을 읽을 수도 있다.

새로운 종류의 책을 쓴다고 하면, 흑인 페미니스트 비평가이자 시인, 철학자인 벨 훅스가 '말대꾸'*하는 소리가 들린다. 그는 글쓰기에 관해 다음과 같이 쓴다.

[글쓰기는] 말을 포착하고, 붙잡고, 가까이 두는 방식이다. 그래서 나는 대화의 조각과 부분을 적어 내려, 너무 많이 만져서 곧 낱장으로 흩어질 값싼 일기장에 털어놓고, 내 슬픔의 강렬함과 발화의 (내가 언제나 잘못된 것을 말하고, 잘못된 질문을 하는 데 대한) 비통함을 표현했다. 내 말을 살아가는 데 필요한 구석과 걱정거리에만 가둬 둘 수 없었다. 나는 이 글들을 침대 밑에, 베개 속에, 색바랜 속옷 사이에 숨겨 두었다.[9]

종이는 값싸다. 그리고 중요한 만큼 금세 닳는다. 훅스는 글쓰기로 슬픔의 강렬함을 쏟아 내고 넘쳐흐르도록 하고 가득 채워서 그가 할 수 있는 곳, 그가 있는 곳, 그가 가진 장소, 침대 밑, 베갯잇 속에 넣어 둔다. 거기에 글을 두면 그가 듣는 '대화의 조각과 부분'에서 그의 생각과 감정이 후두두 굴러떨어지고, 그는 자신에게 주어졌던 공간을, 그가 가지는 것이 마땅하고 가질 수 있다고 허락

* 인용된 책의 제목은 『말대꾸—페미니스트를 생각하기, 흑인을 생각하기Talking Back: Thinking Feminist, Thinking Black』이다.

된 걱정거리, 구석, 방의 가장자리를 넘어선다. 우리에게 그토록 작은 방만을 주는 세상에 질문을 던지면 우리의 질문은 틀린 것이 된다. 벨 훅스는 글을 통해 가둬지기를 거부하고 자신의 말과 자신을 공간 전체에 넓게 펼친다.

새로운 종류의 책을 쓰는 것은 새로운 종류의 자아를 창조하는 일이다. 퀴어 치카나** 시인이자 이론가 글로리아 안잘두아Gloria Anzaldúa는 자신의 책 『경계 지대/경계선: 새로운 메스티사Borderlands/La Frontera: The New Mestiza』를 다음과 같이 묘사한다. "그 책은 자기만의 생각이 있어서, 내게서 도망치며 나의 의지로부터는 최소한의 지시만 받아 자기 퍼즐 조각을 맞추라고 고집했다. 그책은 반항적이고 고집스러운 실체, 너무 빨리 자라야만했던 조숙한 여자아이다."[10] 책은 자기만의 삶을 살 수 있다. 자기 생각을, 고집스러운 실체를, 자기 의지를, 고집스러운 의지를 지녔기 때문이다.

** 멕시코계 미국인 여성을 이르는 말. 원래는 인종차별적 표현으로 쓰였으나, 멕시코인의 정체성을 확고히 하고 그 자체로 존중받으려는 '치카노 운동'으로 지금의 의미가 확립되었다. 남성은 '치카노Chicano'라고 한다.

킬조이 등식:

고집스럽다

=

자기 의지가 있다

우리가 고집스러우면 우리에게서 나오는 것도 그렇다. 때로는 우리의 여러 부분이 그런 고집스러움을 물려받는다. 글로리아 안잘두아는 어떤 치과의사 이야기를 한다. 의사는 안잘두아의 치근을 닦으며 "화가 점점 치밀어 오르는 목소리"로 "이 혀를 어떻게 좀 해야겠다"라며 "이렇게 억세고 고집스러운"[11] 건 본 적이 없다고 말한다. 건강과 위생을 염려하며 의사가 안잘두아의 입속에 집어넣는 모든 기구가 곧장 다시 밀려 나온다. 마치 혀가 청소되기를 거부하는 것처럼, 혀가 감염병을 퍼뜨리고 있는 것처럼.

안잘두아는 그의 혀를 길들이려는, 그가 "영어를 하게"[12] 만들려는 수많은 시도를 묘사한다. 라틴학자 로르기아 가르시아 페냐Lorgia García Peña는 머리카락을 길들이는 데 실패했던 일을 통해 자신의 반항적인 성격을 묘사한다. "어머니가 내 머리를 완벽하게 (그리고 극도로 팽팽하게) 다섯 묶음으로 매만지고 나면, 나는 그걸 풀어버려 구불구불한 머리가 아무렇게나 날리도록 했다." 학

246

교 수녀들이 그의 머리를 얌전히 길들이려고 여러 수단을 시도했지만 페냐는 결론짓는다. "아무 소용이 없었다."[13] 바로잡히는 것을 거부할 때 우리는 우리 자신에 대해 뭔가 표현하는 것이다. 마땅히 따라야 할 곧은 길에서 벗어나면 우리는 고집스러운 사람이 된다. '잘못'이라는 뜻의 <u>에러</u>error는 '옆길로 새다'라는 뜻의 err에서 왔다. 우리는 옆길로 새고 정처 없이 멀어진다. 조금만 벗어나도 우리 자신을 위해 충분히 무언가를 만들어 낼 수 있다. 교정되는 것에 실패할 때 창조가 있다. 우리의 창조물 역시 고집스럽다.

매릴린 프라이 역시 <u>고집스럽다</u>라는 단어를 쓴다. "새로운 의미, 의미가 발생하는 새로운 장소, 그리고 이 세상에서 함께 살아갈 새로운 방식을 고집스럽게 창조하는 일은, 이토록 치명적으로 위험한 시기에 우리가 가진 최선의 희망으로 보인다."[14] 새로운 의미를 창조하는 일은 함께 살아갈 새로운 방법을 창조하는 일이다.

새로운 단어가 필요한 것이 새로운 일은 아니다. 페미니스트 킬조이를 시인으로 생각하면서, 나는 지원받지 못하는 이들, 말을 세상에 전할 수 있도록 하는 출판사나 제도적 위치를 누리지 못하는 이들을 위한 대안적 소통 체계를 상상한다. 수단은 곧 생명이 될 수 있다. 킬조이의 생명력을, 그의 시를, 그가 담고 있는 시를 현재를 위한 자원으로 불러내는 일은 다른 세상을 만드는 데 필요한 노력에 촉각을 곤두세우는 것이다. 지원받지 못하면 스스로 거기까지 도달할 다른 방법을 찾아내야만 한다. 1981년 최초로 출간된 『내 등이라 불리는 이 다리This

Bridge Called My Back』*, 그리고 페미니스트 킬조이로 살아남는 법을 이야기할 때 언급한 1988년 출간작 『여정의 기록』 등 흑인 페미니스트와 유색인 페미니스트들의 고전을 떠올려 본다. 우리가 살아남으려면 책이 필요하다. 책이 우리의 생존에 필요하기 때문이다. 두 문집 모두 시와 더불어 열정과 통찰로 꽉 찬 맹렬한 산문 텍스트가 들어 있다. 『내 등이라 불리는 이 다리』는 지금까지 4판이 출간되었다. 꼭 들어맞는 제목의 4판 서문 「불붙기Catching Fire」에서, 체리 모라가Cherrie Moraga는 다음과 같이 쓴다. "『내 등이라 불리는 이 다리』는 출간되고 또 절판되면서 20년 동안 10만 부 이상 팔렸다. 그리고 수천 명도 더 되는 사람이 읽었다. 귀가 접히고 커피 얼룩이 진 초기 판본들은 손에서 손으로 전해지고, 빌려지고 또 빌려지며 서점 서가에서 '해방되었다'."[15]

페미니스트 책이 주위를 돌아다니며 닳고 해지고, 해방된 책들이 다시 책들을 해방한다는 생각이 마음에 든다. 책은 페미니스트의 불이 될 수 있다. 책으로 우리는 '불붙는다'. 켜지고 타오른 그 모든 페미니스트의 불을 생각한다. 점화된 상상력과 화염에 휩싸인 바람, 그리고 분노도. 문학평론가 미셸 클리프Michele Cliff는 『불 속에서 이것을 쓸 수 있다면If I Could Write This in Fire』에서 『우리

---

*　　『내 등이라 불리는 이 다리』는 글로리아 안잘두아와 체리 모라가의 글을 모은 문집으로, 이 책에서 두 저자는 백인 중심 페미니즘을 비판하며 유색인 페미니스트로서의 경험과 교차성을 강조한다.

자매 킬조이』를 읽고 격앙되어 활활 타올랐던 때를 묘사한다. "그의 명징한 분노 속에서, 아이두의 산문은 직접적이고, 간결하고, 놀랍도록 신랄한 스타카토의 운문으로 쪼개진다. 마치 잘 정돈된 산문은 그의 격노 아래서 무너지리라는 듯이."[16] 클리프는 "식민주의에 대한 분노"를 담은 우리의 자매 킬조이 시시 이야기가 어떻게 자신을 자유롭게 해방해 "분노의 방향을 바깥으로 바꾸어 창의성으로 향하게" 했는지 이야기한다. 그래서 그는 불 속에서 쓸 수 있다면 그렇게 하고자 했다. 그리고 그렇게 했다. 불 속에서 쓰는 것은 불을 쓰는 것이다. 오드리 로드는 죽어 가는 와중에도 글을 쓰겠다는 자신과의 약속을 불을 쓰는 것으로 묘사했다. "나는 내 귀, 내 눈, 내 콧구멍에서, 모든 곳에서 불이 뿜어 나올 때까지 불을 쓰겠다. 불의 마지막 호흡까지 나는 숨 쉰다. 나는 빌어먹을 유성처럼 나설 것이다!"[17] 그래서 그는 그렇게 했다. 불을 씀으로써 당신은 나설 수 있다. 『내 등이라 불리는 이 다리』에 실린 모라가의 시 「용접공The Welder」은 불과 열이 어떻게 오래된 형태를 녹이고, 새로운 형태를 만드는 데 쓰일 수 있는지 강조한다. "건축물을 건축하는 건 녹아 내리는 강철의 내밀함, 당신 삶의 조각을 만드는 그 불."[18] 페미니즘, 특히 흑인과 유색인 페미니즘의 불로 우리는 짓는다. 세상이 우리를 수용하지 않을 때 우리만의 건축물을 지어야 한다.

책은 건축물이 될 수 있다. 우리는 우리 자신을 써서 존재하게 한다. 우리가 서로를 인용해 존재하게 하는 것이 페미니즘이다. 하지만 우리는 작업물을 바깥으로 내보내 우리의 상상력이 공유되고 불붙도록 할 방도를 찾아야 한다. 『여정의 기록』을 출간한 곳은 1980년 런던에서 여성 여섯 명이 창립한 독립 협동조합 '시바페미니스트프레스Sheba Feminist Press'였다. 그들은 자신들의 임무를 다음과 같이 설명했다.

끊임없이 주변화되는 여성 작가들의 작업을 우선한다. 이는 단순히 유색인 여성, 레즈비언, 혹은 노동계급 여성의 글을 출간할 채비를 하는 것 이상을 의미한다. 이는 이러한 공동체 내부 목소리의 다양성, 빠르게 범주화하고 내버리는 세상이 빈번하게 간과하는 다양성을 인식한다는 의미다. 시바는 다양성과 차이, 그리고 비판적인 열린 토론에 집중함으로써 명성을 쌓아 왔다.[19]

흑인영국페미니즘이라 불리는 조합이 부상하는 데 실로 중요한 역할을 한 『여정의 기록』과 같은 고전 외에도, 시바는 영국 최초로 오드리 로드의 작품을 출간해 페미니스트 독자들의 땀이 밴 손에 안겼다. 시바에서 출간한 또 다른 책으로는 『테이블 뒤엎기—여성들의 레시피와 사색Turning the Tables: Recipes and Reflections from Women』이 있다. 책 속에는 소설가 앤절라 카터Angela Carter와 영화감독 프라티바 파마 등 페미니스트 작가들의 레시피와, 요리를 비롯한 가정 내 노동의 정치성에 관한 고민이 담겨 있다.[20] 수 오설리번Sue O'Sullivan은 이 책에 대한 아이디어가 "지난 6월 오슬로에서 개최된 제2회 국제페미니스트도서전에서 불타오르듯 열성적으로 일한 뒤 한숨을 돌리던 시바의 세 사람이 근사하고, 기진맥진하고, 알

딸딸한 대화를 나누다가"[21] 나왔다고 말했다. 레시피 모음집이기도 한 이 책은, 저자들에게 "그들의 레시피를 일상 안에서 맥락화할" 여지를 준다. '테이블을 뒤엎는다'라는 표현은 주로 권력의 역학을 뒤집음으로써 상황을 바꾼다는 의미로 쓰인다. 저자들은 테이블로 향함으로써 테이블을 뒤엎는다. 요리는 단순한 행복의 의무나 무임금 노동이 아니라 우리 자신이 직접 우리 것이라 확인하는 대상이 된다.

페미니스트 출판사가 테이블로 향하는 것은 놀랄 일이 아니다. 『내 등이라 불리는 이 다리』 제2판은 '키친테이블프레스Kitchen Table Press'에서 출간되었다. 바버라 스미스Barbara Smith는 유색인 여성의 작업물을 출간하는 키친테이블프레스의 이름을 어떻게 짓게 되었는지 설명한다. "우리는 부엌이 집의 중심이며, 특히 여성들이 일하고 서로 소통하는 공간이기 때문에 이 이름을 선택했다."[22] 그는 또한 출판사의 다짐도 되새긴다. "우리의 작업은 문화적인 동시에 정치적이며, 우리 모두의 자유를 위한 투쟁과 관계되어 있다. 미국을 비롯한 모든 곳에서 유색인 여성들의 소통망으로 기능하기를 소망한다."[23] 우리가 모이고 만나고 맞이하는 장소는 소통망이 되고 정보를 내보낼 수단이 된다.

식탁이 출판사가 된다. 내 책 『쓸모란 무엇인가?』에서 나는 내가 **퀴어 쓸모**라고 부르는 것을 탐구했다. 퀴어 쓸모는 사물이 의도된 바대로 사용되지 않거나, 사용할 만하지 않은 사람이 그것을 사용할 때를 가리킨다. 식탁을 출판사로 바꾸는 것은 퀴어 쓸모의 측면에서 보면 집단적

251

이고 창의적인 작업이다. 페미니스트 킬조이 철학자의 이야기는, 페미니스트 킬조이 이야기가 시작되는 바로 그 장소, 즉 테이블 주위에서 시작한다고 이야기했었다. 그리고 시인으로서 페미니스트 킬조이 이야기 역시, 우리가 서로를 지탱하는 <u>그곳</u>에서 시작한다. 우리는 때로 테이블 <u>위에</u>서 글을 써서 테이블에 대해 우리의 내밀함을 기록하게 한다. 아이리스 매리언 영은 쓴다. "이 테이블 위의 흠집은 그날 딸과 논쟁 중에 생겼다."[24] 우리가 테이블 이야기를 할 때 테이블은 우리 이야기를 한다. 이 흠집, 그날의 논쟁에 대해.

우리는 우리가 지금 있는 곳에서 창조한다. 어쩌면 창조하기 위해서 때로 우리가 있는 곳과 우리의 존재를 가지고 싸워야 할지도 모른다. 에이드리언 리치가 편지를 쓰는 일에 관해 한 말을 보라.

1950년대와 1960년대 초반부터, 내 기억 속에 반복되는 장면이 하나 있다. 내가 책을 집어 들면, 혹은 편지를 써 보려고 하면 시작되는 장면이었다. (……) 아이(혹은 아이들)는 아마 자기만의 꿈속 세상에 정신없이 푹 빠져 있었을 것이다. 하지만 내가 자기가 포함되지 않은 세상으로 빠져들어 가는 것을 느끼자마자, 아이는 다가와 손을 잡아당기고 도와 달라고 외치고 타자기 자판을 때리곤 했다. 그러면 그 순간 나는 그의 욕망이 기만적이라고, 더 나아가 단 15분도 나 자신으로 살지 못하도록 하려는 시도라고 느꼈다.[25]

252

의자를 차지한 이들에게 테이블이 어떻게 대화 주제가 되었는지 다시 생각해 본다. 리치는 계속해서 테이블에서 멀어지도록 이끌린다. 그는 쓰고 읽을 시간, 자기 자신을 위한 시간을 위해 싸워야 한다. 이 일이 싸움인 이유는 설령 그가 글 쓰는 데 몰두하더라도 다른 임무를 미룰 수 없기(또한 미루지 않을 것이기) 때문이다. 심지어 이러한 임무들이 '기만적이라고' 느껴지더라도. 그는 주어진 극히 적은 시간에 자기 자신을 위해 뭔가를 창조한다. 우리는 작가이자 시인, 철학자이기도 한 어머니의 시선에서, 계속해서 글 쓰는 테이블로부터 멀어지는 자기 자신을 본다. 이렇게 쓸 시간을 잃어버리는 것은 자기 자신을 위한, 자기 자신만의 시간을 잃는 일이다. 이제 당신은 아이에게 온 정신을 쏟는 일로 돌아와 있기 때문이다. 어떤 이는 시인으로 여겨지고 그 작품이 시로 평가되고 읽히게 하기 위해서만이 아니라 쓸 시간과 공간을 내기 위해서도 싸워야 한다. 시간과 공간은 그것을 덜 가진 이에게 더 중요하다. 시간이 없을수록 시간은 더 중요해지고, 공간이 없을수록, 버지니아 울프를 상기하자면 '자기만의 방'이 더 중요해진다. 오드리 로드는 산문보다 경제적인 시가 가난한 노동계급 유색인들이 선호하는 방식이었을 수 있다고 말했다. "산문을 쓰려면 자기만의 방이 필요하겠지만, 종이 뭉치와 타자기, 넉넉한 시간도 필요하다."[26] 덜 가진 이들에게 더 많이 쓰는 것은 더 어려운 일이다.

물질이 있어야 시작할 수 있다. 리치는 이 시작점을 지시로 전환한다. "물질로 시작하라." 그는 말한다. "매

터, 마, 마드레, 머터, 무더, 모더"로 시작하라.*27 리치
는 다음과 같이 자신의 과정을 묘사한다. "콘크리트 경험
을 한 조각 한 조각 나란히 쌓기."28 물질로 시작하는 것
은 몸으로, 그리고 손 닿는 거리에 있는 것으로 시작하는
것이다. 콘크리트처럼 구체적인 것은 점차 복잡해진다. 리
치에게 물질로 시작하는 것은 "고고하고 특권적인 추상에
맞선 오랜 투쟁을 재개하는" 일이다. 백인 남성주의적 창
조성 모델이 초월성에 기초한다면(리치는 이를 '거짓 보
편false universal'이라 부른다), 시인으로서 페미니스트 킬
조이는 내재성으로부터 창조한다. 리치는 한 시집의 제목
을 『문틀의 진실The Fact of a Doorframe』**이라고 붙였다.
그리고 제목을 설명하며 시를 "나무를 깎아 만든 문틀"처
럼 "살아 있는 실체 중 가장 흔한 것을 깎아 만든"29 것으
로 묘사한다. 가장 흔한 것, 문틀의 나무, 테이블의 나무가

---

*   matter, mma, madre, mutter, moeder, modder.
각각 물질(영어), 여성에 대한 존칭(츠와나어), 어머니(스
페인어), 어머니(독일어), 어머니(네덜란드어 및 아프리칸
스어), 진흙(네덜란드어). 리치는 원문에서 여성 '개인의
살아 있는 개별적 몸'을 초월의 대상이 아니라, 우리의 사
고와 말을 연결해야 할 물질적 대상이라고 본다. 그리고
'물질material'과 발음이 비슷하고 여성 혹은 물질의 의미
를 함축하는 여러 나라의 단어를 언급하며 독자에게 '물
질로 시작하라'라고 지시한다.
**   우리나라에서는 『문턱 너머 저편』이라는 제목으
로 출간되었다.

시의 사물이 된다. 역사적 유물론 역시 우리에게 물질은 부동의 상태로 있는 것이 아니라 형태를 취하며 역동적으로 존재한다고 가르쳤다. 카를 마르크스는 『자본론』에서 사용가치를 다음과 같이 설명한다. "인간이 그에게 유용하도록 그의 활동을 통해 자연 물질의 형태를 바꾼다는 것은 이론의 여지 없이 명백하다. 예를 들어 만약 테이블이 나무로 만들어졌다면 나무의 형태는 변한 것이다. 그러나 테이블은 여전히 감각되는 평범한 나무이다."[30] 나무는 문이나 테이블로 만들어질 수 있다. 물질은 연결이다.

단어들도 마찬가지로 물질 재료다. 우리는 말을 사용해 대상의 모양을 잡고 대상을 만든다. 리치는 시인들에게 단어는 나무고 언어는 물질이므로, 시인들은 그 언어를 지배에 사용하기를 거부해야 한다고 당부했다. 그 대신 시인들은 언어를 "구부리고 비틀어 연결을 위한 기구로 만들어야 한다".[31] 또 감정도 물질 재료다. 리치는 많은 여성에게 억누르라고 요구되는 분노와 같은 감정을 표현하는 수단으로서만이 아니라 감정을 고민하고, 철학적으로 논하는 수단으로도 시를 활용한다. 리치의 작품 중에 「분노의 현상학The Phenomenology of Anger」[32]이라는 시가 있다. 마지막 연은 다음과 같다.

의식하게 되는 모든 행위는

(이 책에 그렇게 쓰여 있다)

부자연스러운 행위다

의식하게 되는 것에는 혁명적인 함의가 있다. 우

리는 뭔가를 의식하지 않음으로써 그것을 견디는 법을 배운다. 이 시에서 리치는 "이 집이 세워져 있던 만큼 오랫동안 축축한 곳에 놓여 있던" 통나무에 불을 붙이려는 노력을 묘사한다. 손에 닿지만 사용하기 어렵게 되어 버린 것에서부터 뭔가를 시작하려는, 줄어든 것으로부터 뭔가를 자라나게 하려는 노력이다. 시에서 분노는 단순히 주체에게서 오는 것이 아니라 사물이 느끼는 감정이다. 질문으로 이루어진 행이 하나 있다. "기계공이 손을 닦은 누더기 더미/ 찬장 속에서 무엇을 느끼는가, 매 순간?" 어쩌면 사물처럼 다루어져 온 이들, 누군가의 손을 닦고 훔쳐서 깨끗하게 유지하는 데 쓰이거나 본보기가 된 이들이야말로 사물의 감정을 묻는 이들인지 모른다. 그저 테이블에 앉아 도구로 이용하는 것이 아니라 테이블 근처에, 그 곁에 함께 있는 것이다. "테이블, 창문, 전등갓, 너희들." 배열을 바꾸는 것은 나란히 놓음으로써 다른 길로 들어서는 일이다.

가까이에 있는 사물들은 우리의 동반자가 된다. 우리가 어떻게 담겨 있던 그릇에서 벗어났는지, 그 킬조이 이야기를 사물을 통해 할 수 있다. 사물들 역시 고집스러울 수 있다. 자기만의 의지가 없어야 마땅한 존재라면 그 어떤 의지라도 고집스러운 것일 테다. 다음은 시의 첫 연이다.

완전히 미쳐 버린 자의

그her의 광기를 문지르고 가지고 놀 자유

광기가 쓴다, 광기에 담근 그의 손가락으로

방 하나 길이만큼

256

그것은, 물론, 당신이 가진
자유가 아니다, 브로드웨이를 걷다가
멈추고 돌아서거나 계속 갈
10블록, 20블록

리치는 열광과 흥분 상태가 상상력 때문이라고 여겨졌던, 히스테릭한 여성의 오랜 형상을 상기하며 '완전히 미쳐 버린' 자의 자유를 생각한다. 그는 너무 많이 원한다. 그는 지나친 존재다. 그의 자유는 방의 길이를 탐사할 자유, 그 벽, 그 그릇을 '문지를' 자유이다. 그릇은 더는 깨끗하지도 빛나지도 않는다. 그릇은 글을 쓰는 낱장으로 변한다. 당신은 그 위에 손가락을 떨어뜨리며 당신 자신으로부터 뭔가를, 감정, 생각, 아이디어를 꺼내어 쓴다. 분노를 대상으로 향하게 하면, 당신의 분노는 대상 안에 있고 대상을 넘어선다. 거기에 자유가 있다. 연 뒷부분에서 자유는 깨어남으로 묘사된다.

많은 이가
마지막까지 잔다
다른 이들은 앉아 있다
허공의 불구멍을 바라보면서
다른 이들은 반란을 계획한다
밤이면 밤마다
감옥에서 깨어나, 나의 마음은
불꽃처럼 매트리스를 핥았다
감방이 으르렁대기 시작할 때까지

257

페미니스트의 불이 다시 붙고 있다. 그 똑같은 공간에서 자고, 꼼짝하지 않고, 앉아 있고, 젠더와 가정적일 것을 강요받는, 행복의 집이라는 감옥에서 당신은 모든 것에 불을 붙이고, 불붙고, 뭔가의 불씨를 키우고 있다. 당신은 탈출을 계획하고 있다. 탈출을 계획하는 것은 당신 마음속으로 탈출하는 일이다. 만약 킬조이가 그 안에 있다면, 바로 그래서 그는 밖으로 나가려고, 나갈 길을 찾으려고, 역사에 맞서려고, 감정을 내놓으려고, 그 감정이 향할 곳을 주려고 하는 것이다.

나가는 것, 어딘가로 가는 일에 관해 생각한다. 그리고 내가 말로 하지 못했던 것을 표현해 놓은, 그간 집어 들었던 모든 책을 생각한다. 오래전 좋아했던 시, 오래 읽어 닳은 텍스트와 그 시인들에게로 돌아가는 나 자신을 발견한다. 시들은 마치 오랜 친구 같다. 또다시 오드리 로드를, 시인이자 철학자, 이론가, 작가, 사서, 책을 만들고 지키는 사람, 로드를 집어 드는 나 자신을 발견한다. 로드에게는 말의 길이 있었다. 그는 말과 함께 걷고 말을 통해 보여 주었다. 나는 종종 그 말의 길이 그가 무엇을 '들리게 만드는지' 보여 준다고 생각한다. 출간된 것 중 많은 글이 연설에서 시작했기 때문만이 아니라 그의 글이 마치 연설과 같기 때문이다. '연설'이라는 뜻의 단어 스피치 speech는 '흩뿌리다'라는 뜻의 스트루strew와 어원이 같다. 말이 흩뿌려지는 것이다. 로드는 말했다. "내가 남긴 것에는 자기만의 삶이 있다. 시에 관해 같은 이야기를 했었다. 자식에 관해서도 같은 이야기를 했었다. 뭐, 어떤 의미에서는 내가 되어 왔던 바로 그 만들어진 인물에 관한 이야

258

기이기도 하다."[33] 시, 어머니 됨motherhood, 그리고 자아
가 서로 흡사하게, 생존의 어려움에 대한 심오한 인정에
서 우러나는 (그 대가로 얻게 된 것이 아니라) 굳건하고
낙관적인 몸짓으로 그려진다.

로드는 자신을 살려 두고, 자신의 말을 살려 두고,
자신의 말에 더 많은 삶을 주어 자신의 생존에 참여해 달
라고 우리를 초대한다. 짧은 에세이 「시는 사치가 아니다」
를 보자. 제목이 바로 주장이다. 로드는 시가 무엇이 <u>아닌
지</u>를 주장하고 있다. 아마도 시가 무엇인지에 대한 가정
에 도전하기 위해서일 것이다.

시는 누군가에게 사치스러운가? 로드는 <u>그렇지 않
다</u>고, 사치가 아니라고, 시가 필수적이라고 말함으로써 답
한다. 시는 어쩌면 빵만큼이나 필수적이다. 우리가 스스
로 지탱하려면 시가 필요하다. "우리는, 시 이전까지는 이
름도 형태도 없었던, 막 태어나려던 참이지만 이미 느껴지
던 생각에 이름을 준다".[34] 바로 "시를 통해서"라고 로드
는 말한다. 시는 새로운 형태를 태어나게 하는 것이다. 느
낌은, 로드에게는 무언가에 형태를 주는 것이다.

킬조이 진실:

기존의 형태에
일치하지 않는 이들은
자기만의 형태를 창조해야 한다

우리만의 형태를 창조한다 해도 필요한 전부를 가진 것은 아니다. 어쩌면 그래서 우리에게는 서로가 필요하다. 로드가 자신을 표현하고 느끼는 방식과 살아가는 방식을 분리하지 않는다는 사실이 중요하다. 그는 말한다. "감시의 내밀함을 견디고 그 안에서 꽃피우는 법을 배우면, 그 감시의 부산물을 삶 안에서 힘으로 이용하는 법을 배우면, 우리의 삶을 지배하며 우리를 침묵하게 하는 두려움이 우리에 대한 통제를 잃기 시작한다."[35] 시시를 기억하라. 우리가 어떻게 보이는지 보게 되면, 우리는 너무나 많은 것을 보게 된다. 이후에 로드는 감시를 우리가 "두려워하도록 사회화되는 것"으로 묘사한다. 그는 우리가 여전히 "안전을 위해 추구해야 한다고 경고받은 그 승인들이 철회되는 것을"[36] 두려워할 수 있다고 말한다. 로드는 자신만의 페미니스트 원칙에 합당하게 살아가고, 사회적 협약을 가까이하는 데 따라오는 보상을 추구하지 않으려는 도전은 곧 사람들이 당신을 안전하게 해 주리라고 말했던 것에 가까이 있기를 포기한다는 뜻이라고 말한다. 당신은 지금껏 누군가가 되고 어딘가에 가기 위해서는 특정한 이들의 승인이 필요하다고 들어 왔다. 이제 당신은 그들의 승인을 포기할 의지를 다져야만 한다.

이 책을 쓰는 나도 그런 마음을 느낀다. 직장과 직업을 떠나며 나는 하나의 길을 떠났다. 그만둔 직후 어떤 엘리트 조직에서 특별 연구원 자리에 이력서를 제출해 보지 않겠냐는 편지를 받았다. 학계에 계속 남아 있었다면 내가 원했을 자리가 아니었음에도 뭔가를, 인정을, 심지어 보상을 포기했다는 느낌이 밀려들었다. 편지에는 자료를 제출한 이들 중 일부만이 특별 연구원이 될 거라고 강조되어 있었다. 그게 무슨 말인지는 잘 알았다. 나는 내 자료와 나 자신까지도 내보일 기회를 얻게 된 것을 만족스럽고, 감사하고, 영광스럽게 여겨야 할 테지만 그것만으로 충분하지 않을 수도 있다는 뜻이었다. 어쩌면 내가 충분치 않을 수도 있었다.

우리는 계속해서 이것은 경쟁이라는 사실을 일깨우는 알림을 받는다. 잘한다는 것은 다른 이들보다 잘한다는 것, 다른 이들이 얻지 못하는 것을 얻는다는 뜻이다. 나는 내가 남겨 둔 것들에 만족한다. 하지만 페미니스트 킬조이는 복잡한 감정이 될 수 있다는 사실을 다시금 생각하게 된다. 만족스러운 것과 별개로, 때로는 여전히 있을 수 있었던 뭔가를 잃었다는 느낌을 받는다. 로드는 우리가 알고 있지만, 알고 있는 것으로 뭘 해야 하는지 항상 아는 건 아니라는 사실을 보여 준다. 우리를 거부하는 세상을 거부하더라도 여전히 거부당하는 것이 고통스러울 수 있다는 것, 우리가 택하지 않은 길에 따라왔을 결

261

과를 잃는 것을 두려워할 수 있음을 말이다. 앞에서 페미니스트 킬조이가 자신이 경고로 작동할 수 있다는 이야기를 했다. 거기에서도 우리가 무엇을 (그리고 누구를) 두려워하도록 사회화되었는지 알 수 있다. 우리는 환하게 밝혀진 안전한 길(행복의 길, 곧은 길)을 떠나면 우리에게 불행이 닥치고, 미래의 행복을 빼앗긴다는 이야기를 듣는다. 그래서 만약 무슨 일이, 최악의 일이 생기면, 대놓고 말해서 개떡 같은 일이 생기면, 그건 당신이 자초한 일이다.

로드는 곧은 길을 따르지 않을 때 뒤따르는 비난을 일부 나열한다. "여성들은 어린애 같고, 보편적이지 않고, 변덕스럽고, 감각적이라는 얼핏 보기에는 별로 심하지 않은 비난을 통해 축소되고 유순해진다."[37] 이러한 비난을 통해 개별적이지 않고 보편적인(어찌나 자기중심적인지!), 어린애가 아니라 성인인, 감정과 관능의 몸이 아니라 정신인 '백인 남성'이 창조되고 그로써 무슨 작용이 어떻게 이루어지는지 알게 된다 해도, 우리는 여전히 이런 비난으로 축소되는 자기 자신을 본다. 따라서 우리는 어떤 관점에서 보면 다른 사람이 보는 대로 자기 자신을 보지 않기가 어렵다는 점에서 자기 자신의 관점을 포함해, 우리를 축소하는 것처럼 보이는 것을 주장해야만 한다. 두려워하라고 배운 것을 향해 가는 것은 맹목적인 믿음이다. 로드는 제안했다. 그들, 즉 "백인 아버지들"을 따르지 말고 이렇게 말하자고. "나는 생각한다, 고로 존재한다I think therefore I am." 우리는 로드를 따르며 말한다. "나는 느낀다, 고로 자유로울 수 있다I feel therefore I can be free."[38] 로드는 '생각한다'를 '느낀다'로, '존재한다'를 '자유로울

262

수 있다'로 대체한다. 여기에서 중요한 것은 내가 무엇인지, 혹은 누구인지 단순히 확인하는 것이 아니라 누가 '될 수 있는지에' 열려 있다는 점이다. 자유는 가지는 것이 아니라 행하는 것이다. 우리는 역사의 무게로부터 우리 자신을 자유롭게 하고 있다.

역사로부터 자유로우려면 그 무게를 느껴야 하는 건지도 모른다. 로드가 경험한 인종차별적 폭력을 떠올려 보라. 그의 어머니가 마치 무작위로 이루어진 일인 듯 폭력을 인종차별로 명명하지 않음으로써 로드를 인종차별로부터 보호하려고 애썼던 일 말이다. 에세이 「서로의 눈동자를 바라보며」에서 로드는 인종차별주의와 성차별주의를 "성인의 단어grown-up words"[39]라고 표현한다. 우리는 경험을 명명할 수 있게 되기 이전에 인종차별과 성차별을 경험한다. 인종차별주의 같은 단어를 들고 과거로 돌아가면, 당시에는 보지 않았고 볼 수 없었던 뭔가를 보게 된다. 페미니스트 킬조이로서 문제에 이름을 부여하는 작업이 부분적으로 시처럼 이해될 수 있는 것도 그래서다. 과거는 새로운 의미로 되살아난다. 당신은 과거로부터 멀어지고, 과거를 다시 배치한다. 과거를 재배치하는 것은 가구를 재배치하는 것 이상의 일이다. 비록 다른 감각의 공간을 만든다는 점에서 비슷하게 느껴질 수는 있지만. 과거를 킬조이식으로 재배치하는 것은 우리를 진실에, **킬조이 진실**에 더욱 다가가도록 한다. 우리는 과거를 향한 문을 열고 과거가 안으로 들어오게 한다. 어떤 일이 일어났을 당시에 그 안에서 보지 못했던 것, 폭력과 그 구조, 반복과 패턴 들을 보기 위해서다.

263

문을 열기 위해선 때로 하던 일을 멈추어야 한다. 에이드리언 리치와의 인터뷰에서, 로드는 흑인 아이를 살해한 백인 경찰이 무죄를 선고받은 데 구역질이 날 만큼 격노한 나머지 「힘Power」이라는 시를 썼던 일을 묘사한다. 로드의 말을 직접 빌리자면 다음과 같다.

운전 중이었는데 경찰에게 무죄가 선고되었다는 뉴스를 들었습니다. 정말이지 구역질이 날 만큼 격노했지요. 너무 역겹고 너무 화가 난 나머지 사고를 내지 않고 마을을 지나 계속 운전하려면 잠시 멈춰서 공책에 뭘 좀 써야겠다고 생각했어요. 그리고 그 구절을 적어 내려갔습니다. 그냥 써 내려갔더니 그 시가 아무런 기교도 없이 튀어나왔어요.[40]

마치 자기 의지가 있는 것처럼 로드에게서 튀어나온 이 시를 고집스러운 시라고 생각할 수도 있겠다. 시나 책, 즉 사물, 객체가 여기에서는 주체가 된다는 사실이 놀랍다. 이들은 창조하는 동시에 창조된다. 아무런 작업 없이 시가 튀어나왔다 해도 로드는 여전히 그것을 꺼내놓아야 한다.

그는 차를 세웠다 감정을 꺼내 놓기 위해서.

그는 차를 세웠다 그러자 시가 튀어나왔다.

그는 차를 세웠다 왜냐하면 그것은

어떤 식으로든 튀어나왔을 테니까

사고 아니면 시로.

시는 사고가 아니다.

이렇게 튀어나옴으로써 도달하는 방식을 보면 시가 무엇에 관한 것인지 알 수 있다. 우리의 창조물은 그게 어떻게 존재하게 되었는지에 따라 형태를 입는다. 때로는 어떤 일의 실제 영향을 느끼고, 우리 몸이 그 영향을, 점점 커지는 불의, 개별 사건과 구조, 역사와 끝나지 않은 역사에 대한 격노를 경험하도록 하기 위해서는 하던 일을 멈춰야 한다. 뭔가의 영향을 기록하기 위해 멈추었을 때 무엇이 튀어나올지 미처 모를 수도 있다. 영향을 기록하는 일은 일생의 프로젝트가 될 수 있다. 시 「힘」은 마음이 산산이 부서지는 연으로 시작된다.

시와 수사법 사이의 차이는

당신 자신을

죽일 준비가 되었다는

것이다

당신의 아이들 대신에.[41]

이 시는 자신이 그려 내는 폭력을 재연한다. 시를 읽으면 그 폭력에 얻어맞게 된다. 페미니스트 킬조이를 철학자로 생각하면서, 폭력을 인정하는 것이 얼마나 어려운 일인지 이야기했었다. 폭력은 한번 안으로 들어서면 어디로든 갈 수 있다. 로드는 폭력이 들어오도록 내버려 둔다. 시는 폭력을 꺼내어 놓는다. 폭력을 밖으로 꺼내는 것은 이 시가 무엇에 관한 것인지의 문제다. 그리고 로드는 먼저 시가 무엇이 아닌지 이야기함으로써 폭력을 꺼내 놓는다. 시는 수사가 아니다. 시는 텅 비어 있지 않다. 단

265

어들이 자신의 말을 행하지 않는 수사법의 공허로 폭력은 재생산되고, 아이들이 살해당하는 미래는 변하지 않는다. 당신은 시를 통해 앞으로 올 아이들 대신 당신 자신을 죽이고 당신의 세계, 폭력에 관해 듣고 있는 고요한 내부를 파괴할 의지가 있음을 보인다. 로드는 백인 경찰관에게 무죄를 선고한 배심원단에 앉아 있던 흑인 여성을 가리켜 "그 자신의 포궁에 시멘트를 덧대어 우리 아이들의 무덤을 만들었다"라고 말했다.

로드는 시가 무엇이 '아닌지'에 관한 이미지를 사용한다. 시는 우리의 힘이 "연결되지 않은 전선처럼 축 늘어져 쓸모없게" 되도록 두지 않는 것이다. 폭력을 꺼내 놓기 위해 로드는 전기와 같은 말을 쓴다, 딱, 딱, 찌르르. 말이 튀어나오면 폭력도 튀어나온다. 자신을 표현하는 것은 연결을 살려 두는 일이다. 전기를 통한 연결로서의 힘이라는 이미지는 메시지가 어떻게 아래로, 한 사람에게서 다른 사람에게로 전달되는지 보여 준다. 우리는 다른 이들이 우리에게서 뭔가를 전해 받을 수 있도록 연결을 살려 둔다.

오래된 책을 집어 들 때 우리는 뭔가를 전해 받는다. 에이드리언 리치와의 인터뷰에서(이 인터뷰에는 너무나 많은 것이 담겨 있다. 시인 사이의 대화를 통해, 혹은 시인 사이의 대화로서 실로 많은 것이 터놓고 이야기되었다), 로드는 월터 드 라 메어Walter de la Mare의 시 「듣는 자들The Listeners」에 관해 이야기한다. 리치에게 할렘의 한 서점에서 오래된 책들, 중고 책들, "최악의 상태"인 책들을 발견하는 이야기를 하던 중이었다. 로드가 그런 책들을 발견하는 이야기를 내가 얼마나 사랑하는지! 그는 거기서 책뿐만 아니라 시도 발견했다. 바로 이 시, 말을 타고 빈집 앞에 다다른 여행자에 관한 시 「듣는 자들」이었다. 로드의 말을 빌리자면 이 시는 다음과 같다.

그는 문을 두드리지만 아무도 대답하지 않습니다. "아무도 없나요?" 그가 말하죠. 그 시는 그 자체로 제게 각인되었습니다. 문을 부서져라 두드리지만 아무도 대답하지 않는데, 그는 정말로 누군가 안에 있다는 느낌을 받습니다. 그리고 그는 말을 돌리며 말하죠. "내가 왔다고 그들에게 말해요, 그리고 아무도 대답하지 않았다고. 나는 약속을 지켰다고." 그렇게요. 저는 항상 그 시를 되뇌곤 했습니다. 제가 가장 아꼈던 시 중 하나죠. 만약 누군가 이 시가 무슨 뜻이냐고 묻는다면 아마 저는 대답할 수 없을 겁니다. 하지만 이 시는 제가 글을 쓰기 시작한 첫 번째 이유였습니다. 이 시처럼 내가 달리 말하지 못할 이야기를 해 줄 다른 시들을 찾지 못했을 때, 그 이야기를 하기 위해서지요.[42]

로드를 따라가는 것, 그가 향하는 곳으로 가는 것이 중요하다. 뭔가에 매혹될 때 우리가 언제나 그 이유를 알지는 못한다. 주의를 끌고 글을 쓰게 만드는 대상이 정확히 무엇에 대한 것이라는 명료한 테두리가 없을 수도 있다. 로드는 계속해서 이 시를 인용한다. 그는 시가 그에게 '각인되었다'고 말한다. 그 각인에 관해, 한 사람에게 시가 새겨지는 일에 관해 생각한다. 로드는 이 시에서 뭔가를, '듣는 일'에 대한 것을 들었다. 그것이 로드에게 뭔가를 표현하도록, 달리 말할 수 없는 것을 말하도록 했다. 문을 두

267

드리는 소리를 듣는 것은 문을 듣는 것이다. 문은 폭력이 안에 가두어지는 주인의 집 문일 수도, 폭력이 들어오는 것을 막는 의식의 문일 수도 있다. 우리는 들어가도 되냐고 묻기 위해서가 아니라 불편함을 초래하기 위해, 그 안에 머무르는 것 혹은 사람을 방해하기 위해 문을 두드린다. 그리고 그렇게 하는 것은 해결되지 않은 폭력 때문이다.

　　　문, 문간은 머무는 공간이다. 시「살아남기 위한 기도A Litany for Survival」에서 로드는 "새벽 사이 시간에 오고 가며 문간에서 사랑하는" "우리 중 어떤 이들"[43]을 언급한다. 문은 문간이 된다. 우리 중 일부가 들어오지 못하도록 가로막는 장벽이 아니라 사회적 경험의 가장자리에서, 그늘 속에서 살아가고 사랑하는 이들, 그늘이 떨어지듯 떨어지는 이들, 쓰러진 자들이 모이는, 온전히 모습을 드러내는 것이 위험한 이들을 위한 공간이 된다. 우리 중 일부는 시야에 온전히 드러나지 않고 그늘 속에 남음으로써 살아남는다. 살아 있다는 것은 또 다른 시야가, 오고 가는 또 다른 방법이 될 수 있다. 흑인 페미니스트 평론가 사이디야 하트먼Saidiya Hartman은 흑인 여자아이들의 내밀한 이야기, 쉽게 다스릴 수 없는 사랑과 삶을 이야기하는 데 로드를 빌려온다. 하트먼은 흑인 여자아이들이 "문간에서 사랑했고" "문간에서 내다보았다"[44]라고 묘사한다. 문간은 바라보는 지점, 만남의 장소가 된다. 문간에서 살고 사랑하며, 우리는 경계선에서, 그늘 속에서, 가장자리에서 멈춰 서고 머문다.

　　　너무나 많은 문과 너무나 많은 문간이 있다. 흑인 페미니스트 시인 디온 브랜드Dionne Brand는 시「돌아올 수 없는 문으로 가는 지도Map to the Door of No Return」에서 문으로부터 더 많은 이야기를 들으라고 가르친다. '돌아올 수 없는 문'은 세네갈 고레섬의 대서양 노예무역 박물관인 '노예의집The House of Slaves'에 있는 문이다. 브랜드는 쓴다. "돌아올 수 없는 문을 방문한 적은 없지만, 역사의 이런저런 파편들과 나를 포함해 문을 지나간 이들의 후손들이 글로 쓰지 않은 회고에 의존해, 나는 얼굴들과 결코 알 수 없는 이들, 의도치 않게 돌아오는 행위, 문간의 인상에 집중하며 그 지역의 지도를 구축하고 있다."[45] 돌아올 수 없는 문은 <u>추모의 문</u>으로, 아프리카인 수백만 명이 떠났던 지점을 기억하는 문이다. 브랜드에게 돌아올 수 없는 문은 "떠남이 백만 번 반복된 문이다. 우리 중 많은 이가 애초에 존재하지 않았기를 바라는 문이다. <u>문</u>이라는 단어를 불가능하고 위험하게, 교활하고 불쾌하게 만드는 문이다."[46] 문은 역사에 흠뻑 젖을 수 있다. <u>문</u>이라는 단어를 들었을 때 들리는 것이 곧 역사다. 브랜드의 접근 방식에서는 돌아올 수 없는 문을 의식으로, 잊히지 않는 것으로 여긴다. "아메리카 대륙 그 어디에나, 현대 도시에서든 마을에서든, 흑인들의 경험은 잊히지 않는 것이다. 누군가 방에 들어서면 역사가 뒤따른다. 누군가 방에 들어서면 역사가 앞장서서 들어온다."[47]

문간은 현재를 붙들어 매는 역사를 이야기할 때 방문하는 공간이 된다. 문간은 인상을 남기거나 만든다("문간의 인상"). 영국의 흑인 작가 조앤 애님아도Joan Anim-Addo는 '카리브해여성작가연맹Caribbean Women Writers Alliance: CWWA'의 흑인 여성 회원들이 "지금까지 상당 부분 부재했던 존재, 즉 흑인 여성의 존재를 박물관이라는 문맥에 끼워 넣기 위해 지역 박물관의 경험을 다시 쓰는 일을 감행했던"[48] 일을 다룬 기사에서 "또 다른 문간"을 언급한다. 여성들은 단체로 자신들의 지역인 런던 남동부 호니먼박물관에서 워크숍을 개최했다. 그러고 나면 또 다른 문간은 애님아도의 손에서 시가 된다. 흑인 여성들이 역사박물관에서 실종되었고, 정문이 아니라 옆의 문간을 통해 다른 방식으로 박물관에 입장해야 한다는 이야기를 담은 시다. 애님아도는 문간이라는 모티프를 사용한 이유를 다음과 같이 설명한다. "초기 생각 타래에서는 문설주를 고려하고 있었다. 여성들이 다른 곳 아무 데도 없어도 거기만은 있을 장소인 집을 상징하기 때문이다. 수집가, 전시 주최 측, 큐레이터들이 그런 존재를 가시적으로 만드는 것을 거부하긴 했지만 말이다."[49]

애님아도는 시를 쓸 때 나이지리아 남동부 "야쿠족 장로나 족장 소유였던 것으로 추정되는"[50] 문양이 새겨진 나무 문짝에서 영감을 받았다고 설명한다. 그 문짝이 박물관까지 도달하게 된 사연은 (여러 박물관의 수많은 전시물과 마찬가지로) 제국주의적 이야기다. 영국의 인류학자이자 아프리카 문화연구자 부부가 문짝을 수집해 기증했기 때문이다. 애님아도는 문을 이방인다운 문제로 만듦으로써 흑인 여성의 존재가 느껴지도록 한다. 애님아도의 "또 다른 문간"에는 "실종 표지판"이 있다. "여기에 오신 걸 환영합니다, 우리 여성들이여." 여성들이 바삐 옥수수를 빻고, 양념을 만들고, 음식을 요리하며 여기 있다는 사실을 가리키는 표지판이다. 그의 "또 다른 문간"

270

에는 "대리 표지판"이 있다. 여성들이 여행 중인 이들, 죽은 자를 매장하고 있는 이들을 위해 음식이라는 선물을 남기며 마찬가지로 여기 있다는 사실을 가리키는 표지판이다. 시는 다음과 같이 끝난다.

> 그래서, 시체들은 어디?
>
> 누가 시체들을 가져가지?
>
> 누군가 우리에게 가르쳐 줘
>
> 시체 도둑들을
>
> 영혼 도둑들을
>
> 그들이 어디를 방황하든
>
> 우리는 약속했어
>
> 언제나 따라가기로, 따라가기로.

"또 다른 문간"을 찾는 일은 실종된, 즉 사라진 많은 이에 관해 이야기하는 일이다. "또 다른 문간"은 부재를 가리킬 뿐 아니라 부재한 이들이 존재하게 만든다. 문간은 자기 자신을 표현하는 낯선 방식이 된다. 더 낯선 stranger 방식, 이방인의stranger's 방식이다. 새벽 사이 시간에 오가는 문간을 환기하는 로드의 시 「살아남기 위한 기도」는 발화의 중요성에 관해서도 이야기한다. 로드는 "애초에 살아남을 운명이 아니었던 이들"에게는 "말하는 게 낫다"라고 말한다. 세상이 당신을 안전하게 지켜 주지 않을 때, 살아남는 것을 어렵고 또 어렵게 만들 때는 "말하는 게 낫다". 왜냐하면 다시 한번 로드의 말로 하자면 "당신의 침묵은 당신을 지켜 주지 않기" 때문이다.[51]

271

'그러니 말하는 게 낫다.' 무슬림 페미니스트 시인 수하이마 만주르칸Suhaiymah Manzoor-Khan은 『플라이 걸의 대학교 가이드A FLY Girl's Guide to University』*에 실린 글에서 처음으로 케임브리지에서 '스포큰워드spoken-word'** 시를 낭독했던 일을 묘사한다. 그는 청중에게 "깊은 인상을 남기는"[52] 것이 너무나 쉬워서 놀랐다고 말한다. 자신을 표현하기 위해 그는 인상을 남겼다. 그는 무슬림이자 여성, 아시아인이라는 것에 관해 이야기하는 자신의 시 「토큰 Token」[53]을 낭독했는데, 킬조이 시라고 부를 법한 시다.

> 처음에는, 그들이 당신을 북돋는다 오르라고
> 계단을, 사다리를
> 미소 지으며
> 당신도 미소로 답한다
> 그들의 미소가 당신을 위한 게 아니라는 걸
> 모르는 채.

이 시는 갈색 피부 무슬림 여성이 그를 가로막는

---

*   전체 제목은 『플라이 걸의 대학교 가이드—케임브리지와 다른 유사 엘리트주의 및 권력기관 내 유색인 여성이 된다는 것』으로, 케임브리지에서 수학한 유색인 여성 네 명이 자신들의 경험을 바탕으로 쓴 문집이다.

**   낭독 퍼포먼스를 위한 시를 '스포큰워드(시)'라고 한다. 흔히 스포큰워드는 자유시를 운율과 리듬에 맞추어 낭독하는 대회인 포에트리슬램poetry slam에서 공연된다.

바로 그 시스템에 의해 북돋아지고 어떤 일을 할 수 있게 되는 상황을, 마치 그를 위한 것처럼 짓는 다양성을 둘러싼 미소조차 그를 위한 게 아닌 상황을 드러낸다. 만주르 칸이 시를 공연하며 표현하는 그대로다. 위에 도달하는 것, 위로 올라가는 것조차 당신에게 불리하게 작용할 수 있다. 그러나 만주르칸은 여전히 시로 표현하고 자기 자신을 내보이고 자기 말을 꺼내 놓는다. 그에게 이런 표현은 중요하다. "짜릿했어요. 사람들에게 내 이야기를 듣도록 강요하고, 케임브리지에서 그렇게 쉽고 단순하게 지낼 수 없다는 게 어떤 건지 상상해 보라고 강요하는 게 정말 신났어요."[54] 그가 '강요'라는 단어를 썼다는 점에 주목해 보라. 역사에, 누가 여기 있을 것이고 있어야 한다는, 혹은 여기 있는 것이 어떤 일이라는 기대에 맞서기 위해서는 강압적으로 굴어야 할 수도 있다. 당신 자신의 존재를 강요하듯 시를 꺼내어 놓는 것이다.

시는, 삶은, 마찰로부터, 마찰로써 튀어나오는, 쉽지 않고 단순하지 않은 것을 표현해 낼 수 있다. 둥근 구멍과 네모난 말뚝, 머물기 위한 공간이지만 당신을 위한 것이 아닌 공간의 마찰 말이다. 그것은 당신이 어떻게 보이는지의 문제일 수 있다. 당신이 어떻게 보이지 않는지의 문제일 수도 있다. 여기 퀴어한 경험이 하나 있다. 당신은 파트너와 함께 앉아 있다. 테이블에 두 여성이 앉아서 기다린다. 이성애자 커플이 들어서고 곧바로 주의를 끌어 안내받는다. 선생님, 부인, 이쪽으로 모시겠습니다, 선생님, 부인. 당신이 나타나리라 기대되는 모습대로 나타나지 않을 때, 당신은 때로 아예 나타나지 않는다. 이는 단순히 보이고 말고의 문제가 아니라 누구<u>에게</u> 보이는가, 당신의 필요에 누가 <u>주의를 기울이는가</u>의 문제다. 결국 당신 몸은 볼거리가 된 채 당신이 비로소 눈에 보이는 건 '선생님, 부인'이 질문이 ("선생님인가요, 부인인가요?") 될 때, 혹은 사과가 ("선생님, 아 죄송합니다, 부인!") 될 때뿐이다. 누군가는 끈질기게 굴어야만 사회적 행위의 수신자가 될 수 있다. 남이 자신을 알아차리게 하려고 맹렬하게 손을 흔들어야 하는 것이다.

> **킬조이 진실:**
>
> # 다른 이들에게 그냥 주어지는 것을 누군가는 끈질기게 요구해야 한다

당신이 맹렬하게 손을 흔들어야 한다면, 마치 화난 것처럼 보인다 해도 놀랍지 않다. 어쩌면, 정말로 어쩌면 당신은 당신이 나타나는 모습 그대로인지도 모른다. 역사는 그러한 만남이 반복되면서 단단히 굳는다. 단 하나의 행위 뒤에 당신은 손뿐 아니라 몸 전체를 동원해야 한다. 이러한 행위가 작아 보일 수도 있다. 어쩌면 정말로 작을 수도 있다. 그러나 그것들은 시간이 지나면서 축적된다.

작아 보이는 행위들도 벽이 될 수 있다. 그것들은 당신의 존재에 맞선 망치질처럼 느껴진다. 탕chip, 탕, 탕.

마치 당신의 조각들이 떨어져 나가는 것처럼 느껴진다. 저들이 우리가 항상 화나 있다고* 느낀대도 이상하지 않다. 어쩌면 킬조이의 시는 망치질을 망치나 펜으로 바꾸어, 오래된 덩어리를 깎아 나가는 방법인지도 모른다. 탕, 탕, 탕, 누가 알겠는가, 덩어리가 곧바로 떨어져 나올지. 우리에게 말을 거는 시라는 조각, 날카로운 파편으로 말이다.

끈질기게 요구하는 일은 누군가 존재하기 위해 해야 하는 정치적 노동이기도 하지만, 더 깊은 인상을 남기기 위한 기교이기도 하다. 인상적일 만큼 흔드는 손은 시가 될 수 있다. 당신이 애인과 호텔에 등장해 방을 예약했다고 말한다고 생각해 보자. 머뭇거림은 많은 것을 말해 준다. 예약 내용을 보니 더블베드로 예약하셨는데, 맞나요, 부인? 눈썹이 치켜올라가고, 충분한 설명을 포착하기 위해 시선이 두 사람을 훑는다. 확실한가요, 부인? 네, 맞아요, 더블베드요. 당신은 다시 한번 말해야 한다. 한 번 더, 단호하게, 말해야만 한다.

---

*   have a chip on one's shoulder는 부당하게 대우받았거나 다른 이들보다 못하다는 생각에 항상 화나 있는 것처럼 보이는 상태를 가리킨다. 저자는 '조금씩 깎아 내다' '조각' '부스러기'를 뜻하는 단어 chip을 이용해 표현을 이어 가고 있다.

킬조이 등식:

치켜올린 눈썹

=

레즈비언 페미니스트 교수법

정말로 확실한가요? 이런 일은 반복되고 또 반복된다. 종국에는 그것을 거의 기대할 지경이 된다. 그저 요청해 둔 것을 받기 위해서인데도 단호하게 굴어야 한다는 사실 말이다. 그러고 나서도 어디를 가든 불신이 따라붙는다. 확실한가요, 부인, 확실한가요, 부인. 질의응답이 끝나고 방에 들어서면, 트윈베드가 놓여 있다. 내려가는가, 다시 시도하는가? 시도할 수도 있다. 하지만 가끔은 너무 벅차서, 옹송그릴 다른 방법을 찾아 조그마한 침대 두 개를 밀어 한데 붙인다. 가로막힐 때, 우리 존재 자체를 늘 의심에 찬 눈초리로 혹은 그저 치켜올린 눈썹(맞다, 그게 교수법이다)을 하고 바라볼 때, 우리는 더욱 지략적resource-ful이 되어야만 한다.

우리는 서로의 자원이 된다. 가구들을, 침대와 테이블을 생각한다. 우리가 우리 자신을 위해 어떻게 가구들을 퀴어한 방식으로 활용해 삶에 채워 넣는지를. 의자에 관해서도 달리 이야기할 수 있다. 더는 전문직의 자리가 아닌, 더는 그토록 편안하지 않은 의자 말이다. 어쩌면 일

치되지 않는 이들은 이전 장에서 묘사했던 대로 세상을 알
아차리기만 하는 것이 아니라 다른 인상과 다른 형태를 창
조하는지도 모른다. 우리는 우리 자신을 위해 아주 조그마
한 공간이라도 마련하려고 몸과 말을 꿈틀꿈틀 움직인다.
『젠더 허물기』에서 주디스 버틀러는 "문을 잠가 두었던"
집 지하실과 "연기로 가득해" 공기가 희박한 방에서 한때
부모 소유였거나 적어도 그들의 손을 거친 책들, 그의 욕
망에 불을 붙인 철학책들을 발견했던 일을 이야기한다.[55]
공기가 희박한, 숨 막히는 옷장이나 그릇처럼 보이는 공간
들은 퀴어한 일이 일어나는 공간이 될 수 있다. 우리를 다
른 곳으로 이끄는 누군가, 혹은 무언가를 집어 드는 곳.

　　　　우리는 스스로 다른 곳으로 향한다. 2장에서, 나
는 가족들에게서 내쫓길 때 어떻게 우리가 다시 가족이
되는지 고민했었다. 우리의 퀴어한 모임을 가족이라 부른
다면, 우리는 그 단어를 우리만의 목적으로 다시 사용하
는 것이다. 그토록 자주 행복이라는 환상을 만들고 우리
사이의 유대를 가볍고 소소한 일로 치부하는 데 쓰이는
바로 그 단어를 말이다. 트랜스젠더 학자 수전 스트라이
커Susan Stryker는 파트너가 아이를 낳았을 때 "우리가 만
들어 가고 있는 퀴어 가족"에 무엇이 새로 열렸는지 아름
답게 묘사한다. "우리는 이성애중심주의로부터 생물학적
재생산을 탈환해 우리 목적에 맞게 해방하기 위해 문명의
중심을 향한 모험을 감행하는 일, 반대의 경계를 개척하
는 그 일에 관해 농담하곤 한다." 스트라이커는 덧붙인다.
"우리는 맹렬하다. '전통적 가족의 가치'의 세상에서는 그
래야만 한다."[56] 어떤 것의 대상으로 의도되지 않은 사람

이 그것을 사용할 때, 그 효과는 퀴어하다. 그 효과를 보고 웃을 때, 그 웃음은 스트라이커가 보여 주듯 어떤 후손을 일탈의 결과이자 괴물로 만들어 버리는 가족이라는 기제를 향한 분노와 무관하지 않다. 그리고 그 분노는 그 자체로 변화를 불러일으킨다. "분노가 작동하게 함으로써 낙인은 그 자체로 변화를 만드는 힘의 원천이 된다."[57]

생물학적 재생산을 "우리의 목적에 맞게" 탈환하는 데에는, 가족을 재점유하고 가족을 낯설게 만드는 데 드는 만큼의 노고가 든다. 또 우리 몸을 재배치하고, 우리 자신을 재배치하는 데도 노고가 든다. 스트라이커는 체현된 신체로서의 트랜스젠더를 괴물, 혹은 괴물처럼 여겨져 왔던 이들과 근접한 존재로 재형상화함으로써 자기만의 방식으로 재배치한다. 이는 분노로 날카롭게 벼린 단어로 프랑켄슈타인에게 다시 말을 거는 일이다.

킬조이 격언:

괴물이 되라!

가족을 낯설게 만들기 위해, 즉 다양한 종류의 가족, 조합, 편향을 창조하기 위해, 우리는 가족의 영향력과 규범, 형태를 느슨히 한다. 우리는 가족으로부터 쏟아 내고, 가족이 넘쳐흐르게 한다. 알렉시스 폴린 검스가 흑인 페미니스트 문학비평가 호텐스 스필러스Hortense Spillers의 작업과 지혜에 바치는 찬가 「흘림—흑인 페미니스트 탈주자의 장면Spill: Scenes of Black Feminist Fugitivity」이 떠오른다. 검스는 사랑과 관심을 담아 스필러스의 말을 살핀다. 흐르는 것, 흐르는 말, 그릇을 넘쳐흐르는 액체, 무언가를 흘리는 사람이 되는 일에 대해. 흘림은 그릇과 서사의 깨짐, 문장의 전환이 될 수 있다. 그리고 그로써 "문이 열리고 모든 이가 들어왔다".[58] 그러고 나면 흘림은 뭔가를 꺼내 놓는 느린 노동이 된다. 시 역시 흘려진 것이 될 수 있다. 그 자신이 시인이자 철학자, 이론가, 작가, 섬유예술가인 검스는 단어와 세상 사이의 연결에 귀 기울임으로써 시인처럼 읽는 법을 가르쳐 준다. 「익사하지 않은Undrowned」에서, 검스는 희박해지는 것이 있더라도 숨 쉬고 살기 위해서 무엇이 필요한지 해양 포유류로부터 배우라고 조언한다. 우리는 이름과 대명사로 짜인 언어의 그물, 우리가 존재로 호명되는 방식에 붙잡힐 수 있다. 우리는 스스로 해방하려 자신을 발명한다. 기존 체제에 맞추어 인정받기를, 그렇게 보이기를 요구하지 않는다. 희망을 다른 곳에 둘 때 우리는 뭔가를 창조한다. 검스는 쓴다. "지배적인 체제가 기록하거나, 보상하거나, 심지어 이해조차 하지 못하는 삶의 형태의 퀴어함에 잠겨 있을 때 무엇이 가능해지는가?"[59]

지배적인 체제는 너무나 많은 것과 많은 이를 불가능한 것으로 만든다. 우리는 가능성을 위해 싸워야 한다. 우리 중 어떤 이들이 가능해지도록 싸워야 한다. 너무나 많은 존재가 운명론, 즉 젠더 운명론과 제도적 운명론에 뒤덮였다. 여자아이는 여자아이가 될 것이고, 남자아이는 남자아이가, 제도는 제도가 된다. 주디스 버틀러는 "여전히 가능해질 방법을 찾고 있는 이들에게, 가능성은 필요다"[60]라고 말한다. 가능성은 체제 밖에서 구축된다. 나는 가능성도 놓치지 않은, 가능성을 시간을 들이는 일로 포착한 로드를 다시금 생각한다. 로드는 쓴다. "시는 그저 꿈이나 비전이 아니라 우리 삶의 뼈대 구조다. 가능성은 영원하지도 순간적이지도 않다. 그 효율성을 계속해서 믿는 것도 쉬운 일이 아니다."[61] 가능성에 기나긴 시간을 들여야 할 수도 있다. 뭔가를 가능하게 만드는 데는 그것을 가능하지 않게 만드는 대상을 해체하는 작업이 필요하기 때문이다. 그래서 가능성은 아무 데서나 불쑥 튀어나올 수 없다. 가능성은 시간이 지나면서 두꺼워진 것, 벽, 문, 숨 쉬기 힘들 만큼 꽉 찬 방과의 긴밀함에서 온다. 역사는 곰팡내 나는 공기다. 시는 신선한 공기를 들이마시는 일이다. 뭔가를 창조하는 것은 가능케 하는 일이다.

> **킬조이 진실:**
>
> # 우리가 창조하는 것은 우리가 살아남는 데 필요하므로 취약하다

이 문장은, 이 핸드북의 다른 많은 킬조이 진실과 마찬가지로 재사용된 문장이다. 이 말은 이미 사용된 것, 오

래된 것, 닳은 것 들을 향한 찬가를 담은 『쓸모란 무엇인가?』에 처음 등장했다. 이 책은 손잡이에서 떨어져 나간 주전자*로 가득 차 있다. 마치 우리처럼.

어쩌면 나는 거기에서부터 킬조이 시에 도달하게 되었는지도 모른다. 나는 지치고 닳은 것들로부터, 마찬가지로 지치고 닳은 말에 도달했다. 『쓸모란 무엇인가?』에서 나는 여기저기 하도 많이 들고 다닌 나머지 닳아 버리고 지퍼도 고장 난 오래된 가방에 관해 썼다. 페미니스트로 살아남는 법을 다룬 장에서, 우리는 페미니스트 킬조이가 되었던 경험을 페미니스트 킬조이 가방에 담아 지고 다닌다고 이야기했다. 철학자로서의 페미니스트 킬조이에 접근할 때는, 우리가 때로는 다루기 가장 어려운 것을 파일로 분류해 치워 버린다고 했다. 가방과 파일은 모두 물건을 잡아 두는 데 쓰이는 그릇이다. 그릇이 깨지면, 안에 붙잡혀 있던 것이 흘러나온다. 페미니스트 킬조이는 내용물이 새는 그릇이다. 그는 뭔가를 흘리고 그것들이 밖으로 나가도록 한다. 킬조이를 페미니스트 경고 메시지로 만들 수도 있다. 조심하시오, 우리는 샙니다! 페미니스트 킬조이는 오래된 가방, 흘러넘치듯 소리 내어 말하는 오래된 가방이다. 나는 <u>버럭 화를 내다</u>flying off the handle라는 킬조이 표현에 대해 생각한다. 이 표현은 화를 참지 못해 딱 하고 부러진다는 뜻이다. 우리는 결국 부러질 수도 있다. 부러진 이들은 퀴어의 동족이다.

---

* fly off the handle은 '버럭 화를 내다'라는 의미의 관용적 표현이기도 하다.

페미니스트 킬조이 시인은 밝고, 환하고, 희고, 꼿꼿한 것으로부터 새롭게 시작하지 않는다. 우리는 갈색의, 축 처진, 지치고 닳은, 눈물 젖고 찢어진 것으로부터 시작한다. 때로 우리는 견디기 어려운 것에도 익숙해진다. 또 때로는 그 무게 아래서 그 무게 때문에 부러진다. 연관성은 생존과 창조성 사이에만 있는 것이 아니라 부러짐과 창조성 사이에도 있다. 부러지는 지점은 만드는 지점이 될 수 있다. 로런 벌런트는 사물에 대한 집착을 느슨하게 하는 일의 윤리적 가치를 가르쳐 준다. 단어들은 사물이 될 수 있다. 문장도 마찬가지다. 느슨해지다let loose라는 말은 강렬한 감정이나 표현을 드러냄을 의미하기도 한다.

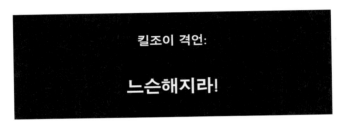

킬조이 격언:

느슨해지라!

우리가 특정한 방식으로 스스로 표현하라는 요구를 거부하기 때문에 우리 글은 느슨해질 수 있다. 내 글이 시간이 흐름에 따라 어떻게 변했는지 돌이켜 본다. 페미니스트 킬조이들에 대해, 그들과 함께, 그들을 당신에게 데려오는 데 더 몰두하면서 내 언어는 느슨해졌다. 나는 단어들을 더 의식하게 됐다. 단어가 얼마나 중요한지, 운율과 반복을 이용한 그 소리는 어떻게 들리는지를 말이다. 그래서 적어도 언어 안에서 나는 숨 쉴 수 있다. 어쩌면 우리는 말을 느슨하게 함으로써 무게를 덜어 내는지도 모른다. 이 핸드북, 『페미니스트 킬조이』도 그저 느슨히 만든 핸드북이다. 나는 그 형태를 느슨하게 만들었다. 간단한 단계도, 쉬운 해결책도 등장하지 않는다. 그렇다, 형태를 느슨하게 만들면 기대에 미치지 못해 실망할 수도 있다. 페미니스트 킬조이가 되는 것은 우리의 기대를 바꾸는 일, 실망을 열린 틈으로, 기회의 창으로 바꾸는 일이다.

그래서 우리는 우리의 결말을 느슨하게, 펄럭이고 나달거리게 내버려둔다. 우리는 사랑하듯이, 살아가듯이 쓴다. 이야기를 이야기하고 흔적을 남긴다. 더 많은 것을 남길수록 우리를 찾아내기는 더 쉽다. 나는 서로라는 의미에서 '우리'라고 썼다.

퀴어 예술가 폴 하플릿Paul Harfleet의 팬지 프로젝트가 떠오른다. 하플릿은 그가 아는 한 동성애 혐오적 폭력이나 학대가 일어났던 모든 장소에 팬지를 심었다.[62] 팬지는 꽃이지만 '팬지pansy'*라는 단어는 모욕적인 표현이다. 우리는 우리에 반해 쓰인 것의 용도를 비틀어 뭔가를 만들어 낸다. 킬조이 시인이 되는 것은 무언가를, 어떤 새로운 확산의 가능성을 심는 일, 폭력의 현장을 표시하는 일, 여기에서 무슨 일이 발생했는지 말하는 일이다. 폭력의 현장은 폭력에 맞서는, 폭력에 싫다고 말하는 현장이기도 하다. 자그마한 꽃 팬지는 현장 전체에 심은 자그마한 시가 된다.

---

* 연약하고 겁먹은 이미지의, 게이 남성을 비하하는 표현.

싫다고 말할 방법은 아주 많다. 아마 시가 중요한 이유는 우리가 말을 잘 꺼내 놓지 못하거나, 싫다는 말을 꺼내려면 먼저 우리 말이 들리게 할 방법을 찾아야 하기 때문일 것이다. 나는 시크교인 페미니스트 시인 재스민 카우어Jasmin Kaur의 시를 듣는다.

소리치자SCREAM
그래서 어느 날
지금부터 백 년이 흐르면
또 다른 자매가 눈물을 닦으며
역사의 어느 곳에서
자신의 목소리를 잃었는지
돌아볼 필요가 없도록.[63]

나는 시의 첫 행을 듣는다. 하나의 단어가 다른 이들이 들을 수 있게 소리치자는, 사랑과 긴급함이 담긴 요구와 간청의 행이 된다. 사랑과 긴급함이라고 말한 것은, 이 시가 더 시끄럽게 허공을 찢으며 소리친다면 뒤에 올 또 다른 자매는 자신의 목소리를 역사 속 어디에서 어떻게 잃었는지 궁금해하며 남겨질 필요가 없으리라는 것을 가르쳐 주기 때문이다. 어쩌면 페미니스트 킬조이로서 내가 시인이 된 것도, 우리가 무엇을, 또 누구를 잃을 수 있는지, 얼마나 많은 것을 말해야 하는지 이야기하는 킬조이 목소리를 당신의 말에서 들었기 때문인지도 모른다.

우리가 아니라고 말했다는 걸 당신은 알아야 해.

힘의 이미지를 연결된 전선으로 그려 내고 「듣는
자들」에 매료된 오드리 로드를 다시 생각한다. 「듣는 자들」
은 나타나 문을 두드림으로써 약속을 지키는 일에 관한 시
다. 두드림은 중요하다. 소리가 움직이기 때문이다. 페미
니스트 킬조이 철학자에 관해 이야기하면서, 문에 들어설
때보다 부딪힐 때 문을 더 알아차리게 된다고 말했다. 두
드림은 어쩌면 알아차린 것을 나누는 방식인지도 모른다.
당신이 도착했다는 것을 어떻게 알리는가? 문을 두드린다.
우리는 다른 이들이 우리가 여기 있다는 것을 듣도록 문
을 두드린다. '똑똑, 누구 없어요?'가 아니다. '똑똑, 우리
여기 있어요!'이다.

우리가 여기 있다는 것이 들리는가? 페미니스트
킬조이 시인이 되는 것은 우리가 듣는 내용, 듣는 사람, 듣
는 방법에 관한 문제이기도 하다. 나는 내 책 『항의하라!
Complaint!』에서 처음으로 「듣는 자들」에 매혹된 로드에 관
해 썼다. 그리고 내가 '문 두드림Knocking on the Door'이라
고 불렀던 강의 도중 로드가 묘사한 시의 내용을 처음으로
소리 내 읽었다. 그의 말을 읽으며 나는 테이블을, 내 나무
책상을 두드리며 똑똑 소리를 내서 청중이 들을 수 있도록
했다. 그리고 나도 그 소리를 들었다.

나는 폭력적인 아버지 밑에서 자라난 경험을 『페
미니스트로 살아가기』에 일부 포함했다. 당시 뼈 언저리에
남아 있다고 느껴질 만큼 내밀한 이야기 한 단락을 잘라 냈

다. 그것은 문의 이야기다. 아버지가 나를 때리고 있을 때 가까스로 피한 적이 있다. 나는 복도를 달려가 욕실 문을 걸어 잠갔다. 유리문이 있던 샤워 부스에 몸을 웅크리고 문을 닫았다.

아버지는 욕실 문을 발로 차 부서뜨렸다. 어마어마한 소리가 났다. 그러고 나서 아버지는 유리문을 당겨 열었다. 문이 산산이 부서질까 봐 너무나 두려웠다. 문은 부서지지 않았지만 다른 무언가가 부서졌다. 어쩌면 바로 그래서, 그 오랜 시간이 지난 뒤에도 내가 부서지는 소리에 그토록 예민한 건지도 모른다. 아버지는 문을 발로 차더니 나를 발로 차기 시작했다. 몇 번이고 그렇게 했다. 지금도, 그렇게 많은 시간이 흘렀는데도 누군가 문을 시끄럽게 두드리면 그게 무슨 문이든 나는 패닉에 빠진다. 달리 말하자면 문 두드리는 소리는 내게 트리거다.

청중이 들을 수 있도록 두드리는 소리를 냈을 때 비로소 나는 그때로 돌아갔다. 때로는 다른 누군가와 우리의 작업을 나눌 때만 우리 자신에게서 뭔가를 들을 수 있다. 그래서 킬조이의 시가 우리 자신과 우리 각자의 역사 속 가장 어려운 부분에 가닿는, 그리고 닿아 있는 방법일 수 있음을 나도 배웠다. 어쩌면 두드리는 소리를, 그 트리거를 듣지 <u>않았다면</u> 좋았을 것이다. 계속해서 문에 귀를 기울여 소리를 듣고, 연결을 유지하고, 더 많은 킬조이 이야기를 모으기 위해서. 어쩌면 때로는 자신의 과거로 난 문을 닫아야만 새로운 틈을 만들 수 있는지도 모른다. 하지만 우리가 들은 것을 서로 나누면 또 다른 문이 열리고, 그로써 우리 사이에도 공간이 열린다. 아마 페미니스트 킬조이 시인이 하는 일이 바로 그것, 우리 사이에 공간을 여는 일일 것이다.

페미니스트 킬죠이

활
동
가

페미니즘이라는 단어를 들으면 행동주의activism
의 소리가 들린다. 행진하고 항의하고 시위하는 일, 그
게 어떤 느낌인지, 얼마나 에너지 넘치는지, 거리로 나서
고, 그 장소를 차지하고, 반대를 표명하고, 많은 이의 일부
가 되고, '나의 몸, 나의 선택' '우리는 다시 일어선다' '싫
다는 건 싫다는 거다' '다른 여성이 자유롭지 않은 한 나
도 자유롭지 않다(오드리 로드)' 같은 촌철살인의 슬로건
을 들고 목소리를 높이는 일이 떠오른다. 우리의 목소리
가 함께 들릴 때 그 소리는 더 크다. 지금까지 전 세계에
서 일어났던 다양한 페미니스트 운동을 생각한다. 성폭력,
젠더 기반 폭력, 인종차별적 괴롭힘, 경찰 폭력, 예산 삭
감, 가난한 이들, 이민자들, 체류증이 없는 이들을 향한 폭
력에 맞서 우리가 어떻게 하나가 될 수 있는지를 생각한
다. 페미니스트 킬조이 활동가는 바로 그 자리에서, 우리
삶을 위해 행진하고 있다. 하지만 우리가 당장 그 자리에
서 시작하는 것은 아니다. 이번 장에서 나는 활동가로서의
페미니스트 킬조이를 탐구하며 거기까지 가는 과정을, 사
회적·정치적 제도를 통해 폭력이 재생산되는 것을 깨닫고
폭력을 끝장내는 데 필요한 일에 헌신하는 운동에 참여하
게 되는 과정을 설명한다. 활동가의 작업 중 너무나 많은
부분이 비활동가들에게는 인정받지 못하거나 애초에 보이
지 않는다. 그 작업이 그토록 많은 폭력이 발생하는 바로
그곳, 닫힌 문 뒤에서 일어나기 때문이다.

페미니즘을 통해 우리는 행동주의가 하나의 분야
에만 국한되지 않음을 배운다. 우리는 집에서, 직장에서,
길에서 활동할 수 있다. 그리고 그 어디에서 애쓰든 페미

니스트 활동가가 된 이야기를 나눌 수 있다. 나는 "페미니스트 학자–활동가들과 정의, 정치, 그리고 희망에 관해 나눈 세대 간 대화를 기록하는" 디지털 아카이브 '페미니스트프리덤워리어스Feminisit Freedom Warriors'[1] 프로젝트에서 영감을 받았다. 학자이자 활동가 찬드라 탈페이드 모한티Chandra Talpade Mohanty와 린다 카티Linda Carty는 이런 대화를 아카이빙하는 일이 "지적 작업과 활동가 혹은 실천 작업을 구분하는"[2] 페미니즘, 공산주의와 "좌파" 주류 서사에 도전하는 정치적 프로젝트라고 묘사한다. 4장에서 행동주의가 어떻게 지식을 생성하는지 설명했다면, 이번 장에서는 다른 측면에서 그 과정을 탐구한다. 우리 자신을 철학적으로 논하기 위한 여정은 우리가 정치화politicization라고 부르는 여정과 동일하다.[3] "중요한 것은 세상을 바꾸는 것"임에도 철학자들이 "세상을 해석"하기만 해왔다는 마르크스의 유명한 비판을 되돌아본다. 세상을 바꾸려 노력함으로써 세상이 어떻게 작동하는지 알게 된다 해도 요점은 여전히 세상을 바꾸는 일이다.

　　　　항상 요점이 보이는 것은 아니다. 앞서 페미니스트 킬조이가 되면 상대적 규모를 의심하게 된다고 이야기했다. 항의는 고사하고 뭔가를 알아차리기만 해도 문제를 더 크게 만든다는 경고를 받는 것은, 그 대상을 작게 만들라는, 우리 자신을 작게 만들라는 이야기다. 킬조이 행동주의에 포함된 행위들은 어쩌면 작게 보일 수도 있다. 그 중요성이 보이게 드러나지 않기 때문이다. **싫다**라는, 할 일이 많은 그 작은 단어를 생각한다. 일터에서든 집에서든, 당신의 몸과 당신에게 이러쿵저러쿵 명령함으로써 권위를 행사해 온 이에게 싫다고 말하는 것이 킬조이 행동주의이다. 규모에 대한 우리의 감각도 싫다고 말함으로써 바뀔 수 있다. 제도 내부의 권력남용에 대한 많은 항의는 결국 그런 남용을 가능케 하는 제도에 대한 항의로 귀결된다. 한 사람을 향한 싫다는 말이 최종적으로는 특정 기관으로 향하게 되는 것이다. 대상이 확대되면 우리의 렌즈도 확대되고, 우리의 행동주의도 마찬가지다. 우리는 어떻게 기관-제도가 그 자체로 더 넓은 체제, 벨 훅스의 표현을 빌리자면 "백인 우월주의적 자본주의 가부장제"[4]라 부를 수 있는 체제가 낳은 효과인지 이해하기 시작한다. 벨 훅스의 작업에는 너무나 많은 킬조이적 영감이 담겨 있다. 훅스는 이름 붙이고 밝혀낸다, 언제나! 활동가로서의 페미니스트 킬조이에 관한 모든 상념을 벨 훅스에게 바친다.

팬데믹 시기, 불평등이 고통스러울 만큼 극명하고, 너무나 많은 사람이 그저 견디고 헤쳐 나가려 싸우고 있는 이 시기에 페미니스트 킬조이는 분에 넘치는 사치로 느껴질 수 있다. 그러나 이런 시기일수록 우리에게는 더욱더 페미니스트 킬조이가 필요하다. 체제를 바꾸려 싸우는 일은 끝없이 깊어지는 불평등의 기능을 알게 되는 길이다. 누가 일을 하고, 누가 정리하고, 누가 돌보는지를, 어떻게 부가 땅과 사람으로부터 자원을 추출하는 데 달려 있는지, 어떻게 바로 그 추출로부터, 사람들의 능력을 고갈시킴으로써 불평등이 재생산되는지를 말이다. 권력과 폭력은 아주 다양한 방식으로 고갈을 통해 작동한다. 사람들은 저항할 능력이 고갈되고 자신의 언어로 삶을 살아갈 의지도 고갈된다. 복지 체계를 비롯해 사람들이 필요로

하는 것을 얻는 일을 어렵게 만드는 것이 목표인 체계들 사이를 탐색해야 하는 데서 오는 고갈이다. 소진되었을 때, 바로 소진되었기 때문에 우리에게는 동맹이 필요하다. 우리 중 많은 이가 공격당하고 있고, 인간성을 되찾으려는 주장은 '정체성 정치identity politics'로 매도되며, 항의는 '취소 문화'로, 지적 참여는 '반달리즘'으로 치부된다. 페미니스트 킬조이, 이 하나의 형상에 응축된 그 역사는 그러한 공격이 무엇을 위한 것인지 깨닫게 도와준다. 그 목표는 바로 기존 질서의 수호다. 이번 장을 시작하며 나는 왜 부정성이 우리의 행동주의에 그처럼 중요해졌는지(페미니스트 킬조이는 오래된 퀴어 역사의 또 다른 측면을 제시한다)를 고찰하고, 성적괴롭힘 문제를 제도적 문제로 처리하려는 노력에서 무엇을 배울 수 있는지 이야기하고, 마지막으로는 항의와 시위가 어떻게 페미니스트 킬조이를 공적영역으로 데리고 나오는지 이야기하겠다. 킬조이 행동주의에 관해 생각하는 것은 페미니스트의 생존이라는 프로젝트를 고민하는 또 하나의 방법인 만큼, 내 생존 팁들을 활용할 것이다.

우리의 시작점, 첫 번째이자 핵심인 **킬조이 진실**과 **킬조이 다짐**으로 돌아가 보자.

킬조이 진실:

문제를 폭로하는 것은
문제를 일으키는 것이다

킬조이 다짐:

나는 기꺼이 불행을 초래하겠다

우리의 다짐들은 우리의 진실들로부터 비롯한다. 우리는 불행을 초래한 경험에서 배운 것들 때문에 기꺼이 불행을 초래하려 한다. 문제를 폭로했을 때 문제를 일으 킨다고 취급되는 것이 바로 문제가 해결되지 않는 방식이 므로, 우리는 계속해서 문제를 폭로해야 함을 안다. 활동 가의 일 중 많은 부분이 폭로하는 작업이다. 우리는 반짝 이는 행복한 다양성 뒤에 숨겨진 폭력을 폭로한다. 가족을 사회적 규범으로, 커플의 형태와 재생산성을 좋은 삶의 기 반으로 격상하는 일의 폭력을 폭로한다.

우리는 또 오드리 로드를 따라 신자유주의의 행 복 신화를 폭로한다. 개인의 삶을 개인의 책임으로 돌리 면 불행한 이는 불행할 만하다는 잔혹한 평가와 잔혹한 유기로 이어진다는 사실을 폭로한다. 로드는 우리가 각자의 행복에 책임이 있다는 원칙이 어떻게 타인의 불행에 대한 도덕적 무관심으로 이어질 수 있는지 가르쳐 준다. 어슐러 르 귄Ursula Le Guin의 디스토피아적 단편 「오멜라스를 떠나는 사람들」을 떠올려 보라. 오멜라스 사람들은 진정한 의미에서 행복한 삶을 산다. "그들은 그저 해맑고 행복한 아이 같지는 않았다. 아이들이 실제로 행복하기는 했지만 말이다. 그들은 비참하지 않은 삶을 사는 성숙하고, 지적이며, 열성적인 성인들이었다."[5] 그들의 행복에는 비밀이 있다. 그 행복은 지하실에 갇힌 한 아이의 불행에 의존한다. "아이는 밤마다 도와 달라고 소리치며 한참을 엉엉 울곤 했지만 이제는 그저 흐느낄 뿐이다. '흑흑' (······) 오멜라스 사람들, 그들 모두 아이가 거기 있다는 것을 안다."[6] 사람들의 행복은 아이의 불행에 대한 무관심을 전제로 한다. 이 이야기는 한 사람의 불행에 기대어 많은 이가 행복한 일의 부당함을 드러낸다. 미래를 그려 내는 과거의 이야기지만 마치 현재를 묘사하는 것처럼 읽힌다. 우리는 오멜라스에서 익숙한 많은 것을 본다. '우리'가 계속해서 좋은 삶을 살 수 있도록 다른 이들이 고통받게 내버려 두고, 그 고통을 억압하고, 외면함으로써 감추어 버리려는 의지.

킬조이 다짐:

나는 행복을
명분으로 삼지 않겠다

행복이 초래하는 불행을 안다 해도, 불행을 초래하는 일이 쉬워지지는 않는다. 내게 킬조이 행동주의는 행복을 명분으로 삼지 않기를 명분으로 채택하는 방식이다. 페미니스트 킬조이 형상을 소개하면서, 나는 그를 탈환하는 일이 모욕적인 표현을 탈환해 온 활동가들의 기나긴 역사를 물려받는 일이기도 하다고 말했다. 이성애의 좁은 대본 밖에서 살아가고 사랑하는 이들을 모욕하는 데 쓰였던 퀴어라는 말이 그 예다. 페미니스트 킬조이를 활동가로 생각하는 것은 그에게 퀴어한 역사를 부여하는 일이다.

다른 비평가들도 킬조이의 퀴어함을 포착했다. 예를 들어, 토론토를 기반으로 활동하는 레즈비언 예술가 데어드리 로그Deirdre Logue와 앨리슨 미첼Allyson Mitchell, 그리고 그들의 2013년 전시 〈킬조이 성—레즈비언 페미니스트 유령의 집The Killjoy Kastle: A Lesbian Feminist Haunted House〉을 살펴보자. 이 전시에서 페미니스트 킬조이는 반항적인 기운으로 우리 역사의 집을 떠돌며 레즈비언 페미니스트 역사를 상기시킨다.[7] 레즈비언페미니즘을 지나간 시대에 속한 한물간 움직임으로 여길 수도 있다. 레즈비언 페미니스트들이 칙칙하고 따분하고 아무래도 좀 우

페미니스트 킬조이 활동가

울하다고 말이다(페미니스트 킬조이에 대한 고정관념과 꽤 비슷한 셈이다). 칙칙하고 따분한 형상이라는 레즈비언 페미니스트는 한편 경고를 보내고 있다. 다이크dyke라는 단어가 "여성들을 겁먹게 만들어 덜 투쟁적인 입장에 서게"[8] 하는 데 이용된다는 래디컬레즈비언스RADICALES-BIANS*의 오래된 발언을 생각한다. 포스트펑크 시대 런던의 레즈비언 진영을 담은 다큐멘터리 〈반란자 다이크 Rebel Dykes〉(해리 섀너핸Harry Shanahan·샨 A. 윌리엄스 Sian A. Williams 감독, 2021)에서는 레즈비언 역사의 한 부분이 얼마나 퀴어했는지 상기한다. 이성애자 세상에서 빠져나가는 것을 더 자유롭게 살아가고, 성적으로 실험하고, 자신에게서, 그리고 자신을 위해서 다른 것을 만들어 가기 위한 틈으로 여겼던 다이크들의 역사 말이다. 상징적으로든 아니든, 한 남자에게서 다른 남자에게로 자신이 넘겨지도록 내버려두기를, 그 남자의 상대 항이 되기를 거부하는 데 투쟁성과 힘이 있을 수 있다. 우리는 다이크를 비롯해 다른 무시무시한 레즈비언 성향의 흔적을 없애 스스로 광내고 반짝반짝 빛나는 행복한 레즈비언이 되라는 유혹을 받는지 모른다. 유혹이 계속되는 만큼, 계속 유혹을 거부해야 한다. 그럼으로써 우리는 더 킬조이다워진다.(킬조이 생존 팁 2: 더욱 페미니스트 킬조이다워지라)

레즈비언페미니즘에는 뭔가 퀴어한 것이 있다. 퀴어라는 단어는 '특이한' '별난' '이상한' '낯선' 등을 의미

---

* 1970년 뉴욕에서 형성된 급진적 레즈비언 페미니스트 집단.

한다. 당연하게도 이런 의미들은 '퀴어'라는 단어가 동성애자들을 향한 모욕으로 쓰이는 원인을 제공했고, 지금도 이 말이 모욕으로 쓰일 때는 마찬가지다. 퀴어는 부정의 의미가 담겨 있는 강력한 킬조이 용어다. 사실 퀴어는 동사로 쓰이면 '망치다spoil'라는 뜻도 된다. 문학이론가 이브 코소프스키 세즈윅Eve Kosofsky Sedgwick은 퀴어가 "어린 시절의 부끄러운 장면"을 고수하기 때문에 "정치적으로 강력한 용어"[9]라고 묘사한다. 부끄러운 역사로부터 자기 자신을 단절하는 대신 우리는 받아들인다. 우리는 얼버무리는 언어로 그 역사를 가볍게 치부하기를 거부한다. 바로 그 역사 덕에 우리의 정치가 유리해지기 때문이다. 가족이나 친구에게 커밍아웃하면 "네가 부끄럽다"라는 말을 듣기 마련이다. 그건 당신더러 부끄러워하라는 말이다. 부끄러워하지 않으면 우리는 정서 이방인이 된다.

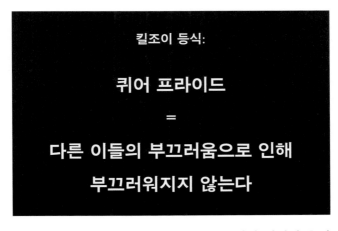

킬조이 등식:

퀴어 프라이드

=

다른 이들의 부끄러움으로 인해
부끄러워지지 않는다

부끄러워하기를 거부할 수 있으려면 정치적 움직

임-운동이 필요하다. <u>나는 바로 그 운동이 킬조이 행동주의라고 생각한다.</u> 국가가 상상하는 세계를 엿 먹이는 우리 킬조이, 정서 이방인, 트러블메이커, 불일치하는 이들 뒤에는 많은 운동이 있다. 뉴욕 액트업ACT UP*의 기념비적 역사를 기록한 『기록을 보이라Let the Record Show』에서 세라 슐먼Sarah Shulman은 국가와 가족으로부터 버림받고, 필요한 것을 얻기 위해 밀고 당겨야 했던 동성애자 HIV 보균자 및 에이즈 환자 들이 어떻게 정치적 움직임을 만들어 냈는지 그 역사를 자세히 기록한다. "치료법과 관련 조치가 부재했을 뿐 아니라 가족들로부터도 버림받았다. 예전에 퀴어라는 이유로 진작 쫓겨났거나 내몰리지 않았다면."[10]

에이즈에 대항한 퀴어 행동주의의 역사는 버림받은 이들을 돌보는 일을 맡는 것이 정치적 행위라는 사실을 일깨운다. 행진부터 '키스인kiss-in' '다이인die-in'** 등의 직접행동은 지금 무슨 일이 일어나는지 가시적으로 보여 줄 뿐 아니라 우리 몸을 도구로 전환한다. 우리가 몸으로 무엇을 할 수 있는지는 적당한 때에 다시 이야기하겠다. 때로는 자기 자신을 구경거리로 만들 의지를 다져야 한다. 슐먼의 역사가 보여 주듯 가시화해야 할 것은 너무

---

* 　　액트업AIDS Coalition to Unleash Power은 에이즈 퇴치를 위한 국제 풀뿌리 정치집단으로, 국가의 적극적 개입을 촉구하는 직접행동으로 널리 알려졌다.

** 　　키스인은 항의의 표시로 집회 참가자들이 계속해서 키스를 나누는 행동, 다이인은 죽은 듯 누워 꼼짝하지 않는 행동을 가리킨다.

나 많다. 질병과 고통에, 가족과 공동체로부터의 유기, 나아가 국가 차원의 동성애 혐오마저 겹쳐진다. 병과 죽음은 일탈에 따른 형벌이라고 조직적으로 단정된다. 너무나 많은 이가 살아남지 못했다. 그리고 잃어버린 이들 중 많은 이가 상실로 인정받지 못했다. 어떤 삶은, 주디스 버틀러의 표현을 빌리자면 "애도할 가치가 없었다".[11] 유색인 퀴어 학자 호세 에스테반 무뇨스José Esteban Muñoz가 유려하게 표현했듯, 퀴어로서 "우리는 우리의 죽은 이들을 데리고 여러 전투에 나선다. 거기에서 우리는 그들의 이름으로 싸워야 한다".[12]

우리는 죽은 이들을 데리고 있다. 그 역사가 우리와 함께 있다. 우리는 우리를 거부하거나 부인하는 이들과 닮거나, 그들에게 인정받는 것을 목표로 하지 않는다. 우리가 거부하는 바로 이런 것들 때문에, 우리는 퀴어를 향해 알겠다고yes 말한다. 정상, 이성애, 시스젠더, 더 하얗고 더 밝아지기, 우리가 아닌 것에 최대한 가까워지고 나아가 그렇게 되기를 열망하기를 거부하면 다른 존재가 될 수 있는 더 큰 여지가 생긴다. 이는 살고 사랑하는 방식이자 정치 스타일이기도 하다. 우리는 항상 우리에게 달린 것은 아님을 깨닫는다. 때로는 우리가 어떤 사람으로서 인식되는지로 인해 즐거움을 망칠 수도 있다(킬조이 생존 팁 6: 항상 당신에게 달린 것은 아님을 기억하라). 정서적으로 이방인이 되었다고 주장하는 것은 우리 자신을 바꿈으로써 그런 인식을 통제해 보려는 노력이 아니다. 우리는 그 인식을 억제하고, 자신을 곧게 편다. 저들을 헤쳐 나가기 위해 저들과 닮아지려 애쓰지 않는다. 우리는 흘러넘쳐 격렬하고 근사한 시위와 파티로 거리를 뒤덮는다.

우리는 흘러넘치고 흘러나온다. 행복을 우리의 정치적 지평으로, 야망으로 두는 것은 우리 자신을 억누르는 일이 될 것이다. 행복은 너무 자주 결혼처럼 행복을 약속하는 제도에 속하고자 하는 소망으로 해석된다. 물론 동성애 혐오는 '동성애 결혼=결혼의 붕괴'라는 등식을 활용한다. 참으로 낙관적인 등식이다. 퀴어들이 결혼이라는 제도를 붕괴시키기 위해서는 서로 결혼하는 것보다 훨씬 많은 노고가 필요하다. 우리는 그 대신 행복해지기를 열망하는 것을 거부하거나 열망하는 일 자체를 거부할 수 있다. 혹은 행복을 우리의 결말로 두기를 거부함으로써 행복으로 뭔가 다른 일을 할 수도 있다. 행복happiness이라는 단어는 '운'을 뜻하는 영어 단어 hap에서 왔다. 행복은 아마도perhaps, 우연happenstance, 되는대로의haphazard와 hap을 공유한다. 그러나 일어나는 일이 아니라 얻어 내야 하는 대상이 되면서 행복은 hap이라는 의미를 잃은 듯 보인다. 우리는 행복을 운에 맡김으로써 hap을 제자리로 돌려놓는다. 행복할 가치나 자격이 있어지려는 프로젝트로 행복을 바꾸어 놓지 않고도 퀴어라서 행복할 수 있다.

퀴어라서 행복하다는 것이 우리가 항상 퀴어로서 행복하다는 뜻은 아니다. 트랜스젠더 학자들 역시 행복해지리라는 기대에 의문을 제기해 왔다. 힐 말라티노Hil Malatino는 "성전환이 당신을 무슨 젠더화된 축복의 약속된 땅으로 데려다주지는 않는다"라고 강조한다. 더 나아가 그는 "성전환이 필수적인 이유가 전적으로 치료를 위해서라거나 심지어는 최소한 행복을 위해서일 필요는 없

페미니스트 킬조이

다"[13]라고 말한다. 말라티노는 새로운 질이 자신을 행복하게 만들지 않을 것일뿐더러 그러리라 기대해서도 안 된다고 강조한 앤드리아 롱 추Andrea Long Chu의 뒤를 따른다.[14] 행복을 '좋음'의 증거로 가정하는 세상에서, 우리는 어쩌면 불행해질 자유를, 아니면 적어도 지극히 양가적이고 불확실하게 남아 있을 자유를 주장해야 할 것이다. 삶은 복잡하고 취약하고 지저분하다. 우리도 마찬가지다.

행복해지기 위해 커밍아웃한다는 환상을 부수어야 한다면, 행복이 포용이라는 환상도 계속해서 부수어야 한다. '동성애 친화적gay friendly'임을 자처하는 조직, 도시, 국가는 (이런 기술은 때로 '핑크 워싱pink washing'이라고 불린다) 여전히 많은 LGBTQI+ 사람들에게 적대적이다. 작년에 런던에서 애인과 자전거를 타고 있었을 때였다. 우리는 물을 마시려고 잠시 멈췄다. 둘 다 즐거웠고 편안한 상태였다. 한 남자가 우리 쪽으로 달려왔다. 그가 몹시 놀란 것 같아 나는 걱정스럽게 그를 올려다보았다. 그러나 그때 그가 내게 침을 뱉더니 역겹다는 듯 말했다. "쓰레기 같은 게." 다른 이들에게 이 일에 관해 말했더니 그들이 말했다. "그런 일은 더는 안 일어나는 줄 알았는데." 그런 일은 일어났다. 그리고 일어나고 있다.

그런 일은 여전히 일어난다. 요즘 영국에서 트랜스젠더 혐오는 이전의 동성애 혐오와 무섭도록 비슷한 방식으로 작동한다. 이것이 바로 동성애 혐오가 과거의 것이 아니라 현재의 것임을 보여 준다. '밤길 되찾기Reclaim the Night' 행진에서 배포된 트랜스젠더 혐오적 팸플릿에 관해 이야기했던 때가 떠오른다. 팸플릿에는 트랜스젠더 여성이 성적 포식자로 묘사되어 있었다. 내가 분노를 표현하자 트랜스젠더 배제 성향의 페미니스트가 말했다. "지금 그게 홀로코스트만큼 나쁘다는 거예요?" 훨씬 끔찍한 인간 혐오 역사를 들먹이는 이 말의 함의는 트랜스젠더를 향한 폭력이 '상대적으로' 사소하다는 것이다. 그 비평가는 잊을 만하면 '트랜스 로비스트'나 '트랜스 탈레반'이라는 표현을 쓴다. 우리는 페미니스트 킬조이로부터 해악의 축소와 권력의 팽창은 같이 간다는 것을 배웠다. '이방인 위험stranger danger'*은 위험을, 외부인이라고 여겨지는 이들에게 위치시키는 역할을 한다. 이방인 위험은 또한 대체로 어린이지만 때로는 여성인 '위험에 처한 이'라는 형상을 만들어 낸다. 현대의 트랜스젠더 혐오는 트랜스젠더들이 어린이들을 위험에 빠지게 만든다고 암시하는 방식으로 작동한다. 다음과 같은 헤드라인도 있었다. "트랜스젠더를 혐오하는가? 물론 아니다, 우리는 그저 우리 아이들을 걱정할 뿐이다."[15]

'우리 아이들을 걱정할 뿐'이라는 말은 단순히 과거의 '걱정'이 무섭도록 똑같이 메아리치는 문제가 아니다. 이런 걱정은 게이 남성과 레즈비언에게 쓰였던 '그루머groomer'**나 '포식자' 같은 동성애 혐오적 표현이 재활

---

*   낯선 이는 모두 잠재적으로 위험하다는 일종의 표어. 흔히 어린이에게 주의시킬 때 많이 쓰인다.
**   원래는 '가꾸는 사람'이라는 뜻이지만, 취약한 이의 호감을 사 정신적으로 지배하는 그루밍 범죄를 저지르는 사람을 가리키는 말로 쓰인다.

용되는 결과를 낳는다. 이런 단어들은 상당 부분 받아들여지는 연상작용을 일으킨다. LGBTQI+들은 아이들을 꼬드겨 그 생활 방식에 포섭하는, 놀랍지 않게도 아동학대자로 형상화된다. 더 명확히 말하겠다. 우리는 실시간으로 '동성애 홍보 목적의 자료 게시'나 '동성애를 가족관계로 가장하는 것을 수용하도록 가르치는 것'을 포함해 지방정부의 '동성애 홍보'를 금지하는 일련의 법안인 대처 정부의 1988년 지방정부법 28조[16](기본적으로 퀴어 가족에 관한 '행복의 책'인 셈이다) 제정을 가능하게 만들었던 바로 그 윤리적 공황을 목격하고 있다. 한 보수당 의원은 최근 자기 선거구의 모든 학교에 편지를 보내 "이런 이데올로기를 포용할 만한 것으로 만드는 책들과 트랜스젠더 생활양식을 미화하는 모든 형태의 미디어가 걱정스럽게도 그저 [지나갈] 단계에 지나지 않는 것을 재확인하는" 세태에 우려를 표현했다. 친절하게도 '트랜스젠더 이데올로기'에 대한 우려가 안티페미니즘을 전제로 한다는 것을 되새겨 주기라도 하듯, 그는 덧붙였다. "남자애들은 남자애들이고 여자애들은 여자애들입니다."[17] 이러한 선언에서 여자애들과 남자애들이 무엇인지가 그들이 무엇이 될지에 대한 판결이나 다름없음을 알아볼 수 있다. 내가 젠더 운명론gender fatalism이라 부르는 이런 판결은 가장 흔하게는 자신이 들은 바대로 행동하거나 그런 존재가 되지 않겠다는 의지나 목표를 드러내는 이들에게 명령으로서(너는 여자애가 될 거야, 너는 남자애가 될 거야) 주어진다.

킬조이 격언:

이 세상과 불화하라!

안티트랜스젠더 운동은 안티페미니스트 운동이다. 오늘날 페미니즘에 대한 많은 공격이 '젠더'에 대한 공격으로 나타나는 것도 그런 이유에서다. '젠더'는 세계 여러 곳에서 부쩍 킬조이 용어가 되어 왔다. 주디스 버틀러는 "안티젠더 움직임"이 "다양한 경제적·사회적 세력에서 비롯한 침입과 파괴에 대한 두려움을 극대화하는" 일련의 수사적 전략을 사용하는 세계적인 현상이라고 묘사하며, "이는 일관성을 위해 애쓰지 않는다. 비일관성이 그 힘의 일부이기 때문이다"[18]라고 말한다. 버틀러는 젠더연구, 퀴어이론, 비판적 인종 이론 등의 학문 탐구 분야가 어떻게 사회제도, 예컨대 결혼, 가족, 국가, 문명, "심지어 인간 자신"의 붕괴를 초래할 수 있는 "파괴적인 세력"으로 재현되었는지 보여 준다. 성별은 역사 바깥에 놓임으로써 수호된다. 성별이라는 단어는 이제 단순히 서로 다른 생물학적 성 두 개만을 의미하지 않는다. 그 대신 결혼은 이성애적 결합이고, 모든 아이를 그러한 결합에 기반한 전통적 가족 안에서 길러야 하며, 사회는 사회적 공간과 제도를 단속함으로써 성의 분리를 강화해야 한다는 관념을 뜻하게 되었다. 성별에 대한 이런 수호는 또한 버틀러가 보여 주듯 "모든 종류의 규범에 비판적으로 의문을 제기하는 데" 대한 저항이다.

　　　바로 이 때문에 '모든 종류의 규범'에 의문을 제기하는 비판적 작업은 더욱더 중요해졌다. 페미니스트 킬조이 형상이 우리에게 가르쳐 주었듯, 그 작업을 위해서는 기꺼이 인류의 행복에 위험할 뿐만 아니라 치명적인 존재로 자리매김하겠다는 의지가 필요하다. 페미니스트 킬조이를 활동가로 생각한다는 것은 그 일을 어떻게 맡아야 할지 고민하는 일이다. 우리는 권력을 가진 이들을 향해 미소 짓거나 그 마음에 들려 애쓰지 않는다. 킬조이 행동주의를 생각하며, 나는 대학교 사무실에 출입을 거부당하자 나체 시위를 시작한 스텔라 냔지Stella Nyanzi 같은 흑인 페미니스트들에게서 영감을 받는다. 냔지는 이후 매너와 예의범절의 형태로 강제된 영국 식민주의 문화 규범을 깨기 위해 초기 반식민주의 활동가들이 활용한 '급진적 무례radical rudeness' 전술을 채택해 우간다 대통령을 공개적으로 비판했다.[19] 냔지부터 페미니스트 자유 전사들까지, 나는 그들로부터 몸과 언어를 사용해 체제의 폭력을 드러냄으로써 체제를 동요시킬 수 있음을 배웠다. 나는 또한 가부장제에 엿먹으라고fuck off 말했으며 계속해서 말하고 있는 모나 엘타하위Mona Eltahawy[20] 같은 유색인 페미니스트들을 생각한다. 그는 설명한다. "나는 내가 사람임을 전혀 인정하지 않는 그 누구에게라도 예의 바르거나 정중하게 굴기를 거부한다. 내게 욕설은 개인적인 것이 아니라 정치적이다." 엘타하위로부터, 페미니스트들은 요구를 관철하기 위해 때로는 무례하고 버릇없고 불순할 필요가 있음을 배운다.

　　　부정성은 형식이지만 본질이기도 하다. 우리가 스

스로 표현하는 방식은 우리 자신과 다른 이들에게서 무엇을 원하는지에 달려 있다. 어쩌면 처음에는 우리의 목표와 열망을 더 뚜렷이 표현하고자 그마저도 충분히 부적절하지만 부정형을 사용할 것이다. '우리는 폭력을 재생산하는 제도에 속하고 싶지 않다' '우리는 당신 기분이 편해지라고 우리의 외양이나 말을 부드럽게 하지 않겠다' '우리는 가족의 행복이나 행복한 다양성이라는 환상을 만들어 내기 위해 미소 짓지 않겠다' '우리는 채용 요건이 다른 이들을 위해 미소 짓는 것일 때, 요건을 충족하기 위해 미소 짓지 않겠다'. 미소 짓지 않기를 정치적 행위로 내세우는 일은 유서 깊은 페미니스트 역사에 기대고 있다. 슐라미스 파이어스톤Shulamith Firestone에게 여성해방운동을 위한 '꿈의 행동dream action'은 미소 보이콧이었다. "모든 여성은 '만족시키려는 미소'를 즉각 내버리고, 뭔가가 그들을 만족시킬 때만 미소 지어야 할 것이다." 파이어스톤은 미소가 "속으로는 지옥처럼 느끼고 있음에도 미소 짓고 히죽거리며 억압을 좋아하는 것처럼 보여야 하는"[21] 억압받는 집단의 의무가 되었다고 지적한다. 만약 우리 모두 동시에 미소 짓기를 그친다면, 모두가 우리를 알아차릴 것이다. 미소 파업smile strike은 우리 안의 것, 그 지옥을 밖으로 꺼내 놓는 일이다.

페미니스트 학자 베로니카 가고Verónica Gago는 아르헨티나 여성들의 파업을 설득력 있게 분석하고 모든 것에 대항하는 페미니스트 파업을 촉구했다. 나는 미소 파업이 그의 작업과 연관될 수 있다고 생각한다. 가고는 이렇게 쓴다.

> 파업에는 거부가 효과적으로 실천으로 이어지게 하는 시
> 간성이 있다. 파업은 우리의 시간이 손가락 사이로 빠져
> 나가는 것과 폭력에 '그만!'이라고 말하는 방식이자, 사람
> 을 축소시키는 불안정성을 지속하게 하는 신체적·정신적
> 고갈을 거부하는 일이다. 우리가 수행하는 수많은 과업이
> 경제적 자주성으로 해석되는 것이 아니라, 오히려 강제적
> 인 무상 노동으로 강화된다는 사실에 '싫다'라고 이야기
> 하는 것이다.[22]

가고는 학자–활동가인 실비아 페데리치Sylvia Federici와의 대화를 들어, 페미니스트 파업이 "우리에 대한 억압에 기여하는 활동들을 중단하는" 것이며 따라서 "시간과 에너지를 해방할 것"[23]이라고 말한다. 킬조이 행동주의가 어떻게 우리가 해방하는 것을 가득 채우는지는 적절한 때에 다시 이야기하겠다.

손가락 사이로 시간이 빠져나가더라도, 싫다는 말을 꺼내 놓는 데는 시간이 걸릴 수 있다. 킬조이 철학자에 관한 장에서, 교수에게 싫다고 말할 수 있는 지점에 도달하기까지 오랜 시간을 들였던 학생 이야기를 했다. 그는 결국 싫다고 말했다. 그리고 그가 싫다고 말한 이유는 "다른 학생들은 그런 과정을 거칠 필요가 없었으면 하고 바랐기" 때문이었다. 그는 누군가가 싫다고 말하더라도 교수가 똑같이 행동하리라는, 즉 순응할 수 없거나 그럴 의지가 없는 학생들은 접근이 불가한 똑같은 수업과 커리큘럼을 계속 만들리라는 사실을 알았다. 그리고 무슨 일이 일어났을까? 석사과정 노조위원장에게 항의 의사를 밝히

자 학생은 경고를 받았다. "조심해요, 그 교수는 중요한 사람이니까." 경고는 누가 중요한지에 대한 평가이자 방향성이다. 그래도 학생은 항의했다. 그리고 그의 말에 따르면 그는 "경력을 전부 희생했다". 바로 그때 그가 이 말을 했다. "그 문은 닫혔어요."

싫다고 말한 이에게는 갈 곳이 남지 않는다. 싫다고 말한 이들이 사라지면 싫다는 말도 함께 사라진다. 제도적 권력을 가진 이들에게 싫다고 말하는 것은 그들에게 권력을 준 제도에 맞서는 것이다. 권력이 주어진 사람에게 싫다고 말하는 것이 그처럼 정치적일 수 있는 것도 그래서이다. 당신은 체제가 누구를 위해 작동하는지 깨닫게 된다. 싫다는 말의 파급효과는 따라서 물리적이다. 당신은 일을 완수하는 데, 헤쳐 나가는 데 필요한 자원에 접근할 수 없게 된다. 당신은 보복에 극도로 취약해진다. 보복을 증명하기는 어려운데, 아주 많은 경우 보복은 받지 못하는 것, 돌아오지 않는 기회, 열려 있지 않은 문으로 나타나기 때문이다. 제도의 '문을 잡고 있는 사람들'은 그들이 권력을 남용하는 것을 막으려는 이들에게 문을 닫아 버린 바로 그들이다.

그 문을 열기 위해서는 정치적 운동이 필요하다. '미투'는 그런 운동 중 하나였다. 2017년 널리 알려졌지만, 정치적 캠페인으로서의 미투운동은 훨씬 이전인 2006년 흑인 페미니스트 활동가 타라나 버크Tarana Burke가 "성적 학대, 폭력 및 착취 생존자들의 목소리를 지지하고 확대할 공간"[24]으로서 시작했다. 확대되어야 하는 목소리는 들리지 않는 목소리다. 생존자들이 항의하지 않는 것이 아니라 (많은 이가 항의할 수 있고, 그렇게 한다) 우리가 그 목소리를 듣지 못하는 것이다. 때로는 기밀 유지 계약을 비롯해 침묵을 강요하고 장려하는 여러 기술 때문이고, 때로는 기관 내부에서 항의하는 이들이 자주 기관을 떠나기 때문이다. 싫다는 말은 문이니까 말이다.

페미니스트 킬조이 활동가가 된다는 것은 침묵을 성취로 듣는 일이다. 침묵은 사람들이 싫다고 말하지 않았다는 뜻이 아니다. 침묵은 우리가 그들의 목소리를 듣는 것이 가로막혔다는 의미일 수 있다. 어떤 교수와 함께 학과 내 여러 남성이 저지른 성적괴롭힘과 따돌림에 대한 "항의의 장막"에 관해 대화한 적이 있다. 그는 자신의 항의가 어떻게 덧칠되었는지 묘사했다. "페미니스트들이 오더니 단순한 재미를 망쳐 버렸다고요. 제가 그렇게 생각하게 만들기 전까지만 해도 다들 괜찮았다고⋯⋯ 제가 전부 들쑤시기 전까지는 다들 꽤 행복했다고." 킬조이 행동주의를 '전부 들쑤시는' 일로 볼 수도 있다. '다들 꽤 행복했다'는 환상은 항의할 여지 자체를 없애거나, 항의가 발생해도 밖으로 나가지 않게 가로막을 때만 유지될 수 있다.

그 행복의 환상을 만들기 위해 항의는 가로막히고 억눌린다. 어쩌면 그 항의들은 지하실이나 파일 캐비닛으로 들어가 버릴 수도 있다. 나와 대화를 나눈 또 다른 교수는 대학교에서 다른 교수의 성 비위와 성적괴롭힘에 항의한 학생을 지원한 경험이 있었다. 그는 다음과 같이 그 과정을 설명했다.

"한 학생이, 어린 학생이 찾아와서 사실상 이 남자가 자기를 유혹했다고 말했어요. 그리고 다른 여성과 대화하다가 그에게도 똑같은 짓을 했다는 걸 발견했죠. 일이 눈덩이처럼 불어나더니 여성 열 명을 찾아냈어요. 그 교수가 그냥 한 여성에게서 다음으로, 그다음으로, 그다음으로 계속하고 있었던 거예요." 한 학생이 싫다고 말한다. 그리고 대화를 나눈다. 다른 이들의 이야기를 듣는다. 눈덩이처럼 불어나는 일을 생각한다. 항의가 또 다른 항의를 불러온다. 우리가 구르는 것을 지켜보라, 추진력을 얻게 되는 일을. 우리가 구르는 것을 지켜보라. 이는 내 책 『페미니스트로 살아가기』의 마지막 문장이었다. 이 표현을 통해 내가 무엇을 포착하고자 했는지 당신도 들을 수 있기를 바란다.

추진력만 얻으면 모든 것을 바꾸기에 충분하다는 뜻은 아니다. 1장에서 킬조이의 영향력은 종종 부풀려진다고 이미 이야기했다. 권력에 도전하는 이들의 영향력이 부풀려짐으로써 권력은 유지된다. 문제의 교수는 자신의 행동을 변호했다. "저한테 와서 '이게 이 직업의 특전이죠'라고 말했어요. 믿을 수가 없었어요. 그런 말을 실제로 하다니. 그냥 뜬소문이 아니었어요. 이게 이 직업의 특전이라니. 뭐라고 대답했는지는 기억 안 나지만, 저는 기겁했어요." 그 말에는 학생들과 섹스하는 것은 마치 회사 차량을 받는 것과 같다는 함의가 있다. 자신이 하는 일 덕분에 얻을 자격이 있는 것 말이다. 그는 덧붙였다. "그 여성들은, 그들은 마녀사냥의 대상이 됐어요, 히스테릭하다고. 빤하잖아요, 아시겠죠. 마치 전부 그 남자를 물먹이려 했다는 듯이요." 특권을 괴롭힘으로 묘사하면, 누군가에게서 그의 것을 박탈하려 한다고 여겨진다. 항의자가 킬조이가 되어 버린다는 사실은 이런 박탈의 성격을 잘 드러낸다. 권력자가 권력을 남용하는 것을 막으려 애쓰는 즉시, 당신의 행동은 권력을 향한 욕망에서 비롯한 것으로 여겨진다. 이 사례에서 항의는 받아들여지지 않았고 교수는 감독 조치를 약간 받은 뒤 원래 자리로 돌아갔다.

항의를 특권에 대한 반대로 표상하는 이들은 권력을 남용하는 이들만이 아니다. 석사과정 노조위원장의 괴롭힘과 따돌림에 항의하기 위해 단체로 활동했던 또 다른 학생이 떠오른다. 그의 묘사에 따르면 동료 학생들은 그의 단체를 킬조이로 여기며 그들이 "다른 걸 할 게 아니라 지금 학업에 지장을 받는 이들과 '연대'해야 한다"고 말했다. 항의하면 당신은 지장을 일으키는 행동을 하는 개인으로 여겨진다. 킬조이들은 심지어 단체로 일할 때조차 개인주의적이라고 치부된다. 공유된 문화에 참여하기를 주저하면 자신을 최우선으로 내세운다고 평가된다. 그리고 더 많은 사람이 혜택받을 수 있는 상황을 받아들이라는 압박 아래 놓이게 된다.

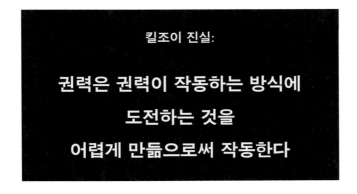

킬조이 진실:

권력은 권력이 작동하는 방식에 도전하는 것을 어렵게 만듦으로써 작동한다

권력에 도전하는 이들은 권력이 어떻게 작동하는지 알게 된다. 그런 활동에 참여하면서 내가 뭘 배웠는지 조금 나누어 보겠다. 나는 2016년 성적괴롭힘에 집단으로 항의서를 제출한 학생들을 지원하기 시작했다. 학생들과 대화를 시작하자마자 다른 항의서, 이전의 항의서, 이전의 조사서에 관한 이야기가 들려왔다. 성적괴롭힘이 단순히 개인의 문제가 아니라 해당 기관의 문화였음이 명백해졌다. 문제를 개인적인 일로 처리해 온 것은 바로 기관이었다. '이방인 위험'은 폭력이 외부인에게서 온다고 말하는 것 이상의 역할을 한다. 이방인 위험은 '집에서at home' 발생하는 폭력을 <u>흐리게</u> 만드는 기능을 한다. 여기서 '집에서' 발생하는 폭력이란 가정폭력, 기관 내 폭력, 국가 폭력을 모두 아우를 수 있다.

기관–제도에 대한 충성은 때로 문제를 <u>흐릴 의지</u>를 요구한다. 당신이 기관을 문제 삼으면 삼을수록 당신은 더욱 문제가 된다. 사람들이 항의의 뜻을 표현할 여지를 제한함으로써 항의가 관리된다. 3년이 흐른 뒤에도, 우리는 조사가 이루어진 이유는 고사하고 애초에 조사가 있었다는 사실조차 공개적으로 인정받지 못했다. 마치 그런 일이 아예 없었던 듯했고, 예상하건대 그것이 바로 그들이 원한 효과일 터였다. 하나의 활동 전체가 지워져 버릴 수도 있다. 나는 페미니스트 킬조이 블로그에 사직 이유를 공유했다. 침묵에 대항하면서 침묵 속에서 사직할 이유가 조금도 없었기 때문이다. 그러자 나는 곧바로 다시 페미니스트 킬조이, 혹은 <u>제도적 킬조이</u>가 되었다. 대학교는 빠르게 대외 홍보 캠페인을 벌였고 거기에는 다음과 같은 선언이 포함되었다. "우리는 성적괴롭힘을 매우 심각하게 받아들이며 평등과 다양성, 포용과 관련된 우리의 강력한 가치와 양립할 수 없는 행동을 한 것으로 밝혀진 이들에 대해 조처하고 있습니다." 다양성(평등과 포용도 마찬가지로)은 항의의 증거에 반박하는 데도 이용될 수 있다. 다양성은 수습책으로, 문제를 포장지로 가려 금이 간 명성을 수습하려고 노력하는 데에 쓰인다.

대학교의 반응은 예상했지만, 페미니스트 동료 몇몇마저 내 행동이 해롭다고 평가할 줄은 미처 예상하지 못했다. 한 동료는 내가 "경솔"했다고 질책하며, 내 행동이 "행복하고 활기찬 환경을 마련하기 위해 오랫동안 노력해 온 많은 페미니스트 동료의 이익에 반한다"라고 말했다. 이미 공개적으로 페미니스트 킬조이로 식별된 내가 또다시 다른 페미니스트에게 페미니스트의 즐거움을 망치는 이로 식별된 것이다. 이 사실로부터, 성적괴롭힘을 폭로하면 대학교의 행복뿐 아니라 페미니스트의 행복("행복하고 활기찬 환경") 역시 위협하는 일로 치부될 수 있음을 배워야 한다. 괴롭힘을 당한 학생들을 생각한다. 대학이 그들에게 행복하고 활기찬 환경이었는가? 우리가 함께 성차별주의를 주제로 조직했던 행사가 있었다. 몇몇 학생이 성적괴롭힘에 반대해 자신들이 해 온 행동을 이야기했다. 여전히 말할 수 없는 부분이 너무나 많았지만, 공개적으로 그런 이야기를 한 것은 그때가 처음이었다. 나중에, 사석에서 몇몇 동료가 문제를 공론화하면 사람들이 대학교 내에서 이루어진 페미니스트들의 노력을 간과하게 될 수 있다며 걱정을 표했다.

이 이야기에는 경고가 담겨 있다. 한 기관 내 페미니스트의 명성을 보호하고자 성적괴롭힘에 침묵한다면, 우리는 페미니스트 기관을 만들기 위해 노력하는 것이 아니다. 페미니스트 기관을 위해 노력하는 것은 프로젝트다. 아직 거기에 도달하지 않았기 때문이다. 기관이 페미니즘의 자원이 될 때 페미니스트들은 결국 자원을 보호하고자 그 기관을 수호하게 된다. 오드리 로드는 이 사태를 예측했다. 그는 주인의 집으로부터 자원을 얻는 이들만이, 그 집을 무너뜨리려고 노력하거나 그 안에서 일어나는 일을 폭로하는 이들을 "위협적으로"[25] 여기리라고 말했다. 페미니스트가 기관-제도에서 자원을 얻으면 결국 거기에 충성하게 된다.

킬조이 진실:

폭력에 침묵하는 것은 폭력이다

일반적인 의미에서 성차별주의나 인종차별주의, 권력이나 괴롭힘을 비판하기는 매우 쉽다. 자신의 학과는 비판이 다른 곳을 향하는 한 비판적이라 자임한다고 설명한 대학원생이 있었다. "우리 과는 굉장히 비판적이지만 문제가 이 안에서 일어나면 그것에 관해 말할 수 없어요. 다른 곳에서 일어나면 그 체제를 불태워 버려야 하죠." 그는 이렇게 덧붙였다. "집에서 가까울수록 행동할 확률이 낮아져요." 킬조이 활동가가 되는 것은 '집에서 가까운' 문제를 처리하려 애쓸 때 무슨 일이 일어나는지 배우는 일이다. 때로는 여기here에서 일어나는 문제를 듣지 hear 않으려는 거부감 때문에 아무런 행동도 하지 않는다. 킬조이를 소개하는 장에서, 해롭거나 당신을 작아지게 만드는 유대는 부러뜨려야 한다고 말했다. 어쩌면 다른 이들이 기관-제도로부터 해를 입는 것을 막으려면, 기관-제도로의 유대 역시 부러뜨려야 할 것이다.

킬조이 다짐:

다른 이들에게 해를 입히는 유대는 부러뜨리겠다

여기에서는 페미니스트 킬조이 문화비평가가 도움을 줄 수 있다. 우리는 그에게서 행복을 어떻게 읽어 내야 하는지 배웠다. 기관들은 각자 행복의 약속을 제시한다. 당신은 충성을 대가로 행복을 약속받는다. 행복은 임금 인상이나 승진, 더욱 고됨에도 가치는 절하되는 일에서 해방되는 시간의 형태로 제공될 수 있다. 그러나 약속은 경고이기도 하다. 성적괴롭힘에 대해 항의하려고 고민 중이던 학생과 이야기를 나눈 적이 있다. 그는 말했다. "'소란을 피우거나' '파란을 일으키면' 향후 경력에 영향이 미칠 거고 '모두의 학과를 망칠 거'라는 이야기를 계속 들었어요." 항의는 항의하는 당사자뿐 아니라 학과나 기관에 해를 입히는 행위로 덧칠된다. 어쩌면 그 말은 당신의 행복이 당신이 어느 정도까지 기관의 행복을 보호할 의지가 있는지에 달렸다는 의미인지도 모른다.

킬조이 진실:

체제 안에서 더 빨리,
더 멀리 전진하기 위해 요구되는
작업이 체제를 재생산한다

이것이 페미니스트 킬조이로부터 우리가 배울 것이 그토록 많은 이유다. 우리는 재생산 기제를, 제도 안에서 권력을 누리는 이들이야말로 그 제도를 재생산하고자 하는 이들이라는 사실을 배운다. 또 제도를 바꿀 확률이 가장 높은 이들은 그 안에서 전진할 확률이 가장 적은 이들이란 것도 알게 된다. 알겠다고 말하면 전진할 확률은 높아진다. 우리는 끊임없이 전진하기 위해서 무슨 일을 해야 하는지 듣는다. 엘리트 기관의 특별 연구원이 되려고 애써 보라던 편지를 돌이켜 본다. 일단 선정되고 나면, 당신은 다른 누구를 선정할지 결정하는 일에 관여하게 된다. 인정받고 보상받는 일은 계급에 복종하는 일이며 나아가 계급을 재생산하라는 요구를 받는 일이다.

침묵은 순응만을 의미하지 않는다. 당신은 침묵에 대해 보상을 받는다. 도입부에서 나는 모든 페미니스트가 페미니스트라는 것만으로도 이미 킬조이라고 이야기했다. 어떤 페미니스트들은 엄밀한 의미의 페미니스트 킬조이 형상과 최대한 거리를 두려고 애쓸 수도 있다. 이들을 자유주의나 신자유주의 페미니스트라고 부를 수도 있겠다. 페미니스트 킬조이로부터 거리를 둔다는 것은 존경받을 만하지 않은, 상승 이동이라는 프로젝트를 위협하는 다른 페미니스트들과 거리를 둔다는 의미다.

페미니스트 킬조이의 형상이 달라붙는다는 것을 기억할 필요가 있다. 우리 중 일부는 우리가 동반하는 것 때문에, 혹은 그저 방에 들어서기만 해도 킬조이가 된다. 페미니스트 킬조이들, 즉 '틀린' 페미니즘으로부터 거리를 둠으로써 승진하는 일부 여성들은 특정한 사람들, 어디를 가든 문제를 일으키는 것처럼 보이는 이들로부터 거리를 둠으로써 승진하는 셈이다. 나는 이런 페미니즘을 백인 자유주의 페미니즘이라고 부르겠다. 학과에서 인종차별과 성차별, 괴롭힘을 경험한 한 유색인 여성은 다른 과의 학과장이었던 상급자 백인 페미니스트 교수의 도움을 받을 수 없었다고 이야기했다. 그는 말했다. "종이 위에서 급진적이기는 쉬워요. 하지만 현실은 꽤 다르죠. 그 교수의 정치는 자기 경력을 발전시키는 데 목적이 있지 여성들의 환경을 바꾸는 것과는 아무런 관계가 없었어요." 킬조이 활동가들은 종이 페미니스트paper feminist를 속속들이 알고 있다. 글로만 페미니스트인, 실천하지 않는 이들이다.

종이 페미니스트가 될 수 있다면, 종이 페미니스트 킬조이도 될 수 있다. 명목상으로는 페미니스트 킬조이지만 실천하지 않는 이들, 공공연하게 무엇에 반대하는지 큰 소리로 외치면서도 괴롭힘에 항의하려는 누군가가 도와 달라고 요청할 때, 닫힌 문 뒤에서는 그렇게 하지 않는 페미니스트 킬조이들. 행동을 바꾸지 않으면서 킬조이를 채택하고, 그를 주장하고, 그가 적힌 티셔츠를 입고, 그를 통해 혹은 그가 되어 글을 쓰기는 너무나 쉽다. 이는 나 자신을 향한 메모이기도 하다. 나는 나 자신에게 말하고 있다. 페미니스트 킬조이가 되는 것은 자신을 킬조이라고 말하는 것 이상의 일이다. 킬조이를 더 이용하게 되면, 그가 일은 덜 하는 동시에 채택하기는 더 쉬워질 위험이 생긴다. 모든 까다로운 용어를 입맛에 맞게 사용할 때 이런 위험이 발생한다. 모욕이나 고정관념에서 시작된 투쟁에서 나온 모든 용어는, 그 여정에서 에너지를 잃을 수 있다.

문제는 용어가 여정 중에 에너지를 잃는 것도 모자라 가림막으로 이용될 수도 있다는 점이다. 한 유색인 학자는 내게 이런 편지를 썼다. "우리 캠퍼스에는 사무실

문에 '페미니스트 킬조이'라는 표지판을 걸어 둔 남자가 있는데, 여성들에게 항의의 대상이 됐었어요. 그가 해를 입힌 여성 중 한 명이 그런 짓을 하고서도 문에 그런 표지판을 건 것이 불편하다고 말하자, 그는 학과장에게 그 여성에 대한 민원을 제기했죠. 대체 어떻게 이런 일이 일어날 수 있는지 모르겠어요."

어떻게 이런 일이 일어날 수 있는지 나도 모르겠다. 하지만 우리는 이런 일이 가능하다는 사실을 알아야 한다. 페미니스트 킬조이는 항의한 여성 앞에서 닫힌 바로 그 문에 걸려 있는 표지판이 되고 말 수 있다. 우리의 용어들이 시간과 공간을 점유할 저들의 권리를 확언하는 가림막이 된다. 우리가 만약 당신이 이러저러한 짓을 하고 있고, 당신 마음대로 페미니스트 킬조이를 전유하고 있다고 말하면, 그는 아마도 우리가 다른 사람 이야기를 하고 있다고 가정하며 어깨 너머를 돌아볼 것이다. 그게 아니라면 자기 자신을 변호할 테고, 또다시 무례한 우리는 문제를 지적함으로써 문제가 되고 말 것이다.

전유는 부정적인 에너지를 지워 버릴 뿐 아니라 우리가 거부하려 애쓰는 바로 그 길로 방향을 틀어 버림으로써 우리의 작업을 무효화하는 기술이다. 교차성부터 탈식민화, 폐지론, 그리고 페미니스트 킬조이 자체에 이르기까지, 우리의 모든 용어는 사람들이 행동을 바꾸지 않으면서 정반대 입장을 주장하게 할 수도 있다. 그리고 그로써 폭력을 감추거나 심지어 정당화하는 데 이용된다. 우리는 여기에 대해서도 싫다고 말해야 하며, 어쩌면 모나 엘타하위와 스텔라 난지를 비롯한 다른 이들의 에너지를 받

321

아 불손하고 무례하게 굴 의지를 다져야 한다. 우리는 크게 외친다. 네 망할 문에서 페미니스트 킬조이 표지판을 당장 떼어 내지 못해! 당장은 떼어 내더라도, 당연히 저들은 표지판을 다시 내걸 수 있다. 혹은 그 표지판을 공공연하게 들고 길로 나서서 자신들이 닫힌 문 뒤에서 저지르는 폭력에 대항하는 행진에서 자랑스럽게 전시할 플래카드로 만들 수도 있다. 우리의 임무가 끝나지 않는 한 전유의 위험도 끝나지 않는다. 힘겨운 교훈이지만 우리는 이를 배워야 한다.

문제는 전유만이 아니다. 한 유색인 여학생은 스타 교수이자 마찬가지로 유색인 여성인 지도교수에 관해 내게 편지를 썼다. 학생은 교수를 동경해 그와 함께 일하고 그에게 배우기를 간절히 원했다. "권력구조와 억압과 인종, 젠더가 맞물리는 체제에 관한 그 교수의 저작과 비평, 분석은 그 대상이 문학이든, 대중문화든, 불평등이든, 미국 내 문제든 국제적이든 우아하고, 첨예하고, 냉소적이고, 극도로 정확하고, 굳건하고 우렁찼어요." 그러나 세미나실이나 사무실에서 유색인 교수가 하는 말은 다르게 느껴졌다. "그는 다른 학생들은 격려하고 도와주면서 수업 시간에 불완전하게 표현된, 아직 형성 단계인 제 생각이나 분석, 아이디어를 공격하는 식으로 절 괴롭혔어요." 어떤 일을 비판하는 동시에 그 일을 행할 수도 있다. 유색인 여성 교수는 또 다른 유색인 여성 학생에게 문을 열어 주지 않으면서 오히려 그를 깎아내리고, 비판하고, 작아지게 만듦으로써 문을 닫아 버린다. 반면 그 교수는 같은 수업의 백인 학생 두 명은 칭찬하고 추켜세운다. "그 학생들은 상도 많이 받고 출판도 하고 강연도 하는 우리 학과의 스타이자 귀염둥이 였어요. 그리고 저 같은 경험은 전혀 하지 않았죠. 그 학생들도 교수의 행동을 축소하는 데 역할을 했어요."

그렇다, 학대자와의 관계에서 이익을 얻는 이들은 많은 경우 이익을 유지하기 위해 학대 사실을 축소한다. 어쩌면 우리 중 누군가는 주인과 동일시하고, 그와 닮아가고, 그가 사랑할 만한 이를 사랑하고, 그가 노릴 만한 이를 노림으로써 눈에 들어 교수가, 심지어는 스타 교수가 될 것이다. 다양성이 열린 문이라면 그 문은 곧 일종의 거래가 된다. 우리 중 누군가에게는 들어오자마자 <u>그 문을 닫을 것,</u> 즉 우리 같은 이들에게 문을 닫을 것을 조건으로 문이 열린다.

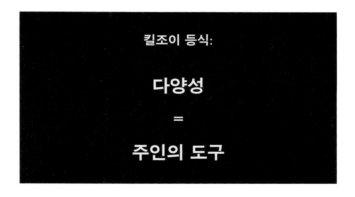

킬조이 등식:

다양성

=

주인의 도구

3장에서 논의했던, 영국에는 제도적 인종차별이 존재하지 않는다고 결론지었던 슈얼 보고서를 다시 생각해 보자. 보고서의 초안은 흑인과 갈색 피부의 사람들이 작성했다. 페미니스트 킬조이는 이런 행동을 구조적으로 설명할 도구를 제공한다. 구조적 인종차별의 존재를 부인하면 당신이 인종차별로 인해 가로막힐 확률은 낮아진다. 심지어 승진할 수도 있다. 그러고 나면 당신의 승진은 인종차별이 존재하지 않는다는 증거로 쓰인다. 그 문을 닫으라는 조건은 다른 이들이 들어서지 못하도록 한다는 의미일 뿐 아니라 자기 자신이 그들 중 하나라는 생각 자체를 그만두는 일이기도 하다. 문의 거래를 승낙하는 것은 다른 이들뿐 아니라 당신 자신과 당신의 진실, 당신의 **킬조이 진실,** 당신이 동반하는 것 때문에 사실은 여전히 닫혀 있는 문으로부터 거리를 둔다는 의미다. 킬조이 형상이 그토록 극심하게 위협적일 수 있는 것도 이런 이유에서다. 킬조이는 당신 자신뿐 아니라 다른 이들의 진실을, 무엇이 부인되었는지를 되비추는 또 하나의 거울을 높이 치켜들고 있기 때문이다.

　　페미니스트 킬조이에 충실하기 위해서는 행동주의를, 그 거울을 높이 들고 우리로부터 무엇이 되비추어지는지 바라보아야 한다(이는 킬조이 행동주의를 생각하는 한 가지 방식이기도 하다). 우리 자신의 모습을 포함해 우리가 어디서, 무엇을 하고 있는지를 말이다. 거울에서 어쩌면 보게 될 것과 듣게 될 것, 혹은 해야 할 일이 무엇인지에 따라 우리는 해체될 채비를 하고 있어야 한다.

킬조이 다짐:

나는 설득되지 않겠다

문에서 표지판을, 다양성 표지판이나 페미니스트 킬조이 표지판(그 어떤 망할 표지판도 상관없다)을 떼어 낼 때 우리는 제도적 킬조이가 된다. 표지판을 떼어 내려면 진실을, **킬조이 진실**을 꺼내 놓아야 한다. 그 진실을 <u>밖으로</u>, 우리 자신에게서만이 아니라 세상으로 꺼내 놓으려면 먼저 들여놓아야 한다. 킬조이 행동주의를 그토록 어렵게 만드는 것은 이 밖으로 <u>나섬</u>outing에 대한 저항이다. 킬조이들은 다른 사람들이 사람에, 제도에, 프로젝트에 몰두하는 것을 위협하는 것이 아니다. 우리는 다른 사람들이 사람에, 제도에, 프로젝트에 몰두하는 것을 위협하기 때문에 킬조이가 된다. 그리고 이 '다른 사람들'에는 다른 페미니스트들도 포함될 수 있다. 어쩌면 우리가 킬조이 행동주의를 행해야만 다른 사람의 이야기를 들을 수 있는지도 모른다. 필요하다면 우리 자신의 즐거움이 망쳐질 수도, 전진이 느려질 수도 있다는 데 대비해야 한다. **킬조이 생존 팁 4: 마치 타인인 것처럼 페미니스트 킬조이의 말을 들으라**를 기억하라. 페미니스트 킬조이의 말을 듣는 것은 그가 다른 사람이기 <u>때문이어서이기</u>도 하다. 나는 이 <u>때문에</u>가 연대에 필수적이라고 생각한다. 우리는 연대를 받지 못할 때 연대에 관해 배운다. 어떤 이

325

페미니스트 킬조이 활동가

들이 싫다고 말하지 못할 처지에 있을 때 싫다는 말을 꺼낼 수 있게 노력을 기울이는 것 역시 킬조이 행동주의이다. 킬조이 행동주의는 큰 비용을 감수하고 괴롭힘을 당했던 경험을 공개적으로 이야기하는 이들을 지지하는 일이다. 출처를 추적할 수 없도록 하면서 항의 내용을 꺼내놓을 방법을 찾아야 할 때도 있다. 어쩌면 게릴라 전술을 사용해야 할지도 모르는데, 그렇다면 우리에게는 기댈 곳, 페미니스트와 퀴어의 역사가 있다. 가해자의 이름을 책에 적거나, 화장실 문이나 벽에 낙서하는 방법도 있다. 페미니스트 킬조이 문화비평가 이야기를 하면서 우리의 작업이 많은 부분 반달리즘으로 치부된다고 이야기했다. 반달리즘에는 퀴어적 쓸모가 있다. 어쩌면 킬조이 행동주의에는 어떤 사물이 만들어진 목적과 다르게 그 위에 우리 자신과 우리 이야기를 쓰는 반달리즘이 필요할지도 모른다.

학생들을 지원했던 나의 경험으로 되돌아가 보자. 그들은 괴롭힘에 항의함으로써 너무나 많은 위험을 감수했다. 나는 대학교수직을 사직한 행동을 학생들에게 연대를 표명한 방식으로 이해한다. 그것은 일종의 부러짐이기도 했다. 해당 기관과 나의 유대는 부러졌다. 학생들과 함께 활동하면서, 나는 그들이 포기하는 것(조언과 후견, 이력)을 제공해야 함을 깨달았다. 이 실질적인 임무를 활동가의 원칙으로 이해할 수도 있다. 킬조이가 됨으로써 사람들의 전진이 가로막힌다면, 우리는 그들이 가로막히는 것을 가로막을 방법을 찾아야 한다. 킬조이 행동주의는 즐거움을 망치는 일의 비용을 분담하는 일, 너무 큰 비용을 부담하느라 더 불안정해진 이들을 보호하려 애쓰는 일이다. 킬조이 행동주의는 불안정성이 낳는 결과를 해결하는 방식으로서도 중요하다. 어떤 이들은 공개적으로 말할 수 있는 처지에 있지 않다. 그렇다면 우리는 그들의 이야기를 꺼내 놓을 방법을 찾아야 한다. 즐거움을 망치는 비용이 물질적이라면 지원도 물질적이어야 한다.

나 역시 학교 기관으로부터가 아니라 함께 일했던 학생들로부터 지지를 받았다. 학생들과의 유대가 나를 계속 나아가게 했다. 학생들은 나와 함께 활동하기 전부터 이미 단체로 활동하고 있었다. 그들의 단체는 우리의 단체가 되었다. 나는 우리의라는 말을 페미니즘의 약속으로 여긴다. 소유물로서의 '우리 것'이 아니라 힘을 모으자는 초대의 의미다.

때로 우리는 당장 일어나고 있는 일, 자행되고 있는 일 때문에 급히, 빠르게 단체를 형성한다. 우리는 테이블에서 만나 무엇을 해야 할지 함께 고민하려 애쓴다. 제도를 바꾸고자 노력하는 과업이 우리를 철학자가 되도록 이끈다면, 땅에 발을 딛고 생각하며 실제로 과업을 맡음으로써 우리는 다른 킬조이들과 우리 사람들을 찾는다(**킬조이 생존 팁 3: 다른 킬조이들을 찾으라**). 함께 일했던 학생들이 나와 함께 항의 단체를 꾸렸다는 사실에 감사한다. 그리고 그들이 레일라 휘틀리Leila Whitley, 티퍼니 페이지Tiffany Page, 앨리스 코블Alice Corble이, 하이디 해즈브룩Heidi Hasbrouck과 크리사 스롤리아Chryssa Sdrolia를 비롯한 많은 이의 지지 덕에 학생으로서 시작한 일을 통해 어떻게 "뭔가를 움직였는지"를, 내 책 『항의하라!』[26]의 결론 중 하나로 써낼 수 있었다는 사실도 마찬가지다. 뭔가를 움직이려면 아주 많은 것을 움직여야 할 수도 있다. 그러려면 너무나 큰 비용이 든다.

사직한 이유를 공개적으로 공유했을 때, 학교와 이전 페미니스트 동료들이 내 행동을 해롭다고 여겼다는 이야기를 앞서 했다. 하지만 그것이 가장 중요한 결과는 아니었다. 내 사직 사실은 전국 언론에서 광범위하게 보도되었다. 나는 정말 많은 이가 연락해 연대와 분노, 관심을 표해 준 데에 감동하고 그로부터 영감을 받았다. 많은 사람이 자신들이 항의했을 때 무슨 일이 일어났는지 글을 써서 나에게 나누어 주었다. 나는 항의의 결과로 직장과 직업을 떠난 다른 사람들의 이야기를 들었다. 밖으로 나선 이야기 하나는 더 많은 이야기를 끌어낼 수 있다.

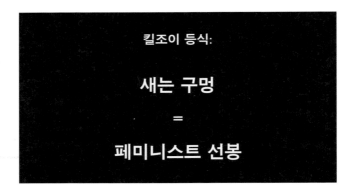

킬조이 등식:

새는 구멍

=

페미니스트 선봉

내가 새는 구멍이 되자 나를 찾기는 더 쉬워졌다. 사람들은 내게 와서 이야기를 나누었다. 그중 많은 킬조이 이야기를 이 책에 공유했다. 우리가 내어놓는 것이 다른 이들을 우리에게로 이끈다. 킬조이 시인은 <u>느슨해진다.</u> 페미니스트 생존 프로젝트 덕에 우리는 ==페미니스트 킬조이가 떠나게== 둔다(==킬조이 생존 팁 5==). 그는 쏘아 올린 대포처럼 예측 불허의 인물이 된다. 멀찍이 떨어질수록 그는 더 큰 손해를 입힌다. 그리고 페미니스트 킬조이 활동가 덕에 우리는 느슨해지는 것이 단순히 스스로 표현하는 일이 아니라(물론 표현도 중요하지만) 기제를, 제도의 너트와 볼트를 느슨하게 만드는 일임을 배운다. 조그마한 틈만 만들어도 아주 많은 것이 빠져나올 것이 틀림없다.

싫다는 말이 그 틈이 될 수 있다. 싫다는 말을 꺼내 놓아 공공연한 것으로 만듦으로써, 당신은 그러지 않았더라면 비밀로 남겨졌을 정보를 풀어놓는다. 그리고 그로써 사람들은 당신이 거기 있음을 알게 된다. 캐나다에 사는 선주민 학생과 나누었던 대화가 떠오른다. 그는 강의실 내 백인 우월주의에 대해 비공식적으로 항의했다. 스스로 진보적이고 다양하다고 자부하는 기관 내에서 맞닥뜨린 것을 표현하는 데에 그 단어를 쓰면, 심각한 문제 상황에 부닥치게 된다. 그것을 알고 있었음에도 그는 그렇게 하고자 했다. 그러자 그는 그의 표현을 빌리자면 "괴물"이 되었고, 박사과정을 캠퍼스 밖에서 이수해야 했다. 그는 그것이 "예상치 못한 작은 선물"이었다고 말했다. 다른 학생들이 찾아올 수 있게 되었기 때문이다. "제가 거기 밖에 있다는 걸 알고, 저를 찾아올 수 있게 된 거죠." 어디에도 도달하지 못한 우리의 항의가 흔적조차 없이 사라지는 듯 보일 수도 있다. 싫다고 말함으로써 우리는 역사를 살려 둔다. 역사가 가 버리게 두지 않는다. 때로 우리는 싫다는 말을 전달하며 버틴다.

329

이것이 내가 킬조이 행동주의가 우리에게 시간과 관련된 새로운 이야기를 해 준다고 생각하는 이유다. 같은 공간에서 동시에 활동하지 않더라도 서로 소통할 수 있다. 때로 지금 싫다고 말함으로써, 우리는 과거의 싫다는 말들을 불러낸다. 대학교가 적절한 시설을 마련하지 않는데 항의했을 때 결과를 얻어 내기가 얼마나 힘들었는지 장애인 학생과 이야기를 나눈 적이 있다. 제대로 된 시설을 요구할 뿐인데도 "비굴하게 감사"해야 했다고 말한 학생이 바로 그다. 그는 아주 힘겨웠던 회의에 관해 이야기했다. 회의 중에 눈앞으로 벽이 내려오는 느낌이 들었다. 그런데 갑자기 파일 하나가 등장한다. "학생회 팩스에 어마어마한 서류가 쏟아졌는데, 우리는 그게 어디서 오는지도 몰랐어요. 그 서류는 학교를 떠나야만 했던 학생들에 관한 예전 기록물이었어요." 거기에는 예전에 암에 걸렸던 학생이 학위를 파트타임으로 수료할 수 있도록 대학을 설득하려고 쓴 수기 편지도 있었다. 학생은 비서가 '그 나름대로 자그마한 직접행동'을 한 것 아닌가 추측했다. 학생의 항의를 지지하는 방식으로, 비서로서 제공해서는 안 되는 서류들을 풀어놓은 것이다. 비서가 공작원이 되는 것은 놀랍지 않다. 비서secretary는 비밀secrets에서 유래한 단어로, 비서는 비밀을 지키는 자다. 그 비서는 그 비밀 파일들이 있다는 것과 그것이 어디에 있는지, 어떻게 공개해야 하는지를 알았다. 학생이 항의하지 않았더라면 그 파일은 먼지 쌓이고 파묻힌 채 치워져 있었을 것이다.

싫다고 말함으로써 우리는 과거의 싫다는 말을 풀어놓을 수 있다. 그때 우리 뒤에 추진력이 있을 수도 있

페미니스트 킬조이

다. 학생의 자체적인 행동주의는 추진력을 모았다. 그는 남들이 자신을 인식하는 모습 그대로의 존재, "인생의 지긋지긋한 고통"이 되었다. 그는 제도적 킬조이가 되었다. 한 기관 내에서 킬조이가 되면, 당신이 얻은 기술을 다른 이에게 전할 수 있다. 그 학생은 장애인 활동가들과 집단으로 일하기 시작했으며, 법 준수 여부를 활용해 조직들이 스스로 천명하는 만큼 접근 가능해지도록 압박하는 일을 했다. 또 장애인들이 적절한 시설이 마련되지 않는 것에 항의하는 과정을 지원하기도 했다. 작업을 거리로 끌고 나온 그는 휠체어 사용자인 자신이 접근할 수 없는 가게 주인들에게 편지를 썼다. 지역 언론은 그를 소규모 사업장을 무너뜨리려는 킬조이로 묘사했다.

킬조이 다짐:

나는 어딜 가든 페미니스트 킬조이들을 데리고 가겠다

우리는 선봉에 선 킬조이를 따르고, 그의 작업을 기관 내부에서 거리로 끌고 나올 수 있다. 침묵의 벽에 부딪히거나 항의 내용이 분류되어 치워지고, 버려지고, 묻힐 때 우리는 항의 그 자체가 되어야 한다. 우리 자신을 꺼내 놓음으로써 그 항의를 꺼내야 한다. 페미니스트 킬조이다워지라(킬조이 생존 팁 1)가 바깥을 향한 행동인 이유

331

가 이것이다. 우리가 그를 받아들이는 것은 결국 꺼내 놓기 위해서다. 우리는 시위를 통해 한데 모여 킬조이 집합이 된다. 시위하다demonstrate라는 말은 '괴물, 흉물, 흉조, 조짐, 표지'를 뜻하는 라틴어 monstrum에서 왔다. 시위하는 것은 흉흉한 표지를 만드는 데에 연루되는 것, <u>싫다</u>는 말을 이고 가는 것이다. 함께 있는 몸들은 괴물과 같아진다. 가끔은 장해물이 되는 것이 목적일 수도 있다. 시위라는 행위의 정치적 역사는 기꺼이 몸을 던져 방해하고, 몸을 둑으로 전환해 인간의 흐름과 더 넓은 경제적 흐름을 가로막았던 이들의 역사다.

우리는 차를 멈춰 세운다. 힘에 관한 시를 쓰기 위해 차를 멈췄던 오드리 로드를, 그가 어떻게 경찰의 폭력과 백인 우월주의의 폭력을 <u>안으로</u> 받아들여 <u>밖으로</u> 시로서 내놓았는지를 생각한다. 킬조이 행동주의는 차를 멈추기 위해 이어 가야 하는 일이기도 하다. 내게 '차를 멈춘다'는 것은 체제를 멈춘다는 의미다. 우리는 체제가 작동하지 못하도록 멈추어야 한다. 우리는 작업 중에 스패너를 집어던지거나,* 세라 프랭클린의 표현을 빌리자면 "작업 중인 계집들"[27]이 되어야 한다. 우리는 모든 것을 행동에 옮기고, 함께할 사람을 가능한 한 많이 모은다.

페미니스트 킬조이

---

* to throw wrenches는 '어깃장 놓다' '방해하다'라는 뜻의 관용적 표현이다.

킬조이 진실:

우리가 더 맞설수록
우리에게는 더 많은 사람이
필요하다

반대 방향의 추진력을 얻을 때에만 추진력에 맞설 수 있다. 킬조이 행동주의에는 '많으면 많을수록 즐겁다 The more, the merrier'라는 표현이 해당하지 않는다. 많으면 많을수록 무거워진다. 우리는 사이사이에 <u>싫</u>다는 말을 듣고 전선으로 연결된 전기처럼 서로 전달한다.

그런 반反추진력의 일부가 되는 것이 킬조이적 즐거움을 준다 해도, 때로는 그 즐거움마저 망쳐야 한다. 무엇에 반대하는지 공유하는 것이 꼭 같은 것을 위해 싸운다는 의미는 아니다.

킬조이 격언:

우리가 목표로 하는 것을 실현하라,
그 외에는 전부 필요 없다!

우리 뒤에는 사회적 운동 내부의 권력남용을 비판하면 공동의 투쟁에 집중하지 않는 태도로 치부되어 실현되지 못한 수많은 목표의 기나긴 역사가 있다. 여기에는 부분적으로 장해물로 판단되는 이가 누구인지뿐만 아니라, 책임을 지고 가장 중요한 일이 무엇이고 해야 할 일이 무엇인지 정의하며 앞장설 사람이 누군지 알기 어렵다는 점이 작용한다. '우선'으로 취급되는 사람들이 우리의 정치적 운동에 앞장선다면 무슨 일이 일어나는가? 우리 중 누군가는, 나중으로 취급되는 이들은 물건을 나르는 팔과 도움의 손길이 되어 차를 끓이고, 청소하고, 발품을 팔아 '머리를 쓰는' 이들을 위한 시간을 확보하는 예전의 자리를 되찾게 된다. 바로 그렇게 우리의 표지판이 저들의 문에 걸리게 되는지도 모른다. 우리는 차례가 될 때까지 참을성 있게 기다리라는 말을 듣는다.

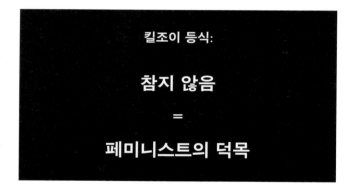

킬조이 등식:

참지 않음

=

페미니스트의 덕목

우리는 기다리지 않을 것이다. 페미니스트 킬조이들로부터 설령 한데 모이더라도, 우리만의 행동을 위해 땅을 고르고, 괴물과 같아지고, 흉흉한 표지를 지니더라도 우리가 항상 함께하는 것은, 함께하기만 하는 것은 아니라는 사실을 배운다. 흑인 페미니스트 크리스틴 웨스트 사발리 Kristen West Savali가 트럼프 당선 이후 워싱턴에서 열린 여성 행진이 어떻게 백인 여성들에게 점령되었는지 비판한 일을 떠올려 보라. 로드의 뒤를 따라, 사발리는 분노의 급진적인 쓸모를 지적한다. 사발리에 따르면 백인성은 "분홍색 고양이 모자*를 흔들며 경찰관들과 함께 서 있는 참가자들이 자축하는 사진과, 누구도 체포되지 않았다는 득의양양한 보도 속에 그 무엇보다 명백하게 드러났다. 탱크도, 곤봉도, 소방 호스도 없었다. 유쾌한 경찰들이 '백인 여성됨'을 보호하기 위해 총력을 기울였고, 그로써 행진을 국가를 위한 프로파간다 도구로 위치시켰다".[28]

이런 분열을 지적했다는 사실이 당신이 분열을 초래한다고 여겨지는 유일한 이유는 아니다(킬조이 지적도 분명 역할을 하지만 말이다). 페미니스트 킬조이를 소개하면서, 나는 백인 페미니즘을 묘사하며 점령되었다라는 단어를 썼다. 사발리는 집회나 행진의 공간이 어떻게 점령되는지 보여 준다. 집회의 의미는 공간을 점령하는 것이다. 그러나 그런 의미의 점령이 어떻게 흥겨움으로, 행복한 행사로 뒤바뀌었는지, '체포 없음'이라는 득의양양한 보도를 통해 경찰과 맺는 관계가 어떻게 그런 행사를 기록하는 장비로 탈바꿈했는지를 생각해 보라. 사발리는 백인 여성들

---

* pussy hat. 2017년 여성 행진 당시 여성들이 쓴 고양이 귀 모양의 분홍색 모자.

만이 보호자로서의 경찰과 긍정적인 관계를 맺을 수 있다는 사실을 상기한다. 다른 많은 여성이 경찰로부터 보호받아야 한다.

이런 이유로 킬조이 행동주의는 교도소 폐지 운동을 정치적 목표와 열망의 필수 지평으로 삼아야 한다. 앤절라 데이비스, 지나 덴트Gina Dent, 에리카 마이너스Erica Meiners, 베스 리치Beth Richie는 '폐지론 페미니즘abolition feminism'을 긴급하고 필수적인 목표로 촉구하고 있다. 우리는 필수적인 것이 가능해지도록 싸워야 한다. 책『폐지. 페미니즘. 지금Abolition. Feminism. Now』에서, 네 저자가 단순히 폐지론 페미니즘에 '관해서'가 아니라 '그로부터' 쓴다는 것이, 지금 일어나고 있는, 긴급한, 필수적인, 당장 살아 있는 운동의 페미니스트 아카이브를 만들어 나간다는 것이 마음에 든다. 그들이 폐지론 페미니즘을 묘사한 내용을 한 부분만 옮겨 보겠다.

우리는 국가와 개인적 폭력 사이의 관계성을 인지하며, 따라서 저항의 틀을 다음과 같이 세운다. 생존자를 지원하고 가해자에게 책임을 묻기, 지역적·국제적으로 활동하기, 즉각적 필요에 답하면서 공동체를 구축하기. 우리는 수감된 자들 곁에서 활동하는 동시에 그들의 석방을 촉구한다. 우리는 또 다른 여성이 강간당하는 데에 분노해 모이지만, 그에 대한 대책으로 치안을 강화하는 것은 거부한다. 우리는 장애인 차별과 트랜스젠더 혐오를 끝내기 위한 지속 가능하고 장기적인 문화적·정치적 변화를 지지하고 만들어 가는 한편, 해악이 발생했을 때 '그 순간의' 다이 묘사에서 유독 강렬하게 느껴진 것은 저항이 국가와 개인적 폭력 사이의 관계성에 대한 답변으로 제시되었다는 점이다. 우리는 경찰이나 교도소같이 해를 끼치는 제도에 대한 의존을 확대하지 않으면서 [폭력에] 답할 길을 찾아야 한다. 책임을 묻는 일을 포기하는 것이 아니라 <u>촉구하고, 창조적으로 폭력에 마침표를 찍을 수 있는 우리만의 자원을 만들어 간다</u>는 말이다.

킬조이 행동주의로 우리는 자원을 만들고 공유하며 폭력을 식별한다. 여기에는 제도적으로 폭력에 대처하며 발생하는 폭력인 제도적 폭력도 포함된다. 경찰 권력을 젠더폭력 문제의 해결책으로 제시하는 것은 우리 중 많은 사람, 흑인, 갈색 피부이거나 가난하거나 체류증이 없는 이들을 타깃으로 하는 기관에 손을 벌리는 일이다. 폭력에 대한 해결책으로 폭력을 제시하는 것이다. 킬조이 행동주의에는 경찰 권력의 폭력을 더욱 가시화하려는 노력이 포함되어야 한다. 따라서 우리의 행동주의는 페미니스트 경계 태세feminist vigil를 포함한다. 경계를 뜻하는 vigil에는 죽어 가는 사람 곁에서 밤을 지샌다는 뜻도 있다. 기억하거나 애도하기 위해, 시위하기 위해, 기도하기 위해, 상실을 집계하고 그 사람을 잃었음을 기록하기 위해, 혹은 흑인 여성들에 대한 경찰 폭력에 대항하는 최근 캠페인의 이름을 빌리자면, <u>그의 이름을 부르기 위해</u>.[*30]

---

*   SayHerName은 흑인 여성에 대한 미국 경찰의

너무나 많은 폭력이 폭력으로 보이지 않는다. 일상이 된 이런 폭력은 그저 평시 상태가 된다. 킬조이 행동주의에는 그런 폭력을 드러내기 위해 해야 하는 일이 포함된다. 때로 우리는 극적인 장면을 연출한다. 페미니스트 직접행동 그룹 시스터스언컷Sisters Uncut의 행동을 상기하자면, 긴축재정으로 합리화된 가정폭력 관련 복지 삭감에 항의하기 위해 우리는 물에 빨간 잉크를 풀어 도심을 온통 피바다가 된 것처럼 보이게 만든다.

"저들은 삭감하고, 우리는 피 흘린다." 딱 부러지는 슬로건이다.[31] 물론 그저 극적인 장면을 연출하는 것만이 페미니스트 행동주의는 아니다. 드러나지 않아도 너무나 많은 일이 이루어졌다. 서로를 가치 있게 여긴다는 것은 극적인 장면 뒤에서, 문 뒤에서 일어나는 일들, 행정 처리, 집안일, 돌봄노동을 가치 있게 여기는 일이다. 우리는 그저 장면만 연출하지 않는다. 우리는 더 많은 공간을 차지하고 탈환한다. 2017년, 시스터스언컷은 "빈 공간을 지역 가정폭력 생존자들을 지원하는 데 이용하기를 촉구"[32]하기 위해 런던 북부의 홀러웨이교도소*를 점거했다. 살아남기 위해, 집에서 일상적으로 일어나는 폭력, 가

폭력에 대항하는 사회적 운동이다. '흑인의 생명도 소중하다' 운동 당시 확산된, 흑인 여성의 경험은 상대적으로 열외로 취급된다는 문제의식에서 출발해 2015년 '아프리카계미국인정책포럼African American Policy Forum: AAPF'이 시작했으며, 소셜미디어와 웹상에서 확산되었다.

*   영국 최대 규모의 여성 전용 교도소.

정폭력에서 도망쳐 갈 곳을 마련하기 위해 건물을 점령해야 한다면, 그 점령은 정치적 프로젝트다. 우리는 체제의 폭력을 폭로함으로써 체제에 맞선다.

건물을 점령하는 것은 공간을 다른 방식으로 채우는 일이기도 하다. 에리카 두세트Erika Doucette와 마티 허버Marty Huber가 지적하듯 "불법 점거한 건물은 단순히 살 공간을 제공하는 것보다 훨씬 쓸모가 다양한 경우가 많다. 이런 프로젝트는 이상을 물리적 현실 및 유토피아와 연결한다. 비용을 감당할 수 있고 정치적으로 책임감 있는 여러 생존/주거 형태를 결합할 방법을 찾는 것은 많은 퀴어-페미니스트 생존 프로젝트의 핵심이기 때문이다."[33] 프로젝트의 일환으로 건물을 점령할 때, 여러 가지를 실험하고, 함께 살고, 함께 배우고, 서로를 지탱하는 방법을 찾을 공간과 시간이 열린다. 앞에서 언급한 영화 〈반란자 다이크〉에서, 한 여성은 인터뷰에서 빈 건물을 점유하는 것이 [점유자들을] "열어젖히고 살게 하는 일"이라고 묘사한다. 우리는 여러 장소를 특정한 방식으로 채워야 한다는 의무에서 스스로 해방함으로써 공간이 무엇을 위한 것인지에 관한 질문을 열어젖힌다. 우리는 공간뿐 아니라 시간을, 가르치고 쓰고 듣고 배우고, 폭력의 경험과 지식, **킬조이 진실**을 나눌 시간을 해방한다.

킬조이 행동주의로 <u>우리가 해방하는 것을 채울 수 있다.</u> 우리는 단순한 전제에서 출발한다. '우리의 필요는 서로 다르다.' 해체를 프로젝트로 삼는 것은 겉보기에 부정적이고 파괴적일 수 있다. 하지만 페미니스트 킬조이 시인에게서 배웠듯 가능성이 체제 밖에서 만들어진다면,

339

우리는 어떤 삶들이 가능하도록, 어떤 이들이 필요한 것을 얻을 수 있도록 이미 지어진 것을 파괴해야만 한다. 달리 말해서 해체는 짓는 프로젝트다. 문이 중요한 이유는 문을 통해 경계가 통제되기 때문이다. 입장 지점이 좁으면 좁을수록 더 많은 사람이 들어오는 것을 막을 수 있다. 킬조이 행동주의는 넓히는 일이다. 우리는 문을 넓히고, 직업으로 향하는 길을 넓히고, 출간되고 읽히는 텍스트와 이야기의 범주를 넓히고, 우리가 누구이며 누가 될 수 있는지에 관한, 우리 삶을 위한 대본을 넓힌다.

우리는 넓히고 느슨하게 만든다. 우리는 뭔가를 짓고 있다. 수용되지 않고, 필요가 충족되지 않았던 경험은 더 수용적인 세상을 지으려면 무엇을 해야 하는지 가르쳐 준다. 우리는 다른 이의 말을 듣고, 어떻게 그들을 지칭할지 묻고, 무엇이 필요한지 묻는다. 우리가 만들고 있는 것이 다른 누군가가 들어오지 못하게 막는 장벽이 될 때, 언제라도 그 형태를 바꾸기 위해 항상 열려 있어야 함을 알기 때문이다. 배치된 것이 바뀔 수 있음을 알고 바꾸기 위해 애씀으로써 우리는 배치에 생명을 불어넣는다. 바로 거기에 즐거움이, 심지어 행복이 있을 수 있다. 우리는 모든 것을 느낀다(**킬조이 생존 팁 8: 즐거움을 망치는 일을 포함해 모든 것을 느끼라**).

즐거움을 망치는 것은 세상을 만들어 가는 프로젝트다. 우리는 우리 자신 이상의 것을 창조하고 있다. 그리고 새로운 것을 위한 공간을 만들고 있다. 그렇다, 출발점은 부정성, 산산이 부서짐이다. 그러나 그로부터 너무나 많은 것이 뒤따라 나온다. 문화비평, 철학, 시, 행동주의를

340

아우르는 수많은 킬조이 프로젝트를 통해 우리는 다른 세상이 가능하도록 만들고 있다. 많은 활동이 그다지 멀리 도달하지 못하는 듯 느껴질 때도 있다. 나는 부러짐을, 뭔가에 우리가 가하는 압력을 생각한다. 부러짐은 더는 견딜 수 없는 순간이나, 더는 견딜 수 없었던 이들의 역사를 되찾는 것만을 가리키지 않는다. 부러짐은 우리가 성취하고자 애쓰는 대상이 될 수 있다. 우리는 뭔가에, 주장이나 합리화에 압박을 가하려 계속해서 같은 것을 지적한다. 더는 그것이 버티지 못하고, 기능하지 못하고, 결국 부러질 때까지. 어쩌면 나중에, 우리가 할 일을 다 한 뒤에야, 우리가 떠난 뒤에야 부러지는 것들도 있을 것이다. 그렇다면 우리는 작동을 그치게 된 것, 그 부러짐의 일부다.

누르다press라는 표현을 다시 생각한다. 스스로 더 많이 표현express할수록 우리는 더 많은 압력pressure을 가한다. 우리가 저들의 행동 때문에 말한다면 우리는 더 많이 말해야 한다. 더 많이 말하는 것이 너무 많이 말해야 하는 것처럼 느껴진다면 당신이 할 수 있는 일에는 한계가 있음을 기억하라(킬조이 생존 팁 7). 당신의 말과 행동은 공동 프로젝트의 한 부분이다. 더 많이 말해야 한다면, 그 말을 할 더 많은 사람도 필요하다. 그렇다. 같은 말을 반복해야 하는 일은 피곤하고 당혹스럽다. 하지만 서로 같은 지적을 함으로써 우리는 노고를 나눈다.

이 책에 언급된 모든 킬조이의 편지를 떠올려 보라. 아주 많은 편지가 등장했다. 페미니스트 킬조이로 살아남는 법을 이야기하면서, 나는 나와 자신 모두를 페미니스트 킬조이라고 칭한 독자들의 편지를 인용해 나누었다.

즐거움을 망치고 문제를 해결함으로써 <u>우리는 서로에게 말을 걸고 있다.</u>

이쯤에서 메리 데일리에게 보낸 오드리 로드의 편지로 돌아갈 수 있겠다. 로드는 편지를 독자들에게 공유함으로써 사적 서한을 공적 호명으로 바꾸었다. 로드는 답장을 받지 못했기 때문에 편지를 공유했다고 썼다. 훨씬 나중에, 로드의 전기를 쓰기 위해 조사 중이던 알렉시 드보 Alexis de Veaux는 로드의 아카이브에서 데일리의 답장을 발견했다.[34] 우리는 그 답장을 어떻게 생각하는지 로드에게 물을 수 없다. 하지만 로드의 편지에서 중요한 건 답장을 받는 것이 아니었음을 알게 된다. 어쩌면 그 편지가 공유된 방식이 중요했는지 모른다. 누군가를 수신인으로 편지를 보낸다 해도 항상 대화를 시작하려는 의도는 아닐 수 있다. 만약 그 편지가 로드의 독자들을 위한 것이라면 편지는 바로 그들에게, 우리에게, 대부분 로드가 만나지 못했던 독자들에게 말을 거는 것이다. 로드의 글에는, 자기 작업을 표현하는 데 그가 썼던 표현을 빌리자면, "자기만의 삶"이 있다. 킬조이 편지들에도 자기만의 삶이 있다. 때로는 쓰이고 때로는 말해지는 킬조이 편지들은 말을 건넬 틈이 된다. 킬조이 행동주의는 편지들을 우리 자신뿐 아니라 제도로부터 <u>밖으로</u> 꺼내 놓기 위해 해야 하는 일이다. 편지들이 그것을 필요로 할 만한 이들<u>에게</u> 가닿을 수 있도록.

나는 항의의 뜻으로 사직하는 일에 관해서도 생각한다. 모두가 그렇게 할 수 있지는 않지만 우리 중 누군가는 그렇게 한다. 사직하는 것은 당신의 노동과 당신 자신을 철회한다는 의미다. 그 철회의 순간에, 당신은 <u>싫다</u>는 말을 더욱 강력하게 표현할 수 있게 된다. 저들은 당신이 이미 포기한 것을 당신에게서 빼앗겠다고 더는 위협할 수 없다. 한 교수는 사직서를 썼던 경험에 관해 이야기해 주었다.

"그 누구도 대상이 아닌(그러니까 '~에게'나 '친애하는' 같은 말 없이) 마지막 항의를 담은 사직서를 쓰고 모두를 실명으로 ('귀하'가 아니라) 언급하는 게 강력한 일이라는 걸 알게 됐어요. 제 생각에는 그 덕에 상사가 그 편지가 아무 데나 도달할 수 있다는 걸 깨달은 것 같아요. 게다가 마지막 편지란 얼마나 카타르시스적이던지! 의심이 생길 때마다 편지를 다시 읽으면서 무슨 일이 일어났고 왜 떠났는지 되새길 수 있어요."

그의 편지는 <u>누구</u>를 감추기 위해 <u>귀하</u>라는 말을 쓰지 않았다. 그리고 누군가를 수신인으로 설정해서 독자를 좁히지도 않았다. 누군가를 향하지 않음으로써 누구나 받을 수 있는 편지가 된 셈이다.

편지가 '아무 데나 도달할 수 있다'는 사실. 이는 위협으로 받아들여진다.

편지가 '아무 데나 도달할 수 있다'는 사실. 페미니스트 킬조이들에게 위협은 약속이다.

우리의 편지는 여러 형태를 띨 수 있다. 항의, 사직서, 거부, 시위, 요구, <u>싫다</u>는 말을, 무엇을 미소로 넘기고, 웃어넘기고, 인정하고, 동의하지 않을지를 표현하는 여러 가지 방법. 우리의 편지가 어디에 도달할지는 모른다. 우리가 어디에 도달할지도 마찬가지다. 우리가 항상 서로 대면으로 만나는 것은 아니다. 우리는 우리가 한 지적 속에서 만난다. 페미니스트 킬조이를 받아들임으로써 우리는 지금 하는 일과 우리 이전에 왔던 이들을 연결한다. 그리고 앞으로 오는 이들은 우리가 지금 하는 일, 아무리 따끔하더라도 계속해서 이어 가야 하는 지적, 아무리 날카롭더라도 계속해서 보내는 편지들을 집어 들 수 있다. 이것이 우리의 말과 우리의 행동이 아직 끝나지 않은, 완수되지 않은 이유다. 아주 작은 일도 아주 중요할 수 있다. 아주 작은 일일지라도, 당신이 아는 것이 다가 아닐 수 있다.

킬죠이 진실
킬죠이 격언
킬죠이 다짐
킬죠이 등식

킬조이 진실은 즐거움을 망쳤던 우리의 경험, 세상을 만들어 가는 그 프로젝트를 통해 얻은, 사회적 현실의 성질에 대한 통찰이다. 우리는 우리의 말과 행동에 대한 반응으로 돌아오는 것으로부터 세상에 관해 배운다. 페미니스트 킬조이가 되고, 더욱더 킬조이다워지고 나면 (처음 두 개의 킬조이 생존 팁에 따라), 킬조이 진실은 명확하게 눈에 띄고 더 명백해진다. 그 명백함은 자주 행복으로 흐려진다. 그 명백함을 보여 줄 때 우리는 킬조이 비평가가 된다.

킬조이 진실에 도달하는 데에는, 그것이 명백하게 보일 때조차 시간이 걸린다. 킬조이 진실에 도달하기 어려운 이유는 때로 그것이 우리 자신의 행복을 방해하기 때문이다. 어떤 대상을 인정한다는 것은 더는 그것을 억누를 수 없다는 의미라는 것도 또 하나의 이유다. 따라서 예를 들어, 당신은 폭력이 당신을 향할 때조차 폭력을 향한 문을 열기 위해 애써야 한다. 폭력을 들여보내야만 폭력을 어디에나 내놓을 수 있기 때문이다. 우리가 들여보내는 것 덕분에 우리는 킬조이 철학자가 된다. 내보내기 위해서는 들여보내야 한다. 킬조이 진실을 내보내는 일은 킬조이 시와 킬조이 행동주의가 하는 일이다.

따라서 킬조이 진실은 힘들게 얻어 낸 지혜다. 킬조이 진실을 표현할 때, 우리는 덜 외롭다고 느낀다.

문제를 폭로하는 것은 문제를 일으키는 것이다

남들이 듣게 하려고 소리 질러야 한다면,
소리 지르고 있는 것으로 들린다

우리가 계속해서 말하는 것은
그들이 계속하기 때문이다

상황이 흘러가는 대로 따라가면 상황은 그저 흐른다

받아들일 수 있는 데에 한계가 있으므로
마주할 수 있는 데에도 한계가 있다

존재를 위해 싸워야 한다면
싸움이 곧 존재가 될 수 있다

항상 당신이 싸움을 택하는 것은 아니다
싸움이 당신을 택할 수도 있다

페미니스트 킬조이

설득되려는 노력보다 설득력 없는 것은 없다

행복하기 위해 폭력을 외면해야 한다면
행복은 폭력이다

이민자 가족의 비관습적 딸은
사회적 희망의 관습적 형태다

우리 자신의 모습이 덜 비추어질수록,
비추어진 상에서 더 많은 것을 본다

불편함은 세상을 폭로한다

공간이 주어지는 것은
실수할 여지가 주어지는 것이다

누군가는, 그저 있기만 해도 질문의 대상이 된다

범주 안에서 '집처럼 편치' 않은 이들은
그 범주를 더 잘 아는 경향이 있다

가능성을 의식하는 데는
그 상실을 애도하는 일이 필요할 수 있다

세상이 당신을 위해 만들어지지 않았을 때
당신은 세상을 알아차린다

당신을 환영한다고 해서,
당신이 등장하기를 기대한다는 것은 아니다

구조에 도전하면 할수록
더욱 구조를 맞닥뜨리게 된다

우리는 제도를 변화시키려고 애쓰면서
제도에 관해 배운다

페미니스트 킬조이

누군가에게는 가장 단단한 것이
다른 이들에게는 존재하지 않는다

흑인과 갈색 피부의 사람이 시인이 될 때,
우리는 역사에 대항해 싸우는 것이다

기존의 형태에 일치하지 않는 이들은
자기만의 형태를 창조해야 한다

다른 이들에게 그냥 주어지는 것을
누군가는 끈질기게 요구해야 한다

우리가 창조하는 것은
우리가 살아남는 데 필요하므로 취약하다

폭력에 침묵하는 것은 폭력이다

체제 안에서 더 빨리, 더 멀리 전진하기 위해
요구되는 작업이 체제를 재생산한다

킬조이 진실, 킬조이 격언, 킬조이 다짐, 킬조이 등식

> **권력은 권력이 작동하는 방식에 도전하는 것을
> 어렵게 만듦으로써 작동한다**

> **우리가 더 맞설수록
> 우리에게는 더 많은 사람이 필요하다**

킬조이 격언은 행동 규칙으로, 페미니스트 킬조이가 되기 위해 해야 할 일과 하지 말아야 할 일이 있다. 이 격언들은 페미니스트로 살아갈 때 따라갈 수 있는 길을 놓는다. **킬조이 격언**은 힘들게 얻어 낸 지혜인 우리의 진실을, 존재를 변화시키려는 노력으로부터 존재에 관해 배운 내용을 바탕으로 한다. 경험을 바탕으로 한 **킬조이 격언**은 일반적이지만, 보편적이지는 않다. 페미니스트 킬조이로서 당신도 당신만의 규칙을 써 보라.

> **우습지 않을 때는 웃지 마라!**

> **페미니스트 감염병이 되라!**

> **부적응하라, 불공정에 적응하지 말라!**

다른 이들이 뒤따를 수 있게 '싫다'고 내뱉으라!

세상이 말이 되지 않게 만들라!

고집스럽다는 비난을 들으면,
받아들이고 그 고집을 동원하라!

괴물이 되라!

느슨해지라!

이 세상과 불화하라!

우리가 목표로 하는 것을 실현하라,
그 외에는 전부 필요 없다!

킬조이 다짐은 미래에 대한 희망을 표현하는 방식
이다. 모든 킬조이 진실은 다짐으로 전환될 수 있다. 이 다

짐들은 킬조이 행동주의를 향한 열쇠다. 우리 작업의 요점은 세상을 바꾸는 것이기 때문이다.

즐거움을 망치는 것은, 기존에 존재하는 것에 반대한다는 의미에서 미래지향적인 실천이다. 우리는 존재하는 것에 대항하기 위해 목표를 세운다. 페미니스트 킬조이가 됨으로써 할 일과 하지 않을 일 들을 킬조이 다짐이라고 생각할 수 있다. 페미니스트 킬조이가 되는 데는 무엇을 이루고자 하는지뿐만 아니라, 그것을 이루기 위해 무엇을 할 준비가 되어 있는지도 중요하다.

> 나는 기꺼이 불행을 초래하겠다

> 나는 기꺼이 페미니스트의 행복을 방해하겠다

> 페미니스트 킬조이가 되는 것이 하나의 단계라면, 나는 기꺼이 그 단계에 머무르겠다

> 나는 아직 끝나지 않은 것을 극복하지 않을 것이다

비판이 해를 입힌다면, 나는 기꺼이 해를 입히겠다

나는 기꺼이 성가신 존재가 되겠다

나는 행복을 명분으로 삼지 않겠다

다른 이들에게 해를 입히는 유대는 부러뜨리겠다

나는 설득되지 않겠다

나는 어딜 가든
페미니스트 킬조이들을 데리고 가겠다

킬조이 등식은 킬조이 진실(즐거움을 망치는 경험으로부터 배우는 것)을 표현하는 또 다른 방법으로, 얻게 된 지식에서 무엇이 흥미롭고 때로는 유머러스한지에 초점을 맞춘다. 몇몇 등식은 내가 그것을 생각해 낸 상황을 모르고서는 불분명하게 느껴질 수 있으므로, 각각의 상황을 설명해 두었다!

흡뜬 눈=페미니스트 교수법

나의 가장 오래된 등식으로, 이전에는 페미니스트 등식이라고 불렀으나 이제는 킬조이 등식으로 목적을 재설정했다. 강의 도중에 이 등식을 나누면 사람들은 웃는다. 페미니스트라고 알려져 있으면, 우리가 입을 떼기도 전에 사람들은 눈을 흡뜨며 짜증을 드러낸다. 페미니즘이 초래하는 성가심으로부터 우리는 세상에 관해 배운다. 우리를 향한 것을 통해 서로에게 닿을 수 있다. 우리는 서로가 세상에 관해 무엇을 깨닫는지 깨달으며 서로를 향해 눈을 흡뜬다.

과민하다=끝나지 않은 것에 대해 예민하다

기분 나쁜 농담에 웃거나 뭔가를 가벼이 넘기기를 거부하면, 자주 과민하다거나 지나치게 예민하다는 평가를 듣는다. 이 등식은 '오버over', 즉 '넘어선'이라는 의미를 활용하는 언어유희다. 이 등식은 인종차별주의나 다른 끝나지 않은 억압의 역사를 이미 '넘어섰다over'는 환상을 거부하는 이들이 과민하다over-sensitive고 평가받는다는 사실을 지적한다(나는 이런 환상을 때로 '넘겨 버림overing'이라고 부른다).

정서 이방인=다른 영향을 받아 소외되다

내게는 '정서 이방인'이라는 말이 적힌 티셔츠가 하나 있다. 나는 이 등식을 해진 논증이라고 부른다. 정서 이방인은 다른 이들과 똑같은 방식으로, 혹은 '올바른 방식으로' 영향을 받지 않아서 소외되는 사람이다. 킬조이는 올바른 대상으로 인해 행복해지지 않거나 옳지 않은 대상으로 인해 행복해지는 사람일 수 있다. 올바른 시점에 슬퍼하지 않거나 슬픔을 적절한 방식으로 표현하지 않을 때도 정서 이방인이 될 수 있다. 예를 들어 다른 이들이 군주의 죽음을 애도하는 시기는 군주제를 비판하기에 적절치 않다는 말을 듣게 되는 것이다.

페미니즘=부자연스러운 여성들의 역사

많은 억압은 자연을 들먹임으로써 정당화된다. 그리고 우리 중 많은 이는 욕망이 부자연스러우며 자연의 길에서 (그리고 행복에서도) 벗어났다는 이야기를 듣는다. 이 등식은 필요하다면 기꺼이 부자연스러워지겠다는 의지에서 페미니즘이 출발한 이유를 설명할 수 있게 도와준다. 동시에 페미니즘에 더 치밀한 지략이 필요하다는 점을 지적한다.

357

백인 페미니즘=지워 버리기

지워진다는 것은 누군가가 이곳에 있다는 사실이 인정되거나 기록되지 않는 것이다. 지우다blank라는 단어는 희다white라는 단어에서 왔다. 이 등식은 페미니즘이 표백되는 것은 흑인과 유색인 여성이 거기 없었기 때문이 아니라, 그곳에 있었다는 사실이 인정되거나 기록되지 않았기 때문임을 보여 준다.

알아차림=페미니스트 킬조이의 망치

억압은 대부분 우리가 알아차리지 못하도록 일상적인 일이 되어 작동한다. 우리는 세상이 어떻게 만들어졌는지 알아차림으로써 세상에 열심히 망치질한다. 그리고 배경으로 물러나 있던 것을 앞으로 끌어내 마주한다.

특권=에너지 절약 장치

특권을 누린다는 것은 뭔가를 할 필요가, 심지어는 생각할 필요가 없다는 뜻이다. 특권 덕에 에너지를 절약할 수 있으면, 시간도 절약되어 더 가치 있는 다른 일을 할 수 있는 시간이 더 생긴다. 특권이 없다는 것은 문을 여는 것부터 승진하는 것까지 여러 가지 일을 해내는 데 추가시간이 필요하다는 뜻일 수 있다.

적자생존 = 일치하는 이들의 생존

이 등식은 제도적 권력을 설명하는 오래된 공식 (보통 다윈이 주창했다고 여겨지지만, 허버트 스펜서가 처음 사용했다)을 다시 쓴 것이다. '일치하는fit'이라는 단어가 유기체가 그 환경에 적응했다는 사실을 설명하는 데 쓰일 때, '가장 일치하는fittest'이라는 단어는 이런 사실을 최적의 신체적·정신적 능력과 혼동하여 쓰인다. 어떤 이들은 더 잘 적응해서가 아니라 일치하기 때문에 전진한다. 세상이 그들의 전진을 촉진하기 위해 만들어졌기 때문이다.

독선적이다 = 우리 중 누군가 의견을 표현할 때

'독선적이다'라는 평가는 불공평하게 내려진다. 자기 의견을 가질 만한 사람으로 여겨지지 않는다면, 당신이 어떤 의견을 내든 독선적으로 들릴 가능성이 크다. 저들은 당신의 의견이 마음에 들지 않거나 당신이 의견을 포기하라는 요구를 거부할 때도 당신이 독선적이라고 할 것이다.

고집스럽다＝자기 의지가 있다

'고집스럽다'라는 평가 역시 불공평하게 내려진다. 자기 의지를 가질 만한 사람으로 여겨지지 않는다면, 그 어떤 의지라도 고집스러운 의지가 된다. 마찬가지로 남들이 당신이 하기를 바라는 일을 당신이 할 의지가 없을 때도 고집스럽다는 말을 들을 수 있다.

치켜올린 눈썹＝레즈비언 페미니스트 교수법

치켜올린 눈썹은 불신의 표시다. 나는 대체로 레즈비언으로서 여행할 때 치켜올린 눈썹과 관련된 경험을 한다. 사람들은 묻는다. 정말로, 더블베드가 필요하세요? 치켜올린 눈썹은 우리에게 사회적 예상에 대해 가르쳐 준다. 우리는 예상되지 않는 경험으로부터 배운다.

퀴어 프라이드＝
다른 이들의 부끄러움으로 인해 부끄러워지지 않는다

퀴어 프라이드는 시위나 파티가 될 수도 있지만, 다른 사람들이 당신을 부끄러워하기 때문에 당신도 부끄러워야 한다는 기대에 대한 거부이기도 하다. 거부에는 흔히 정치적 움직임이 필요하다. 우리가 바로 그 움직임이다.

보상＝재생산 기술

'보상'을 뜻하는 단어 <u>reward</u>는 '관리인'을 뜻하는 <u>warden</u>과 어원이 같다. 보상을 받는다는 것은 감시 아래에 놓인다는 뜻이 될 수 있다. 제도는 제도를 기꺼이 재생산할, 즉 침묵하고 순응할 의지가 있는 이들에게 보상을 내림으로써 재생산된다. 이는 또한 가장 제도에 도전할 의지가 있는 이들이 제도 안에서 가장 덜 전진하리라는 의미이기도 하다.

다양성＝주인의 도구

다양성은 저들의 브로슈어를 위해 미소 짓거나, 조직 구성원이 실제보다 더 다양하다는 환상을 만드는 것을 도울 의지가 있다는 의미일 수 있다. 우리 중 누군가에게는 실제로 다양성을 통해 문이 열리기도 한다. 인종차별을 부인하고, 자신과 같은 이들 앞에서 문을 닫아 버림으로써 주인과 동일시한다는 조건으로 말이다. 그렇게 문을 닫는 이들은 자신을 우리 중 하나로 여기지조차 않는다.

새는 구멍＝페미니스트 선봉

우리는 제도를 덮어 둠으로써, 제도적 침묵에 침

묵함으로써 제도에 대한 충성을 증명하라는 요구를 받는 다. 정보를 흘리며 서로 이야기를 공유하면 우리는 자주 제도에 불충하다고 묘사된다. 당신이 정보를 새어 나가게 만들면 다른 이들이 당신에게 다다른다. 더 많이 흘릴수록 서로를 찾기는 더 쉬워진다.

참지 않음＝페미니스트의 덕목

인내를 비롯한 많은 덕목이 권위에 복종하는 행위를 이상화한다고 볼 수 있다. 페미니즘은 복종을 거부하는 데서 덕목을 창조한다. 우리는 참지 않을 것이다. 우리는 기다리지 않을 것이다. 우리는 당장 변화를 요구한다!

페미니스트 킬조이를 위한 읽을거리

*   우리나라에 번역된 책은 한국어판 제목과 옮긴이,
출판사 및 출간 연도를 표기했으며, 번역되지 않은 책은
그 제목을 번역하고 원제를 함께 적었다.

페미니스트 킬조이로서 내 지적 여정과 인생의 여정에 도움이 되었던 책을 일부 모아 이 목록을 만들었고, 그 이유도 덧붙여 두었다. 이 책 전반에 걸쳐 많은 페미니스트 서적을 인용했다. 인용은 페미니스트의 기억이다. 페미니스트 킬조이 자신도 기억으로, 과거의 투쟁을 다시 불러내는 방식으로 여겨질 수 있다. 따라서 어떤 의미로는 이 책 『페미니스트 킬조이』 자체가 페미니스트 킬조이를 위한 추천 도서 목록이라고 할 수 있다.

여기에서 공유하는 책들은 지금 상태의 세상을 강력히 비판하는 동시에 창의적이고 대담한 방식으로 그 세상에 순응하기를 거부한다. 이 중 많은 책이 페미니스트 생존의 어려움을 (우리가 반대하는 바로 그 체제와 함께 살아가고, 그 안에서 노력해야 한다는 점에서) 조금이나마 전달하려는 노력으로 언어와 형식을 실험한다. 일부는 내가 몇 번이나 읽고 또 읽은, 손때 묻은 책들이다. 나는 그 책들을 동반자 텍스트라고 부른다. 다른 책들은 내 상상력과 주의를 잡아챈, 상대적으로 새로운 책들이다. 한 저자가 쓴 여러 책에서 킬조이 영감을 받은 경우, 가장 좋아하는 두 권만 목록에 포함했다.

이 점을 기억해 주었으면 한다. 목록에서는 비문학 책만 언급했다. 만약 문학을 포함했더라면 나는 앞에서 언급한 아마 아타 아이두의 『우리 자매 킬조이』와 토니 모리슨의 『가장 푸른 눈』 그리고 전작 『페미니스트로 살아가기』에서 언급한 버지니아 울프의 『댈러웨이 부인』과 조지 엘리엇의 『플로스강의 물방앗간』을 추가했을 것이다. 시를 포함했더라면, 수하이마 만주르칸의 「탈식민적 농담

수하다Diving into the Wreck」, 재스민 카우어의 「내가 어디
로 가냐고 당신이 물을 때When You Ask Me Where I'm Go-
ing」, 조앤 애님아도의 「역사가 놓아주지 않는Haunted by
History」, 디온 브랜드의 「인벤토리Inventory」를 추가했을 것
이다. 늘 나와 함께하는 그들의 말을 일부나마 나눌 수 있
어서 기뻤다. 이 점도 기억해 달라. 추천 도서 목록에 포함
된 작가들은 자기 자신과 작업을 묘사하는 데 킬조이라는
용어를 쓰지 않는다. 그들을 나의 킬조이 영감의 원천으로
호명함으로써, 그들이 그보다 더 큰 존재이고, 더 많은 일
과 더 많은 말을 한다는 사실을 인정하는 바이다.

**글로리아 안잘두아, 『경계 지대/경계선―새로운 메
스티사Borderlands/La Frontera: The New Mesti-
za』 샌프란시스코, 앤트룬북스, 제2판, 1999)**
이 책은 퀴어 치카나 작가의 아찔하고 고집스럽
고 대담한 텍스트다. 이 책 덕분에 이론이 무엇이고 그 역
할은 무엇인지에 관한 생각이 바뀌었다. 우리는 피부를
염두에 두고 쓴다. 안잘두아가 넘나드는 경계선은 물리적
(구체적으로는 미국/멕시코 국경)이지만, 동시에 문화적
이고 심리적이기도 하다. 우리가 어디로 가고 누가 되어
야 할지 지시하는 데 선이 사용될 때, 우리는 그 선을 넘
어서고, 우리만의 창의적인 동시에 현실적인 길-방식을
만들어야 한다. 안잘두아는 지배가 우리 존재에 접근하겠
다는 요구가 될 수 있음을 보여 주지만, 동시에 우리 자신
을 확신하고 쇄신함으로써 그런 요구에 저항할 수 있다는

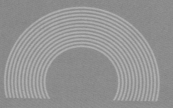

사유의 새로운 지평

Philos 시리즈

인문·사회·과학 분야 석학의 문제의식을 담아낸 역작들
앎과 지혜를 사랑하는 사람들을 위한 우리 시대의 지적 유산

arte

Philos 001–003

경이로운 철학의 역사 1-3

움베르토 에코·리카르도 페드리가 편저 | 윤병언 옮김

문화사로 엮은 철학적 사유의 계보

움베르토 에코가 기획 편저한 서양 지성사 프로젝트
당대의 문화를 통해 '철학의 길'을 잇는 인문학 대장정

165*240mm | 각 904쪽, 896쪽, 1096쪽 | 각 98,000원

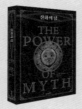

Philos 004

신화의 힘

조셉 캠벨·빌 모이어스 지음 | 이윤기 옮김

왜 신화를 읽어야 하는가

우리 시대 최고의 신화 해설자 조셉 캠벨과
인터뷰 전문 기자 빌 모이어스의 지적 대담

163*223mm | 416쪽 | 28,000원

Philos 005

장인: 현대문명이 잃어버린 생각하는 손

리처드 세넷 지음 | 김홍식 옮김

"만드는 일이 곧 생각의 과정이다"

그리스의 도공부터 디지털시대 리눅스 프로그래머까지
세계적 석학 리처드 세넷의 '신(新) 장인론'

152*225mm | 496쪽 | 38,000원

Philos 006

레오나르도 다빈치: 인간 역사의 가장 위대한 상상력과 창의력

월터 아이작슨 지음 | 신봉아 옮김

"다빈치는 스티브 잡스의 심장이었다!"

7200페이지 다빈치 노트에 담긴 창의력 비밀
혁신가들의 영원한 교과서, 다빈치의 상상력을 파헤치다

160*230mm | 720쪽 | 68,000원

Philos 007

제프리 삭스 지리 기술 제도: 7번의 세계화로 본 인류의 미래

제프리 삭스 지음 | 이종인 옮김

지리, 기술, 제도로 예측하는 연결된 미래

문명 탄생 이전부터 교류해 온 인류의 7만 년 역사를 통해
상식을 뒤바꾸는 협력의 시대를 구상하다

152*223mm | 400쪽 | 38,000원

거부할 수 없는 물결, 새 시대의 상식

Philos Feminism

기꺼이 맞서 새 시대를 연 여성들의 목소리
쟁점을 사유하고 새로운 화두를 던지는 이 시대의 고전

Philos 018

느낌의 발견: 의식을 만들어 내는 몸과 정서

안토니오 다마지오 지음 | 고현석 옮김 | 박한선 감수·해제

느낌과 정서에서 찾는 의식과 자아의 기원

'다마지오 3부작' 중 두 번째 책이자 느낌-의식 연구에 혁명적 진보를 가져온 뇌과학의 고전. 다양한 임상사례를 근거로 몸과 정서가 긴밀히 상호 연관되어 우리의 의식과 자아를 형성한다는 사실을 밝힌다.

135*218mm | 544쪽 | 38,000원

Philos 019

현대사상 입문: 데리다, 들뢰즈, 푸코에서 메이야수, 하먼, 라뤼엘까지 인생을 바꾸는 철학

지바 마사야 지음 | 김상운 옮김

인생의 '다양성'을 지키기 위한 현대사상의 진수

아마존재팬 철학 분야 1위, '신서대상 2023' 대상 수상작. 이해하기 쉽고, 삶에 적용할 수 있으며, 무엇보다도 마음을 위로하고 격려하는 궁극의 철학 입문서.

132*204mm | 264쪽 | 24,000원

Philos 020

자유시장: 키케로에서 프리드먼까지, 세계를 지배한 2000년 경제사상사

제이컵 솔 지음 | 홍기빈 옮김

당신이 몰랐던, 자유시장과 국부론의 새로운 기원과 미래

'애덤 스미스 신화'에 대한 파격적인 재해석. 시장과 정부, 자유와 통제를 논한 2000년 경제사상사에서 새로운 자유시장을 위한 통찰과 경제위기의 해법을 찾는다.

132*204mm | 440쪽 | 34,000원

Philos 021

지식의 기초: 수와 인류의 3000년 과학철학사

데이비드 니런버그·리카도 L. 니런버그 지음 | 이승희 옮김 | 김민형 해제

서양 사상의 초석, 수의 철학사를 탐구하다

고대 그리스철학과 유일신교의 부상에서부터 근대 물리학과 경제학의 출현까지, '셀 수 없는' 세계와 '셀 수 있는' 세계의 두 문화와 인문학, 자연과학, 사회과학을 넘나드는, 수를 둘러싼 심오하고 매혹적인 삶의 지식사.

132*204mm | 626쪽 | 38,000원

사실도 보여 준다. "내게 쓰는 것은," 그는 말한다. "마치 뼈를 조각하는 것처럼 느껴진다." 그리고 덧붙인다. "그것은 언제나 다른 무언가로 향하는 길/상태이다."

로런 벌런트, 『아메리카 여왕이 워싱턴시로 가다The Queen of America Goes to Washington City』(더럼, 듀크대학교출판부, 1997)와 『잔혹한 낙관주의 Cruel Optimism』(더럼, 듀크대학교출판부, 2011)

나는 일생처럼 느껴질 만큼 오랫동안 벌런트에게 배웠다. 벌런트는 감정의 정치적이고 공적인 성질에 주목했으며 킬조이들에게 무한한 영감을 준 문화비평가다(그가 킬조이들의 퀴어한 잠재력을 잘 파악하고 있었음이 분명하다). 내가 가장 좋아하는 저서 『아메리카 여왕이 워싱턴시로 가다』에서 벌런트는 구조적 문제가 어떻게 "의지와 개성의 문제로 만들어지는지" 보여 준다. 『잔혹한 낙관주의』에서는 사물이 행복이나 좋은 삶을 약속함으로써 우리를 공간에 붙잡아 둘 수 있다는 강력한 비판을 제안한다. 애착을 포기하면서 우리가 겪는 어려움을 그토록 잘 설명하고, 동시에 실수와 미끄러짐을 또 다른 이야기의 시작점으로 전환함으로써 상황을 재배치할 수 있는 잠재력을 그만큼 민감하게 인식하는 사람은 만난 적이 없다.

주디스 버틀러, 『젠더 트러블—페미니즘과 정체성의 전복』(조현준 옮김, 문학동네, 2008)과 『위태로운 삶—애도의 힘과 폭력』(윤조원 옮김, 필로소픽, 2018)

나는 학부생일 때 버틀러를 처음 읽었다. 그의 작

367

페미니스트 킬조이를 위한 읽을거리

업은 내 마음을 활짝 열었고 페미니스트 학자로서 그 무엇과도, 그 누구와도 마주할 수 있음을 알려 주었다!『젠더 트러블』첫 페이지의 다음 문장을 보라.

> 트러블을 일으킨다는 것은, 내 어린 시절 지배적이었던 담론에서는, 절대 하지 말아야 하는 일이었다. 구체적으로는 그로써 트러블을 겪게 되기 때문이었다. 반항과 그에 대한 질책이 같은 용어로 묶여 있는 것 같았고, 이 현상은 내게 최초로 권력의 교묘한 계략에 대한 비판적인 통찰을 불러일으켰다. 지배적인 법이 한 사람이 트러블을 겪지 않게 하겠다는 명목으로 트러블을 겪는 사람을 위협하고, 심지어는 트러블을 겪게 한다는 사실 말이다.

'트러블'은 우리를 위협하는 데 쓰일 수 있다. 그러나 트러블은 우리가 기꺼이 자발적으로 겪기를 감수하는 것일 수도 있다.『위태로운 삶』에서 버틀러는 애도의 정치에 대한 고찰을 이어 가며 이를 '애도 가치grievability'라고 부른다. 애도 가치는 누구의 삶과 사랑이 애도할 만한가(그리고 누구는 그렇지 않은가)에 관한 문제다. 페미니스트 킬조이들은 정서 이방인이라는 점에서, 애도는 우리가 우리 자신뿐 아니라 이 세상과의 관계를 표현하는 방식이 될 수 있다. 우리는 어쩌면 애도해야 마땅할 때 애도하지 않거나, 애도하지 말아야 할 사물 혹은 사람을 애도할 것이다. 버틀러는 또한 부정성을 대안적이고 더 견딜 만한 세상을 만드는 시작점으로 진지하게 고찰한다.

앤절라 Y. 데이비스, 『자유는 끝없는 투쟁Freedom is a Constant Struggle』(시카고, 헤이마켓북스, 2016) 과 지나 덴트·에리카 R. 마이너스·베스 E. 리치『폐지. 페미니즘. 지금』(시카고, 헤이마켓북스, 2021)

정치적으로 패배했다고 느껴질 때, 나는 온라인으로 앤절라 데이비스의 강의나 담화를 듣는다. 이것은 또 하나의 킬조이 생존 팁이기도 하다! 데이비스는 내게 킬조이 행동주의의 본보기나 다름없다. 그는 인종차별적 자본주의와 감옥산업복합체prison-industrial complex를 비롯한 폭력 체제를 비판하는 한편, 대안을 찾기 위한 집단적 투쟁이라는 프로젝트를 포기하기를 거부한다. 우리는 자유를 위해 싸움으로써 자유의 의미를 배운다. 데이비스는 많은 저작에서 그 자체로 폭력적인 제도를 개선해 보려는 시도인 '개혁주의적 충동reformist impulse'을 강력히 비판한다. 데이비스와 공저자들이 『폐지. 페미니즘. 지금』에서 묘사하듯 "새로운 개념이 부상하면 다른 것들은 퇴색한다. 네트워크와 집단은 자랑스럽게 페미니스트, 퀴어, 불구, 흑인 그리고/혹은 폐지론자로 정체화한다. 지배적인 제도는 그들의 요구에, 혹은 그저 그 개념에 소스라쳐 이런 움직임을 억제하고 통제하려 애쓴다." 나는 킬조이 운동이야말로 통제할 수 없는 존재가 되는 데 필요하다고 생각한다.

레니 에도로지, 『나는 왜 더는 백인들과 인종에 관해 이야기하지 않는가Why I'm No Longer Talking to White People about Race』(런던, 블룸즈버리, 2017) 이 책은 지금까지 100만 부 넘게 팔렸다. 이 사실

369

은 내게 커다란 킬조이 즐거움을 준다! 또 얼마나 킬조이다운 제목인지! 아이러니한 점은 에도로지가 백인들과 인종에 관해 이야기하지 않는 것에 관한 이야기를 하다 결국은 백인들과 이야기하게 되었다는 사실이다. 이것이 바로 에도로지도 잘 알고 있는 킬조이 아이러니다. 이를 통해 우리는 어떤 문제가 얼마나 많은 자리를 차지하는지 질문하려면 그 문제에 더 많은 자리를 주어야 한다는 사실을 배운다. 인종에 관한 대화를 변화시키려는 활동을 이어 나가려면 이 과정이 필요하다. 에도로지는 영국 내 인종 간 관계의 역사에 관해 다양한 통찰을 제시하며, 이 역사로 인해 인종에 대해 발생하거나 발생하지 않는 대화가 어떻게 형성되는지 보여 준다. 그가 말하듯 "표현의 자유는 아무런 반박도 받지 않고 원하는 말을 할 자유를 의미하지 않으며, 인종차별적 발언과 개념은 공적영역에서 문제시되어야 한다. 백인의 두려움은 이런 대화가 일어나지 않도록 막으려 애쓴다".

모나 엘타하위, 『여성과 여자아이에게 필요한 일곱 가지 죄악Seven Necessary Sins for Women and Girls』(더블린, 트램프프레스, 2021)

나는 모나 엘타하위의 무례하고 불손한 페미니스트적 자세에 진심으로 감탄한다. 그는 우리에게 정말 많은 페미니스트 킬조이적 영감을 준다! 이 책에서 엘타하위는 여자아이와 여성이 가부장적 권위에 복종하기를 거부하는 데에는 악하다고 여겨지는 것들이 오히려 필요할 수 있음을 보여 준다. 여기 일부분만 인용해 보겠다.

우리는 여자아이들에게 그들의 분노가 가부장제에 대한 저항과 불복종, 방해를 위한 가치 있는 무기라고 가르쳐야 한다. 여자아이들의 분노를 난타하고 없애 버리는 가부장제 말이다. 가부장제는 여자아이들을 사회화해 그들이 동의하고 순응하도록 한다. 순종적인 여자아이들이 가부장제의 보병으로 자라나기 때문이다. 그들은 가부장제 규칙을 내재화하면서 자라나며, 이는 불복종하는 다른 여성들을 감시하는 데 이용된다. 얌전하고, 조용하고, 순종적이고, 차분한. 이제 더는 안 된다.

이제 더는 안 된다!

매릴린 프라이, 『현실 정치─페미니즘 이론 에세이 The Politics of Reality: Essays in Feminist Theory』 (트루먼스버그, 더크로싱프레스, 1993)

나는 수년간 이 책에 기대어 페미니스트 킬조이에 관한 초기 논의를 발전시키고 분노 정치를 고찰해 왔다. 이 책은 철학적인 동시에 정치적 문제인 성차별주의를 가장 잘 분석한 저작 중 하나다. 프라이는 권력과 억압이 어떻게 바깥에서 안으로 우리를 형성하는지 보여 준다(그는 '억압oppression'이라는 단어 속 'press'에 주목하는 몇 안 되는 작가 중 하나다). 그는 우리가 뭔가를 인정하거나 동의하지 않을 때 '까다로운' 사람이 된다는 사실을 가르쳐 준다. 그가 말하듯 "한껏 화사한 표정을 제외한 모든 것이 우리를 못되고, 신랄하고, 분노해 있고, 위험하다고 인식되도록 만든다." 프라이는 그 이름을 이용하지 않

페미니스트 킬조이를 위한 읽을거리

고도 페미니스트 킬조이를 상기시킨다!

록산 게이, 『나쁜 페미니스트』(노지양 옮김, 문학동네, 2022)

나는 록산 게이의 엄청난 팬이다. 그는 문학과 비문학을 아우르며 저작 활동을 하고, 소수자와 소외된 예술가 및 작가를 위한 공간을 마련하는 공적인 역할을 해낼 뿐 아니라 소셜미디어상의 존재감으로 페미니즘에 활기차고 맹렬하게 기여해 왔다. 나는 페미니스트 킬조이와 나쁜 페미니스트가 가까운 친척이라고 생각한다! 이 책에서 게이는 페미니스트가 되었다고 해서 항상 입장이 명백한 것은 아니라는 사실을 드러낸다. 그것은 고통스럽고 어려운 일이 될 수도 있다. 이런 양가성에서 출발해, 게이는 날카롭고 기민하게 대중문화를 읽어 낸다. 게이가 이 텍스트를 마무리하며 명시적으로 적어 둔 그의 다짐이 마음에 든다. "나는 평등을 위해 맹렬히 싸울 것을 다짐하는 만큼 본질적인 페미니즘이 있다는 개념을 무너뜨릴 것을 다짐한다."

알렉시스 폴린 검스, 『익사하지 않은―해양 포유류에서 얻은 흑인 페미니스트의 교훈Undrowned: Black Feminist Lessons from Marine Mammals』(시카고, CA:AKA프레스, 2020)

해양 포유류에게서 배운 대로 숨 쉬는 법을 가르치는 책이 그토록 많은 킬조이적 영감을 준다는 사실에는 아주 귀중한 의미가 있다! 검스는 다음과 같이 묘사한다.

372

"또한 나는 해양 포유류들이 퀴어하고, 맹렬하고, 서로를 보호하고, 복잡하고, 갈등을 통해 형성되며, 우리 인류가 대양에 초래한 추출적extractive이고 군사화된 환경에서 살아남기 위해 고투하고 있다는 것을 알아차릴 수밖에 없다. 그러므로 이 세상은 바로 지금 지구상에서 삶의 의미를 변화시키려는 대담한 움직임에 책임을 져야 한다." 이 독창적이고 선견지명으로 가득한 텍스트는 지배체제가 억압하고 유지되기 위해 작동함을, 그리고 공간과 숨 쉴 구멍을 만드는 데 생존 프로젝트의 의의가 있음을 보여 준다.

루비 하마드, 『흰색 눈물, 갈색 흉터―백인 페미니즘은 어떻게 유색인 여성을 배신하는가White Tears, Brown scars: How White Feminism Betrays Women of Color』(뉴욕, 오리온출판사, 2020)

백인 여성들이 눈물과 상처 입다라는 표현을 활용하는 방식에 관한 하마드의 비평은, 많은 흑인 및 갈색 피부의 여성이 페미니스트의 공간과, 나아가 이 세상에서 경험하는 어려움을 강력하게 증언한다. 인종차별주의에 관해 이야기해 보려고 애쓰고 그 결과로 백인 여성들이 동요하면, 더는 우리의 비판이 아니라 그 비판이 그들에게 미치는 영향이 주목의 대상이 된다. 이토록 알아보기 쉬운 문제를 엄밀하게 파헤친 글을 읽게 되어 크나큰 안도감이 느껴진다. 하마드는 기억에 남는 촉구로 책을 마무리한다. "백인 여성들은 눈물을 닦고 우리와 함께할 수도, 아니면 계속해서 가녀린 아가씨damsel의 길을 갈 수도 있다. 그 길은 해방의 빛을 향한 길이 아니라 식민주의 과거로 향하는 막다른 길이다."

사이디야 하트먼, 『제멋대로의 삶, 아름다운 실험-사
회적 대변동의 내밀한 역사Wayward Lives, Beauti-
ful Experiments: Intimate Histories of Social Up-
heaval』 (런던, 서펜츠테일출판사, 2009)

하트먼의 작업은 주변부와 텅 빈 공간, 문간에서
삶의 신호를 발견하는 방법론의 본보기다. 작업을 통해 하
트만은 노예제도의 폭력성과 잔인함을 부각할 새로운 방
법론을 찾아야 하며, 그가 노예제의 "내세after-lives"라고
부르는 것을 지속적으로 논의해야 한다고 말한다. 이 책에
서 하트먼은 역사적으로 흑인들이 자신과 서로를 위한 공
간을 만들기 위해 여러 실험을 해 왔음을 보여 준다. 그가
제멋대로임waywardness에 주목해 준 것이 고맙다. 킬조이
역사기록학이라는 것이 있다면 하트먼이 그 본보기가 될
만한 작업을 하고 있다고 생각한다. 그는 비었다고 여겨
지는 공간을 보기 위해 '사회학적 그림' 너머를 보며, 장소
안에서 킬조이의 흔적을 찾는 데 필요한 연상 작업을 한
다(기억할 것: 이런 흔적은 트라우마를 촉발하고 이해하기
어려울 수도 있지만, 활기차고 즐거울 수도 있다).

벨 훅스, 『페미니즘-주변에서 중심으로』(윤은진 옮
김, 모티브북, 2010)와 『말대꾸하기: 페미니즘을
생각하기, 흑인을 생각하기Talking Back: Thinking
Feminism, Thinking Black』(보스턴, 사우스엔드프레
스, 1989)

페미니스트 킬조이

나는 이 핸드북을 (내 친구 닐라와 고모 굴자르와 더불어) 벨 훅스에게 헌정했다. 그의 저작 모두를 내 킬조이 영감 목록에 포함할 수 있지만, 그랬다가는 아주 긴 목록이 될 것이다! 훅스는 글을 썼다. 얼마나 좋은 글을 썼던지! 나는 훅스로부터 우리가 반대하는 체제, 즉 '백인 우월주의적 자본주의 가부장제'에 이름을 붙여야 함을 배웠다. 부수기 위해서는 이름 붙여야 한다. 훅스는 또한 이름 붙이고 글 쓰는 일을 통해 우리 자신을 존재하게 함으로써 그 체제에 저항하는 방법을 고민하라고 가르쳤다. 그리고 내게도 가르치라고 가르쳤다. 훅스 덕에 페미니스트 킬조이를 내 선생으로서 돌아보겠다는 영감을 얻을 수 있었다. 우리는 우리의 행동에 대한 다른 이들의 반응으로부터 그 일을 해야만 하는 이유를 배운다. 훅스는 또한 대안을 찾는 투쟁에 참여하는 것이 사랑을 표현하는 방법일 수 있다는 사실도 알려 주었다.

오드리 로드, 『시스터 아웃사이더』(주해연·박미선 옮김, 후마니타스, 2018)와 『빛의 폭발A Burst of Light: Essays』(이타카, 파이어브랜드북스, 1988)

나는 페미니스트 킬조이에게 목소리를 주려 애썼던 첫 번째 책을 '모든 것에 관해 너무나 많은 것을 가르쳐 준' 오드리 로드에게 헌정했다. 사실 내 모든 행동은 바로 그 일을 하라고 가르쳐 준 오드리 로드에게 빚지고 있다. 『시스터 아웃사이더』에서 오드리 로드는 고통스러운 것으로 몸을 돌려 그로부터 배우고, 분노에 귀 기울이고, 분노로 시야를 벼르라고 가르쳤다. 나는 로드로부터 페미니즘은 우리의 원칙을 실현하고 느낌에 형태를 주겠다는 다짐임을 배웠다. 그는 내가 잠시 멈추어 역사의 무게를 온전히 느낌으로써 더 잘 이해하도록 도와주었다. 그리고 항암치료 과정에서 쓴 책『빛의 폭발』에서는 몸의 이야기를 들으라고, 그리고 서로를 돌보는 일은 모두를 위해 더 나은 미래를 짓는 데 꼭 필요한 일이라고 가르쳤다.

에일린 모어턴로빈슨,『백인 여성에게 말 걸기―선주민 여성과 페미니즘Talkin' Up to the White Woman: Indigenous Women and Feminism』(브리즈번, 퀸즐랜드대학교출판부, 2020)과『백인의 소유욕―재산, 권력 및 선주민 주권The White Possessive: Property, Power and Indigenous Sovereignty』(미니애폴리스, 미네소타대학교출판부, 2015)

나는 1999년 애들레이드대학교에서 에일린 모어턴로빈슨의 강연을 들었다. 마치 계시를 연속으로 듣는 듯한 경험이었다! 선주민 페미니스트가 백인성의 제도 안에서, 그리고 동시에 그 제도를 향해서 하는 이야기를 듣자니 커다란 안도감이 들었다. 오스트레일리아 페미니즘 내의 백인성에 대한 모어턴로빈슨의 비판은 권력이 작동하는 방식에 관한 통찰로 가득하다. 가장 최근 저서인『백인의 소유욕』에서 나는 백인성이 다양한 의미에서 재산이될 수 있음을 배웠다. 백인성은 땅과 사람에 대한 소유권이 될 수 있다. 한 국가가 백인의 소유가 될 수 있고 페미니즘도 마찬가지다. 모어턴로빈슨의 "분노한 흑인 여성"은 실로 명철한 이야기다. 그는 페미니즘 내부에서 인종차별주의와 식민주의를 지적하면 소중한 무언가를 파괴하는 것으로 평가된다는 사실을 정확히 포착한다. 오스트레일리아와 그 너머의 모든 페미니스트는 선주민 주권을 첫 번째 원칙으로 삼아야 한다. 이는 우리 중 정착민들이(유색인 정착민도 여전히 정착민이다) 모어턴로빈슨의 작업이 가르치는 바를 듣고 나면 자신과 역사, 그리고 땅의 관계를 달리 생각하게 된다는 의미다.

미키 켄들Mikki Kendall, 『모든 여성은 같은 투쟁을 하지 않는다 – '모두'의 페미니즘에서 누락된 목소리』(이민경 옮김, 서해문집, 2021)

최근 백인 페미니즘에 대해 비판이 많았지만, 나는 이 책을 가장 좋아한다. 켄들이 신중하고 섬세한 방식으로 자신의 여정을 우리와 공유하며, 재빨리 이해한 것들과 소화하기까지 시간이 걸렸던 것들을 어떻게 배워 나갔는지 보여 주는 점이 마음에 든다. 경제적 조건(빈곤)과 계급과 인종 간 교차에 주목한 점도 훌륭하다고 생각했다. 또한 그의 책이 분노의 정치적 기능에 관해 가장 날카로운 설명을 제시한다고 생각했다.

억압된 자들에게 차분하고 예의 바르라고 요구하는 것과, 다른 모든 것에 앞서 용서를 내세우는 것은 근본적으로 인간성을 말살한다. 당신의 자식이 경찰에 살해당했다면, 누군가 당신 공동체의 우물에 독을 탔다면, 당신의 슬픔이 농담거리가 된다면 어떤 느낌이 들겠는가? 조용히 차분하게 있고 싶겠는가? 다른 모든 이가 편안하도록 용서

하고 싶겠는가? 아니면 소리치고 비명을 지르고 저질러진 잘못에 대한 정의를 요구하고 싶겠는가?

어떤 질문은 면도날처럼 날카로워 소음을 가른다.

롤라 올루페미Lola Olufemi, 『단절된, 페미니즘 ─ 권력을 방해하기Feminism, Interrupted: Disrupting Power』(런던, 플루토프레스, 2020)

이 명철한 책은 페미니스트들에게 팔을 내어 달라고 요청한다. 책을 열면서 저자 자신이 정치화된 과정과 활동가가 된 이야기를 나누는 일이 팔을 활짝 열고 서로에게 가닿는 일이라고 확인하는 점이 좋았다. 올루페미는 페미니즘이 급진적인 잠재력을 온전히 발휘하려면 무엇을 해야 할지 고민해 보라고 청한다. 그는 과거의 역사, 특히 (급진적인 역사는 지워지기 마련이므로 아마도 우리가 알지 못할) 흑인 페미니스트 투쟁의 역사를 회복하고 아직 존재하지 않는 것을 상상함으로써 열리는 새로운 가능성을 기대해야 한다고 당부한다. 올루페미는 포괄적인 페미니즘, 돌봄의 관계를 통해 형성되고 페미니스트의 작업을 정의로운 작업으로 인정하는 페미니즘을 촉구한다. 그는 쓴다. "페미니즘은 우리가 아직 상상해 내지 못한 방식으로 서로 돌보고 관계 맺는 능력을 우리에게 돌려주고자 한다."

클라우디아 랭킨, 『시민 ─ 미국의 서정시Citizen: An American Lyric』(미니애폴리스, 그레이우드프레스, 2014)와 『오직 우리 ─ 미국의 대화Just Us: An Amer-

378

랭킨은 흑인들과 유색인들이 일상적인 조우에서 얼마나 뼛속 깊이 백인성을 경험하는지를, 즉 그들이 어떻게 보이거나 보이지 않는지를 있는 그대로 포착한 작가 중 하나다. 『시민』에서 그는 쓴다. "잠깐만요, 그쪽이 방금 말했다고요, 그쪽이 방금 봤다고요, 그쪽이 그걸 했다고요?" 그러고 나서 "머릿속의 목소리가 입조심하라고 속삭인다. 그저 잘 지내는 것이 거대한 야망이 되어서는 안 되기 때문이다." 킬조이적 순간은 우리가 듣는 것과 우리가(자기 자신보다는) 다른 사람에게 말하는 것 사이의 간극에 관한 것일 수 있다. 『오직 우리』에서 랭킨은 비행기에서 만난 백인 남성과 나눈 대화를 돌이켜 본다. 회사 내 다양성에 관해 이야기한 뒤 그 남성은 말했다. "난 피부색을 안 봐요." 랭킨은 묘사한다. "'난 피부색을 안 봐요'라는 문장이 내 뇌 속 긴급 브레이크를 잡아당겼다. 피부색을 안 보는데 왜 다양성 이야기를 꺼낸단 말인가." 뇌 속 긴급 브레이크를 잡아당긴다는 비유는 킬조이가 되는 일에서 일어나는 드라마를 포착하는 좋은 방법이다.

프리스카 도르카스 모히카 로드리게스Prisca Dorcas Mojica Rodriguez, 『날카로운 날과 부드러운 심장을 가진 갈색 피부의 여자아이들을 위하여―유색인 여성에게 쓰는 러브 레터For Brown Girls with Sharp Edges and Tender Hearts: A Love Letter to Women of Color』(뉴욕, 실프레스, 2021)

이 책의 부제와 약간 사랑에 빠진 것 같다! 나 역

379

시 이 핸드북이 흑인, 갈색 피부, 선주민 페미니스트 킬조이에게 쓰는 일종의 러브 레터가 아닐까 생각한다. 로드리게스는 학계 내부의 진입 장벽에 대한 날카로운 비판으로 러브 레터를 연 뒤, 우리에게, 그의 갈색 피부 페미니스트 독자들에게 넘치도록 지식을 흘려 준다. 그는 탈식민주의적 다짐을 실현할 방법에 관해 쓴다. "탈식민성de-coloniality은 저항의 형태로, 매일 살아지고 경험된다. 탈식민성을 위해서는 싸워야 하며, 내 안에는 싸움의 저수지가 남아 있다. 그러나 마찬가지로 탈식민성을 위해 우리는 휴식하고 자신에게 너그러워야 한다." 갈색 페미니즘을 촉구하는 맹렬하고 사랑이 담긴 메시지다.

첼시 워터고, 『식민지에서 또 하루를Another Day in the Colony』(브리즈번, 퀸즐랜드대학교출판부, 2021)

이 책에는 내가 감탄하는 점이 아주 많은데, 특히 명백하게 흑인 공동체를 향해 쓰인 글이라는 점이 그렇다. 워터고는 자신의 이야기를 들려주고 단단히 버틴다. 그가 자신의 스토리텔링을 저항 행위로 전환하는 것이 감탄스럽다. 그는 다음과 같이 쓴다. "이 책은 이야기책, 내 이야기가 담긴 책이다. 내가 이 이야기를 하는 것은 나를 중심에 놓거나 내 경험을 보편화하기 위해서가 아니다. 나는 식민지에 대한 내 경험을 통해 식민지 이야기를 한다. 이는 지식을 체화되고 관계적인 것으로 여기는 선주민의 기준에 기초한 실천윤리를 준수하기 위한 수단이다." 식민지에서 생존하는 일과 워터고가 매일 다른 방식으로 마주치는 백인 우월주의의 구조를 다룬 이 책은 깊은 영향력을 발휘한다. 책 안에 너무나 많은 진실이 담겨 있다.

라피아 자카리아Rafia Zakaria, 『백인 페미니즘에 반하여Against White Feminism』(런던, 해미시해밀 턴출판사, 2021)

나는 이 책의 제목(반대한다는 사실 자체를 주제로 삼는 그 방식)과 책 자체에 감탄한다. 나는 특히 "공감 가능성relatability"으로서의 백인 페미니즘에 대한 자카리아의 비판에 크게 설득되었다. "개인적 선호의 언어는 백인이 공감할 수 있는 대상의 협소함을 합리화하는 데" 사용된다. 자카리아로부터 나는 백인 페미니스트들에 도전하는 것이(그리고 우리는 그들이 계속하기 때문에 계속 그들에게 도전해야 한다) 우리에게 또 하나의 급진적 페미니즘을 선사함을 배웠다. 자카리아는 페미니즘이 자유주의적 수용과 자기 임파워링의 프로젝트가 되었다는 통렬한 비판으로 글을 끝맺는다. 그는 다음과 같이 쓴다. "자기 지지자들 사이에서 정의를 실현하지 못한다면 그 어떤 운동도 정의를 향한 더 넓은 목표를 이룩할 수 없다."

끝맺으며

내가 소개한 많은 텍스트를, 백인 자유주의페미니즘을 비판하거나 사적·공적 공간에서 백인성과 인종차별주의에 관해 대화하기가 어렵다는 점을 지적하는 흑인 페미니스트, 유색인 페미니스트, 선주민 페미니스트가 썼다는 사실을 눈치챘을 것이다. 이러한 비평에서 너무나 많은 킬조이적 영감을 발견한다는 사실은 우리가 무엇에 맞서고 있는지를 드러낸다. 백인성과 인종차별주의가 대화가 이루어지는 것을 막는 목적으로 기능한다는 사실에 대한 비판은 더 많아질 것이다. 비판의 대상이 여전히 지속하기 때문이다.

그리고 우리도 지속한다. 훨씬 많은 저자의 훨씬 많은 책을 고를 수도 있었다. 책 선택은 퀴어 유색인 여성인 나 자신의 지적 여정의 산물이다. 페미니스트 킬조이로서, 당신 역시 당신만의 여정을 떠날 것이고 당신만의 텍스트들을 찾게 될 것이다. 킬조이 동반자들과 당신의 동반자 텍스트들을 나누라! 자원을 나눔으로써 우리는 서로의 자원이 된다. 그렇게 되어 가는 과정에서 당신에게 킬조이 즐거움이 찾아오기를!

페미니스트 킬조이 독서 모임: 논의해 볼 질문들

페미니스트 킬조이들을 위한 생존 팁 중 하나는 다른 페미니스트 킬조이들을 찾으라는 것이었다. 어떻게 하면 좋을지 예시를 들기 위해 오스트레일리아 시드니에서 라즈니 샤가 조직한 '페미니스트 킬조이 독서 모임'을 언급했었다. 즐거움을 망쳤던 경험을 공유하고 함께 오래되거나 새로운 페미니즘 텍스트를 읽으면서, 우리는 자신과 서로에 관해 아주 많은 것을 발견한다. 페미니스트 킬조이 독서 모임을 만드는 데 흥미가 있는 이들을 위해, 이 핸드북과 관련해 논의할 만한 질문들을 가이드 격으로 제시해 둔다. 모임에서 킬조이 읽을거리 목록에 포함된 저작 가운데 일부(혹은 전부!)에 관해 논의해 보는 것도 좋을 것 같다. 아니면 페미니스트 킬조이가 된 자기만의 경험을 글로 쓰고 다른 이들과 나누는 것도 도움이 될 수 있다.

이 핸드북에서 나는 페미니스트 킬조이가 되는 경험이 자원이라고 묘사했다. 그런 경험이 있는지? 거기에서 무엇을 배웠는지?

페미니스트 킬조이가 되는 것이 왜 때로는 '위태로운' 경험일까?

페미니스트로 살아가기 위한 나의 제안 중 하나는 페미니스트 킬조이 생존 키트를 꾸리라는 것이다. 그 키트에 무엇을 넣고 싶은가? 키트를 하나 꾸리고 무슨 일이 일어나는지 한번 지켜보라!

마치 킬조이가 다른 사람인 것처럼, 혹은 그가 다른 사람이기 때문에 킬조이의 이야기를 듣는 것이 왜 중요할까?

페미니스트 킬조이(혹은 다른 종류의 킬조이)가 등장했던 영화나 소설을 떠올릴 수 있는가? 서사에서 킬조이는 무슨 역할을 하는가?

페미니스트들은 행복해지라는 명령에 왜 비판적인 태도를 지니게 되었을까? 페미니스트 행복이나 퀴어 행복이라는 것이 존재할까?

어떤 역사는 어떻게 행복한 용어들로 이야기됨으로써 '광나게 닦여 버리는가?' 어떻게 행복한 이야기들은 국가적 소속감을 만들어 내는 데에 이용되는가?

페미니스트 킬조이 형상과 분노한 흑인 여성, 불행한 퀴어, 혹은 우울한 이민자의 형상 사이에는 어떤 관계가 있을까?

내가 이 세상이 집처럼 편하지 않다는 것이 세상에 대해 많은 것을 가르쳐 준다고 말한 이유는 무엇일까? 내 말에 동의하는지? 그 이유는? 동의하지 않는다면 그 이유는?

이 핸드북에서 나는 페미니스트 킬조이들의 창의성을 강조했다(킬조이적 경험의 부서짐과 어려운 특성에도 불구하고, 혹은 바로 그 때문에). 그 이유는 무엇일까? 이 형상으로부터 만들어질 수 있는 창조적인 결과물에는 무엇이 있다고 상상하는가? 자유롭게 상상하고 자유롭게 만들어 보라!

페미니스트 킬조이들은 어떻게, 혹은 왜 정치적 운동을 형성하는가? 이와 관련하여, 왜 킬조이들은 더 많은 킬조이를 필요로 할까?

내 블로그www.feministkilljoys.com 머리글은 "즐거움 죽이기는 세상을 만들어 가는 프로젝트다killing joy as a world-making project"이다. 이것이 무슨 의미라고 생각하는가? 이 핸드북을 읽고 난 뒤, 내가 무슨 의미로 이런 말을 했는지 이해하는 바가 조금 달라졌는가?

당신만의 킬조이 진실, 킬조이 격언, 킬조이 다짐, 킬조이 등식을 써 보라.

무엇이라도 답을(혹은 이야기나 결과물이나 진실이나 격언이나 다짐이나 등식을!) 공유하고 싶다면, 주저하지 말고 내게 메일을 보내거나thefeministkilljoyhandbook@gmail.com 트위터에서 나를 태그하면 된다@SaraNAhmed.

387

킬조이 연대에서,

사라 XXX

1. 페미니스트 킬조이란?

1.   *OED.* https://www.oed.com/
2.   Lowther, A. 'The Kill-Joys', *The English Review* (1929), London, p. 607.
3.   Lowther. 'The Kill-Joys', p. 608.
4.   Lowther. 'The Kill-Joys', p. 612.
5.   Bergler, E. 'Psychology of the Killjoy', *Medical Record*, 162(1949), pp. 11–2; 'The Type: "Mr Stuffed Shirt" ', *American Imago*, 17: 4 (1960), pp. 407-12.
6.   Bergler. 'The Type', p. 408.
7.   Bergler. 'The Type', p. 407.
8.   Bergler. 'The Type', p. 409.
9.   https://www.chroniclelive.co.uk/news/north-east-news/crackers-1604191.
10.   https://www.thesun.co.uk/news/6534923/pc-killjoys-including-tesco-and-bradford-council-have-banned-offensive-st-george-flags/.
11.   Snowdon, C. *Killjoys: A Critique of Paternalism.* London: IEA (2017).
12.   https://www.dailymail.co.uk/news/article-1257445/Gloucester-cheese-rolling-event-Coopers-Hill-cancelled-200-years.html.
13.   Cole, J. 'Who Cancelled Christmas?', https://www.yorkpress.co.uk/news/1073118. who-

cancelled-christmas/.

14. https://www.theguardian.com/lifeandstyle/2021/
dec/23/winterval-man-who-created-christmas-is-
cancelled-myth.

15. https://www.dailymail.co.uk/home/article-
2058830/Clarifications-corrections.html?ito= feeds-
newsxml.

16. Johnes, M. *Christmas and the British: A Modern
History*. London: Bloomsbury (2016), p. 176.

17. https://www.dailymail.co.uk/news/ article-
10264835/No-snogging-mistletoe-says-cabinet-
minister-Boriss-team-branded-Christmas-killjoys.html.

18. https://www.dailymail.co.uk/news/article-
10249975/Ministers-warned-using-word-Christmas-
jab-drive-offend-minorities.html.

19. https://www.rt.com/op-ed/500663-shrunken-heads-
oxford-museum/. 집필 당시 링크 접근 불가.

20. Cady, S. 'Garden Echoes with Eighteen Rah
Rah Rahs for Tradition', *The New York Times* (18
February 1972), p. 29.

21. Dewsbury, R. 'You Want to Ban Men from Wolf
Whistling? That's a Cute Idea Sweetheart', https://
www.dailymail.co.uk/debate/ article-2112142/
International-Womens-Day-Plans-ban-wolf-whistling-
men-saying-darling.html, np.

22. Franklin, S. 'Nostalgic Nationalism: How a Discourse
of Sacrificial Reproduction Helped Fuel Brexit
Britain', *Cultural Anthropology*, 34: 1 (2019),
pp. 41-52.

23. 2021년 1월 20일 제이컵 리스모그Jacob Rees-

Mogg가 한 말이다. https://www.standard.co.uk/
news/politics/fish-better-rees-mogg-brexit-british-
b899228.html. 참고.

24. https://www.standard.co.uk/comment/comment/
miss-ms-or-mrs-i-don-t-care-what-you-call-me-
7496731.html.

25. Bolotin, S. 'Voices from the Post-Feminist Generation',
The New York Times (17 October 1982).

26. Weldon, F. *What Makes Women Happy*. London:
Fourth Estate (2006), p. 52.

27. Berlant, L. 'Desire', in C. R. Stimpson and G. Herdt
(eds). *Critical Terms for the Study of Gender*.
Chicago: University of Chicago Press (2014), p. 66.

28. 이 연구에서 밝혀진 내용을 체계적으로 정리한 것을
보고 싶다면 내 책 『항의하라!』(더럼, 듀크대학교출판부,
2020)를 참고하라. 연구 과정에서 나는 구술 증언
마흔 건과 서면 증언 열여덟 건을 모았고 학자들, 행정
직원들, 학생들 수백 명과 대학에 공식적으로 항의한
경험에 관해 비공식적인 대화를 나누었다. 그리고
연구의 후속 텍스트로 지금 집필 중인 『항의자의
핸드북The Complainer's Handbook』에서 다시 이
주제를 다룬다. 이 핸드북에서는 우리가 제도 안에서
공식적으로 항의했을 때 제도에 관해 무엇을(또 어떻게)
배울 수 있는지에 집중할 것이다. 나는 또한 문제를
제기하려는 사람들에게 되레 항의가 제기될 수 있다는
것과, 일부 항의자들은 권력과의 근접성을 통해 다른
이들에게 자기 목소리를 듣게 할 능력을 얻게 된다는
사실을 다룰 예정이다(그렇다, 나는 캐런*에 관해

---

* Karen, 타인의 권리를 침해할 만큼 과도하게 자기

이야기할 생각이다).

29. Rankine, C. *Just Us: An American Conversation*. London: Allen Lane (2002), p. 155.

30. Aidoo, A. A. *Our Sister Killjoy: Or, Reflections from a Black-Eyed Squint*. Harlow: Longman (1977), p. 10.

31. Cusk, R. *Arlington Park*. London: Faber and Faber (2016), pp. 15–7.

32. Daly, M. Gyn/Ecology: *The Metaethics of Radical Feminism*. Beacon Press: Boston (1978), p. 15.

33. Daly, M. Gyn/Ecology: *The Metaethics of Radical Feminism*. Beacon Press: Boston (1978), p. 15.

34. '담론의 선동'이라는 말은 미셸 푸코의 『성의 역사』에서 차용했다. Foucault, M. *A History of Sexuality*. Vol. 1, Part 2, Ch. 1. Translated by R. Hurley. Harmondsworth: Penguin Books (1990).

35. 해당 발언은 리키 저베이스가 2022년 자신의 넷플릭스 쇼 〈슈퍼네이처〉가 끝난 뒤 한 말이다. 코미디와 취소 문화에 관한 훌륭한 논의가 궁금하다면 클로이 로스Laws, C.와 루시 모건Morgan L.의 다음 기사를 참고하라. 'Cancel Culture Isn't Cancelling Comedy, It's Improving It', https://www.glamourmagazine.co.uk/article/cancel-culture-comedy.

36. 이것이 바로 '인종차별주의'나 '트랜스젠더 혐오'라는 단어를 사용하는 일 자체가 자유로운 발언을 저해하는 검열로 여겨지는 이유다. 페미니스트 대부분이

권리를 주장하는, 늘 화를 내는 인종차별적인 백인 중산층 중년 여성이라는 형상에 붙은 대명사.

이 문제를 인식하고 있긴 하지만, 그중 일부는
페미니스트들에 반대해 사용되는 바로 그 전술을
사용해 트랜스젠더 및 트랜스젠더 포용적 페미니스트
활동가가 자신들을 검열한다고 낙인찍는다. 2015년
《가디언》에 실린 한 편지에서 일부 페미니스트는
'노플랫포밍'*이 "성 산업과 트랜스젠더 활동가들의
특정 요구를 비판하는 페미니즘적 주장을 표명하지
못하도록 하는 데 활용"되었다고 주장했다. 그 이후로
비슷한 편지가 쏟아졌다. 그러나 해당 편지에서
언급한 예시 대부분은 노플랫포밍에 해당하는 사례가
아니었다. 트랜스젠더 및 나를 포함한 트랜스젠더
포용적 페미니스트 여럿이 편지에 항의했을 때,
우리의 항의는 표현의 자유에 기반한 것으로 여겨지지
않았다. 내가 작성한 다음 포스트를 참고하라.
https://feministkilljoys.com/2015/02/15/you-are-
oppressing-us/.

37. Levy, A. *Fruit of the Lemon*. London: Headline Book
     Publishing (1999), pp. 150–1.

38. Levy. *Fruit of the Lemon*, p. 156.

39. Levy. *Fruit of the Lemon*, p. 158.

40. Thobani, S. 'War Frenzy and Nation Building:
     A Lesson in the Politics of "Truth-Making" ',
     *International Journal of Qualitative Studies in
     Education*, 16: 3, pp. 399-414, 2003; hooks, b.
     Feminist Theory: From Margin to Center. London:
     Pluto Press (2000); Lorde, A. *Sister Outsider: Essays
     and Speeches*, Trumansburg: The Crossing Press

---

*   no-platforming, 받아들일 수 없다고 판단하는 특정
     주장을 공개적으로 표명할 기회를 박탈하는 것.

주

(1984); Moreton-Robinson, A. *Talkin' Up to the White Woman*. Brisbane: University of Queensland Press (2020).

41. Lorde. *Sister Outsider*, p. 131.

42. Lorde, 'An Open Letter to Mary Daly', *Sister Outsider*, pp. 70-1

43. Eddo-Lodge, R. *Why I'm No Longer Talking to White People About Race*. London: Bloomsbury Publishing (2017); Hamad, R. *White Tears, Brown Scars*. New York: Orion (2020); Zakaria, R. *Against White Feminism*. London: Penguin (2022).

44. Moreton-Robinson. *Talkin' Up*, p. ix.

45. '미래의 킬조이'라는 표현을 제공해 준 허마이어니 톰슨Hermione Thomson에게 감사한다.

2. 페미니스트 킬조이로 살아남기

1. 로드의 시 「살아남기 위한 기도」에서 가져온 표현이다. 'A Litany for Survival', *Black Unicorn*. New York: W. W. Norton (1978), p. 31.

2. Gumbs, A. P. 'The Shape of my Impact', https://thefeministwire.com/2012/10/ the-shape-of-my-impact.

3. Lorde, A. *A Burst of Light: Essays*. Ithaca, New York: Firebrand Books (1988), p. 131.

4. Lorde. *A Burst of Light*. p. 121.

5. Kim, J. M. and Schalk, S. 'Reclaiming the Radical Politics of Self-Care: A Crip-Of-Colour Critique',

South Atlantic Quarterly. 120: 2 (2021).

6. Kafer, A. *Feminist, Queer, Crip*. Bloomington: Indiana University Press (2013), p. 15.

7. Kim and Schalk, 'Reclaiming the Radical Politics of Self-Care', p. 339.

8. Hajjar, C. 'Eye-Rolling, Disrupting and Worldbuilding', https://christinahajjar.com/writing/embodying-the- feminist-killjoy/.

9. Kinouani, G. *Living While Black: The Essential Guide to Overcoming Racial Trauma*. London: Penguin Books (2021), p. 144.

10. 샤의 소개 글은 다음 온라인 주소에서 찾을 수 있다. https://autumnbling.blogspot.com/2019/07/ too-many-notes-on-armouring-smiling.html. 페미니스트 킬조이 독서 모임에 관해 더 알고 싶다면 다음 주소를 참고하라. https://feministkilljoysrg.tumblr.com/.

11. Brah, A. 'Journey to Nairobi', in *Charting the Journey: Writings by Black and Third World Women*, ed. S. Grewal, J. Kay, L. Landor, G. Lewis and P. Parmar. London: Sheba Feminist Press (1988), p. 75.

12. Mirza, H. 'Introduction', in *Black British Feminism*, ed. H. Mirza. London: Routledge (1997), p. 6.

13. Lorde, A. 'Interview: Frontiers', in *Charting the Journey*, p. 130.

14. Lorde. 'Interview: Frontiers', p. 127.

15. Hamad. *White Tears, Brown Scars*, p. ix.

16. Brah. 'Journey to Nairobi', p. 85.

17. Ahmed, S. *Strange Encounters: Embodied Others in Post-Coloniality*. London: Routledge (2000).

18. hooks, b. *Feminist Theory: From Margin to Center*.

London: Pluto Press (2000), p. 56.

19. 다음에서 인용했다. Zackodnik, T. *Press, Platform, Pulpit: Black Feminist Publics in the Era of Reform.* Knoxville: University of Tennessee Press (2011), p. 99.

20. Davis, A. *Women, Race and Class.* New York: Vintage (1981), p. 61.

21. 해당 강의는 위티그의 다음 책에 수록되었다. Wittig, M. *The Straight Mind and Other Essays.* Boston: Beacon Press (1982).

22. Lorde, A. 'The Master's Tools will Never Dismantle the Master's House', in *Sister Outsider*, p. 112

23. Oakley, A. *Sex, Gender and Society.* Isleworth: Maurice Temple Smith (1972), p. 16.

24. Oakley, A. 'A Brief History of Gender', in A. Oakley and J. Mitchell (eds). *Who's Afraid of Feminism?*, London: Hamish Hamilton (1987), p. 30.

25. Delphy, C. 'Rethinking Sex and Gender', *Women's Studies International Forum*, 16: 1 (2010), p. 3.

26. Dworkin, A. *Woman Hating.* New York: E. P. Dutton (1972), pp. 175-6.

27. Lorde, A. 'Learning from the 60s', in *Sister Outsider*, p. 140.

28. Lorde, A. 'The Uses of Anger: Women Responding to Racism', in *Sister Outsider*, p. 125.

29. Watego, C. *Another Day in the Colony.* Brisbane: University of Queensland Press (2021), p. 198.

30. Ralph, N. https://disabilityarts.online/magazine/news/nila_gupta_memorial/.

31. Goldman, E. *Living My Life*, Vol.1. New York: Cosimo

페미니스트 킬조이

Publications (2008), p. 56.

32. https://www.etymonline.com/word/
   silly#etymonline_v_23518.

33. Ahmed, S. *The Cultural Politics of Emotion.*
   Edinburgh: Edinburgh University Press (2004),
   p. 189.

3. 페미니스트 킬조이 문화비평가

1. Mayne, J. 'The Woman at the Keyhole: Women's
   Cinema and Feminist Criticism', *New German
   Critique*, Spring-Summer, 23 (1991), pp. 40-1.

2. Gay, R. *Bad Feminist: Essays.* London: Corsair (2014),
   p. xi.

3. 다음 기사에서 인용했다. Shulman, M. 'How
   Meryl Streep Battled Dustin Hoffman, Retooled
   Her Role, and Won Her First Oscar', *Vanity
   Fair* (2016), np.https://www.vanityfair.com/
   hollywood/2016/03/meryl-streep-kramer-vs-kramer-
   oscar.

4. 위의 기사에서 인용했다.

5. Manne, K. Down Girl: *The Logic of Misogyny.*
   Oxford: Oxford University Press (2017).

6. Frey, B. S. and Stutzer, A. *Happiness and Economics:
   How the Economy and Institutions Affect Human Well-
   Being.* New Jersey: Princeton University Press (2002),
   p. vii.

7. Aristotle, *Nicomachean Ethics*, ed. William Kaufman.

New York: Dover Publications (1998), p. 1.
아리스토텔레스는 행복을 느낌(그의 윤리학에서는 느낌에도 역할이 있긴 하지만)이 아니라 덕목으로 정의한다. 행복을 뜻하는 그리스어 단어 에우다이모니아eudaemonia는 때로 번영flourishing으로 번역된다. 행복을 느낌과 연관시키는 것은 18세기부터 시작된 근대의 관행이다. 도덕적이고 감정적인 의미를 모두 얻게 되면서 행복은 더 무거운 단어가 되었다.

8. Aristotle, *Nicomachean Ethics*, p. 8.

9. Wollstonecraft, M. A *Vindication of the Rights of Woman*. New York: W. W. Norton (1975), p. 5.

10. Rousseau, J.-J. *Émile*, trans. Barbara Foxley. London: Everyman (1983), p. 431.

11. Rousseau. *Émile*, pp. 439-40.

12. Rousseau. *Émile*, p. 441.

13. 'Parochial Schools Bill', *Commons and Lords Hansard*, vol. 9 (1807년 6월 13일), pp. 788-806, http://hansard.millbanksystems.com/commons/1807/jun/13/ parochial-schools-bill.

14. 최근 여러 행복 비평이 등장했지만, 이들은 기나긴 페미니스트 역사를 인정하거나 언급하지 않는다. 예를 들어 다음 책을 보라. W. Davies. *The Happiness Industry*. London: Verso (2015).

15. Beauvoir, de S. *The Second Sex*. New York: Vintage Books, 2nd edn (2011), p. 16.

16. Oakley, A. *Sex, Gender and Society*. London: Routledge, 2nd edn (2016), p. 139.

17. Beauvoir. *Second Sex*, p. 474.

18. Beauvoir. *Second Sex*, pp. 471-2.

19. Beauvoir. *Second Sex*, p. 474.

20. Hochschild, A. *The Managed Heart: Commercialization of Human Feeling*. Berkeley: University of California Press, 2nd edn (2003), pp. 59-60.

21. Garden, N. *Annie on My Mind*. New York: Farrar, Straus & Giroux (1982), p. 191.

22. Schroeder, M. and Shidlo, A. 'Ethical Issues in Sexual Orientation Conversion Therapies: An Empirical Study of Consumers', in A. Shidlo, M. Schroeder, J. Drescher (eds). *Sexual Conversion Therapy: Ethical, Clinical, and Research Perspectives*. Philadelphia: Haworth Press (2002), pp. 134-5.

23. 이 책을 쓰는 시점에 영국 정부는 전환치료 이용을 금지하되, 일부 예외를 두어 트랜스젠더에 대한 전환치료는 금지하지 않는다는 입장을 취하고 있다.

24. Serano, J. 'Alice Dreger's disingenuous campaign against transgender activism' (2015), http://juliaserano.blogspot.com/2015/04/ alice-dreger-and-making-evidence-fit.html

25. 전환치료와 관련된 모든 주장의 바탕에 행복에 대한 염려가 있지는 않다. 최근 한 '젠더 비판적' 페미니스트는 "행복한 전환을 했든, 불행한 전환을 했든, 재전환을 했든" 성전환을 한 모든 사람이 "망가졌고" 건전한 세계에 "큰 문제"가 되므로 그 수를 "줄이려" 노력해야 한다고 주장했다. 트랜스젠더들의 행복에 대한 이런 도덕적 무관심은 잔혹함 그 이상이며, 성별이 운명이라는 전제가 얼마나 폭력적인지 가르쳐 준다. 위의 발언자는 트랜스젠더가 "성별이라는 진실"에서 "동떨어져" 있기 때문에 문제적이라고

말했다. 한 집단을 제거해 버리는 방식 중 하나는
그들이 정체성을 유지하고 자신들만의 용어로 존재하는
일을 어렵게 만드는 것이다.

26. 줄거리는 더럼주 출신 제이미 캠벨의 실제 이야기를
    바탕으로 한다. 제이미는 자신의 이야기가 어떻게
    웨스트엔드 뮤지컬이 되었는지 다음 기사에서 회고했다.
    https://www.bbc.co.uk/bbcthree/article/ e3ebeab8-
    a351-4289-8b44-7be088b365d4.

27. Lorde, A. *The Cancer Journals*. Aunt Lute Books: San
    Francisco (1997), p. 76.

28. Lorde, A. *Zami: A New Spelling of My Name*.
    London: Sheba Feminist Publishers (1984), pp. 17-8.

29. McClintock, A. *Imperial Leather: Race, Gender and
    Sexuality in the Colonial Context*. London: Routledge
    (1995), p. 75.

30. Rankine. *Just Us*, p. 151.

31. Lewis, G. 'Birthing Racial Difference: Conversations
    with My Mother and Others', *Studies in the Maternal*,
    1: 1, https://doi.org/10.16995/sim.112, p. 13.

32. Morrison, T. *The Bluest Eye*. London: Picador (1979).
    pp. 13–4.

33. Aidoo. *Our Sister Killjoy*, p. 12.

34. Aidoo. *Our Sister Killjoy*, p. 12.

35. Fanon, F. *Black Skin, White Masks*. Pluto Press:
    London [1952] (1986), p. 84.

36. Aidoo. *Our Sister Killjoy*, p. 12.

37. Aidoo. *Our Sister Killjoy*, p. 129.

38. Friedan, B. *The Feminine Mystique*. Harmondsworth:
    Penguin (1965).

39. Naipaul, V. S. 'Our Universal Civilization', *The

New York Times; http://www.nytimes.com/ books/98/06/07/specials/naipaul-universal.html(1990년 11월 5일).

40.　인종및민족불균형위원회 보고서, https:// assets.publishing.service.gov.uk/government/ uploads/system/uploads/attachment_data/ file/974507/20210331_-_CRED_Report_-_FINAL_-_Web_Accessible.pdf (2021).

41.　McClintock. *Imperial Leather*, p. 137.

42.　Mill, J. 'Bruce's Report on the East India Negotiation. *The Monthly Review* (1813), p. 30. 제임스 밀, 존 스튜어트 밀, 토머스 배빙턴 매콜리Thomas Babington Macaulay를 포함한 많은 공리주의 철학자가 제국에서 (특히 동인도회사를 위한) 행정직을 맡았다. 도덕철학과 제국주의 행정 간의 이러한 결탁에서는 여전히 배울 것이 많다. 더 알아보고 싶다면 다음 책을 참조하라. *Utilitarianism and Empire*, ed. B. Schultz and Varouxakis, G. Maryland: Lexington Books (2005), 그리고 내 책 *What's the Use? On the Uses of Use.* Durham: Duke University Press (2019).

43.　Home Office, *Life in the United Kingdom: A Journey to Citizenship.* Stationary Office Books (TSO): Norwich (2005), p. 32.

44.　https://www.sbs.com.au/nitv/article/ celeste-liddle-changing-the-date-wont-fix-australia-day/ioxhtoc2i.

45.　Petre, J. 'They Kant be Serious!', *Mail on Sunday,* https://www.dailymail.co.uk/news/ article-4098332/They-Kant-PC-students-demand-white-philosophers-including-Plato-Descartes-dropped-university-syllabus.html.

46. 해리엇 알렉산더Harriet Alexander가 신문 기사에서 인용한 짐 리처즈Jim Richars의 말이다. https://www.dailymail.co.uk/news/ article-9263735/Woke-teachers-cut-Shakespeare-work-white-supremacy-colonisation.html.

47. Skinner, J. *Anglo-American Cultural Studies*, Germany: UtbGmbh (2016), p. 351.

48. 단어의 정의는 다음에서 찾을 수 있다. https://www.etymonline.com/word/vandal#etymonline_v_4628.

49. Bacon, G. 'What is Wokeism and How Can It be Defeated', *Common Sense Thinking for a Post-Liberal Age* (2021), p. 22.

50. 리시 수낵Rishi Sunak이 2022년 8월 11일 보수당 대표 선거 캠페인 도중 한 발언이다.

4. 페미니스트 킬조이 철학자

1. Crenshaw, K. 'Demarginalizing the Intersection of Race and Sex: A Black Feminist Politics of Antidiscrimination Doctrine, Feminist Theory and Anti-Racist Politics', *University of Chicago Legal Forum*, 139–67 (1989), p. 139.

2. Davis, A. *Freedom is a Constant Struggle*. Chicago: Haymarket Books (2016), p. 19.

3. Russell, B. *The Problems of Philosophy*. Oxford: Oxford University Press (2001), p. 1.

4. Russell, *The Problems*, p. 6.

5. Banfield, A. *The Phantom Table: Woolf, Fry, Russell, and the Epistemology of Modernism*. New York: Cambridge University Press (2000), p. 66.

6. Morrison, T. *Playing in the Dark: Whiteness and the Literary Imagination*. London: Picador (1992), p. 4.

7. Morrison. *Playing in the Dark*, p. 17.

8. Butler, J. 'Performative Acts and Gendered Constitution: An Essay in Phenomenology and Feminist Theory', *Theatre Journal*, 40: 4 (1988), p. 522.

9. Aidoo. *Our Sister Killjoy*, pp. 12–3.

10. Douglas, M. *Purity and Danger: An Analysis of the Concepts of Pollution and Taboo*. London: Routledge [1966] (1994), p. 35.

11. Mirza, H. ' "One in a Million": A Journey of a Post-Colonial Woman of Colour in the White Academy', in D. Gabriel and S. A. Tate (eds). *Inside the Ivory Tower: Narratives of Women of Colour Surviving and Thriving in British Academia*. London: UCL Press (2017), p. 43.

12. Bettcher, T. M. 'When Tables Speak: On the Existence of Trans Philosophy', https://dailynous.com/2018/05/30/ tables-speak-existence-trans-philosophy-guest-talia-mae-bettcher/.

13. Ahmed, S. *Queer Phenomenology: Orientations, Objects, Others*. Durham: Duke University (2006), p. 22.

14. Berlant, L. 'Can't Take a Joke', interview with C. Markbreiter, *The New Inquiry* (2019), https://thenewinquiry.com/ cant-take-a-joke/

15. Young, I. M. 'Throwing Like a Girl: A Phenomenology of Feminine Comportment, Motility and Spatiality', *Human Studies* (1980), pp. 144-5.

16. Bartky, S. *Femininity and Domination: Studies in the Phenomenology of Oppression*. London: Routledge (1990), pp. 11-2.

17. Ahmed, S. 'Interview with Judith Butler', *Sexualities*, 9: 4 (2016), pp. 486-7.

18. Titchkosky, T. *The Question of Access: Disability, Space, Meaning*. Toronto: University of Toronto Press (2011), p. 61.

19. Hamraie, A. *Building Access: Universal Design and the Politics of Disability*. Minneapolis: University of Minnesota Press (2017), p. 19.

20. Garland-Thomson, R. 'The Story of My Work: How I Became Disabled', *Disability Studies Quarterly* 34: 2 (2014), http://dx.doi.org/10.18061/dsq.v34i2.4254.

21. Garland-Thomson, R. 'Misfits: A Feminist Materialist Disability Concept', *Hypatia: A Journal of Feminist Philosophy* 26: 3 (2011), pp. 592-3.

22. Frye, M. *The Politics of Reality: Essays in Feminist Theory*. Freedom, California: The Crossing Press (1993), p. 2.

23. Ahmed. *What's the Use?*, p. 84. The example of the building without a design is from Darwin, C. *The Variations of Animals and Plants*. London: John Murray (1868), pp. 248-9.

1.   온라인 어원사전에서 정의 발췌.
      https://www.etymonline.com/word/
      express#etymonline_v_14105.
2.   Rankine. *Just Us*, p. 110.
3.   Rankine. *Just Us*, p. 117.
4.   Morrison. *The Bluest Eye*, p. 5.
5.   아마 아타 아이두 인터뷰, http://panafricannews.b
      logspot.com/2012/11/ know-your-author-ama-ata-
      aidoo.html.
6.   Aidoo. *Our Sister Killjoy*, p. 112.
7.   Aidoo. *Our Sister Killjoy*, p. 112.
8.   Walker, A. *In Search of Our Mothers' Gardens*. San
      Diego:Harcourt Brace (1983), p. xi.
9.   hooks, b. *Talking Back: Thinking Feminist, Thinking
      Black*. Boston: South End Press (1989), p. 6.
10.   Anzaldúa, G. *Borderlands / La Frontera: The New
      Mestiza*. San Francisco: Aunt Lute Books (1999),
      p. 88.
11.   Anzaldúa. *Borderlands*, p. 75.
12.   Anzaldúa. *Borderlands*, p. 76.
13.   Peña, L. G. *Community as Rebellion: A Syllabus for
      Surviving Academia as a Woman of Color*. Chicago:
      Haymarket Books (2022), p. xi.
14.   Frye. M. *Willful Virgin: Essays in Feminism,
      1976-1972*. Freedom, California: Crossing Press
      (1982). p. 9.
15.   Moraga, C. 'Catching Fire': Preface to the 4th edn.

This Bridge Called My Back: Writings by Radical Women of Color. New York: Suny Press (2015), p. xxii.

16. Cliff, M. If I Could Write This in Fire. Minneapolis: University of Minnesota Press (2008), p. x.

17. Lorde, A Burst of Light, pp. 75-6.

18. Moraga, C. 'The Welder', in This Bridge Called My Back, p. 219.

19. 다음 아카이빙 사이트에서 발췌. https://archive.mith.umd.edu/womensstudies/ReferenceRoom/Publications/ about-sheba-press.html

20. O'Sullivan, S. (ed.). Turning the Table: Recipes and Reflections from Women. London: Sheba Feminist Press (1987).

21. O'Sullivan, S. 'The Cookbook with a Difference and How to Use It', Turning the Table, p. 1.

22. Smith, B. 'A Press of Our Own: Kitchen Table Women of Colour Press'. Frontiers: A Journal of Women Studies 10: 3 (1989), p. 11.

23. Smith. 'A Press of Our Own', p. 12.

24. Young, I. M. On Female Body Experience, Oxford: Oxford University Press (2005), p. 159.

25. Rich, A. Of Woman Born. London: Virago (1991), p. 23.

26. Lorde, A. 'Age, Race, Class and Sex: Women Redefining Difference', in Sister Outsider, p. 116.

27. Rich, A. 'Notes Toward a Politics of Location', in Blood, Bread, and Poetry: Selected Prose 1979-1985. New York: W. W. Norton & Company (1986),

페미니스트 킬조이

p. 213.

28.   Rich. 'Notes Toward a Politics of Location', p. 213.

29.   Rich, A. *The Fact of a Doorframe: Poems 1950-2001*. New York:Norton, new edn (2002), p. xv.

30.   Marx, K. *Capital: Volume 1*. Translated by B. Fowkes. London: Penguin Classics [1867] 1990, p. 163.

31.   Rich. *The Fact of a Doorframe*, p. xv.

32.   Rich, A. 'The Phenomenology of Anger', in *Driving in the Wreck: 1971-72*. New York: W. W. Norton (1973), p. 29.

33.   로드가 자신의 삶을 다룬 영화 〈살아남기 위한 기도〉(2005) 속 인터뷰에서 한 말이다. 〈살아남기 위한 기도〉는 아프리카계 미국인 감독 아다 게이 그리핀Ada Gay Griffin과 미셸 파커슨Michelle Parkerson의 다큐멘터리다.

34.   Lorde, A. 'Poetry is not a Luxury', in *Sister Outsider*, p. 36.

35.   Lorde. 'Poetry is not a Luxury', p. 36.

36.   Lorde. 'Poetry is not a Luxury', p. 38.

37.   Lorde. 'Poetry is not a Luxury', p. 38.

38.   Lorde. 'Poetry is not a Luxury', p. 38.

39.   Lorde, A. 'Eye to Eye: Black Women, Hatred and Anger', in *Sister Outsider*, p. 152.

40.   Lorde, A. 'Interview with Adriene Rich', *Signs*, 6: 4 (1981), p. 734.

41.   Lorde, A. 'Power', in *The Black Unicorn*. New York: Norton (1978), pp. 108-9.

42.   Lorde. 'Interview with Adrienne Rich', p. 715.

43.   Lorde, A. 'A Litany for Survival', in *The Black Unicorn*, p. 31.

44. Hartman, S., *Wayward Lives, Beautiful Experiments: Intimate Histories of Social Upheaval*. London: Serpent's Tail (2009), p. 31.

45. Brand, D. *The Map to the Door of No Return*. Toronto: Vintage Canada (2001), p. 19.

46. Brand. *The Map*, p. 19.

47. Brand. *The Map*, p. 25.

48. Anim-Addo, J. 'Another Doorway: Black Women Writing the Museum Experience', *Journal of Museum Ethnography*, 10 (1998), p. 93.

49. Anim-Addo. 'Another Doorway', p. 94.

50. Anim-Addo. 'Another Doorway', p. 104.

51. Lorde, A. 'The Transformation of Silence into Language and Action', in *Sister Outsider*, p. 41.

52. Manzoor-Khan, S. 'The Muslim Woman's Burden', in L. Olufemi, O. Younge, W. Sebatindira and S. Manzoor-Khan (eds). *A Fly Girl's Guide to University*. Birmingham:Verve (2019), p. 146.

53. Manzoor-Khan. 'The Muslim Woman's Burden', p. 147.

54. Manzoor-Khan. 'The Muslim Woman's Burden', p. 146.

55. Butler, J. *Undoing Gender*. New York: Routledge (2004), p. 237.

56. Stryker, S. 'My Words to Victor Frankenstein above the Village of Chamounix: Performing Transgender Rage', *GLQ* 1: 3 (1994), p. 247.

57. Stryker. 'My Words to Victor Frankenstein', p. 249. 이 글에서 스트라이커는 자신이 최초로 "프랑켄슈타인의 괴물성과 성전환 신체를 연결 지은"

것은 아니라고 강조한다. 그는 성전환이 경계의
침범이며 여성의 공간에 대한 침해라고 묘사한 메리
데일리가 그 "관계를 명시적으로 드러냈다"라고
말한다. 따라서 오드리 로드의 편지와 더불어,
스트라이커의 글은 메리 데일리의 페미니즘에서
나타나는 트랜스젠더 혐오 문제를 다루는 또 하나의
편지로도 읽을 수 있다. 이 문제에 관해 사려 깊은
의견을 준 에마 비제Emma Bigé에게 감사한다.

58.   Gumbs, A. P. *Spill: Scenes of Black Feminist Fugitivity*.
        Durham, NC: Duke University Press (2016), p. xi.
59.   Gumbs, A. P. *Undrowned: Black Feminist Lessons
        from Marine Animals*. Chicago: AK Press (2021),
        p. 109.
60.   Butler, J. *Precarious Life: The Powers of Mourning
        and Violence*. London: Verso (2004), p. 31.
61.   Lorde. 'Poetry is not a Luxury', p. 38.
62.   팬지 프로젝트에 관해서는 다음 페이지를 참고하라.
        https://thepansyproject.com/.
63.   Kaur, J. *When You Ask Me Where I am Going*. New
        York: Harper Collins (2020), p. 40.

6. 페미니스트 킬조이 활동가

1.   http://feministfreedomwarriors.org/.
2.   Mohanty, C. T. and Carty, L. 'Introduction'. *Feminist
        Freedom Warriors: Genealogies, Justice, Politics and
        Hope*. Chicago: Haymarket Press (2018), p. 3.
3.   Gago, V. *Feminist International: How to Change*

Everything. London: Verso (2020).

4.   hooks, b. *Outlaw Culture: Resisting Representations.* New York: Routledge (1994). 훅스는 이 책에서 인상적이게도 '백인 우월주의적 자본주의 가부장제'라는 용어를 무려 열여덟 번이나 사용했다.

5.   Le Guin, U. 'The Ones Who Walk Away from Omelas', in *The Wind's Twelve Quarters.* New York: Perennial (1987), p. 278.

6.   Le Guin. 'The Ones Who Walk Away from Omelas', p. 281.

7.   Mitchell, A. and McKinney, C. *Inside Killjoy's Kastle: Dykey Ghosts, Feminist Monsters, and Other Lesbian Hauntings.* Vancouver: UBC Press (2019).

8.   RADICALESBIANS, 'The Woman Identified Woman', https://library.duke.edu/digitalcollections/ wlmpc_wlmms01011/ (1970), np.

9.   Sedgwick, E. K. *Touching Feeling: Affect, Pedagogy, Performativity.* Durham, NC: Duke University Press (1993), p. 4.

10.   Schulman, S. *Let the Record Show: A Political History of ACT UP, 1987–1993.* New York: Farrar, Strauss and Giroux (2021), p. 7.

11.   Butler, J. *Precarious Life: The Powers of Mourning and Violence.* New York: Verso (2004).

12.   Munoz, J. *Disidentification: Queers of Color and the Performance of Politics.* Minneapolis: University of Minnesota Press (1999), p. 74.

13.   Malatino, H. *Side Affects: On Being Trans and Feeling Bad.* Minneapolis: University of Minnesota Press (2022), p. 3.

14. Chu, A. L. 'My New Vagina Won't Make Me Happy: And it Shouldn't Have To', https://www.nytimes.com/2018/11/24/opinion/sunday/vaginoplasty-transgender-medicine.html.

15. Liddle, R. *The Times* (2017). https://www.thetimes.co.uk/article/are-you-transphobic-no-me-neither-were-just-worried-about-our-children-kfp6csn0z

16. 법안 원문은 다음 주소에서 볼 수 있다. https://www.legislation.gov.uk/ukpga/1988/9/section/28/enacted.

17. 2022년 6월 보수당 의원 닉 플레처Nick Fletcher가 보낸 편지다. https://news.sky.com/story/ trans-children-going-through-nothing-more-than-a-phase-conservative-mp-says-12635863.

18. Butler, J. 'Why is the Idea of "Gender" Provoking Backlash the World Over?', https://www.theguardian.com/us-news/commentisfree/2021/oct/23/ judith-butler-gender-ideology-backlash.

19. Nothias, T., Kagumire, R. 'Digital Radical Rudeness:The Story of Stella Nyanzi', https://www.asc.upenn.edu/research/centers/center-on-digital-culture-and-society/the-digital-radical/digital-radical-rudeness naked protest.

20. Eltahawy, M. 'Why I Say Fuck', https://www.feministgiant.com/p/essay-why-i-say-fuck.

21. Firestone, S. *The Dialectic of Sex: The Case for Feminist Revolution*. New York. Bantam Books (1970), p. 90.

22. Gago, V. *Feminist International: How to Change Everything*. London: Verso (2020), p. 24.

23. Gago. *Feminist International*, p. 25

24. 다음에서 발췌. Giribet, A. G. 'Tarana Burke: The Woman behind Me Too', *Amnesty International* (2018).

25. Lorde. 'A Master's Tools', p. 112.

26. Whitley, L., Page, T., Corble, A., Hasbrouck, H. and Sdrolia, C. 'Collective Conclusions', 수록 Ahmed, S. *Complaint!* Durham: Duke University (2021), p. 273.

27. Franklin, S. 'Sexism as a Means of Reproduction', *New Formations 86* (2015), p. 22.

28. Savali, K. W. 'The Radical Uses of Anger: All White Women Aren't the Enemy, but White Supremacy Always Is', https://www.theroot.com/the-radical-uses-of-anger-all-white-women-are-not-the-1791727529.

29. Davis, A. Y., Dent, G., Meiners, E. and Richie, B. *Abolition.Feminism.Now.* Chicago: Haymarket Books (2021), p. 3.

30. Crenshaw, K. W., Ritchie, A. J., Anspach, R., Gilmer, R. and Harris, L. *Say Her Name: Resisting Police Brutality Against Black Women.* 다음에서 찾을 수 있다. https://scholarship.law.columbia.edu/faculty_scholarship/3226.

31. 갭투스Gaptooth(feat. 시스터스언컷)의 노래 〈그들은 삭감하고, 우리는 피 흘린다They Cut, We Bleed〉 뮤직비디오를 다음 주소에서 볼 수 있다. https://www.youtube.com/watch?v=oykTtUldOLE.

32. 자세한 내용은 다음을 참고하라. https://

페미니스트 킬조이

www.sistersuncut.org/2017/05/27/press-release-feminists-occupy-holloway-prison-to-demand-more-domestic-violence-services/.

33. Doucette, E. and Marty, H. 'Queer-Feminist Occupations'. *eipcp* 6 (2008), http://eipcp.net/transversal/0508/doucettehuber/en/print.

34. Veaux, A. de. *Warrior Poet: A Biography of Audre Lorde*. W. W. Norton: New York (2006).

페미니스트 킬조이가 되면서 때로는 가족과 친구로부터 소외되기도 하지만, 그 덕에 내 사람을 찾을 수도 있다. 나는 페미니스트 킬조이가 됨으로써 내 사람들을 찾았다. 내게 연락해 페미니스트 킬조이 이야기를 나누어 준 모든 이에게, 특히 친절하게도 편지 인용을 허락해 준 독자들에게 감사드린다. 멋진 포스트와 시를 인용하도록 허락해 준 조앤 애님아도, 재스민 카우어, 수하이마 만주르칸, 크리스티아나 하자르, 님 랠프와 라즈니 샤에게도 감사드린다. 항의했던 경험을 증언해 준 많은 이에게 다시 한번 감사를 표한다. 여러분의 말과 여러분의 지혜, 여러분의 작업 덕에 이 핸드북이 나올 수 있었고 그다음 핸드북도 마찬가지일 것이다. 나의 항의 단체, 레일라 휘틀리, 티퍼니 페이지, 앨리스 코블, 하이디 해즈브룩, 크리사 스롤리아, 그리고 이름을 밝힐 수 없는 다른 이들에게 무한한 감사를 보낸다. 나는 우리가 함께 항의했던 경험으로부터 여전히 배우고 있다.

나보다 이전에 왔던 이들 덕분에 수많은 문이 열렸다. 『우리 자매 킬조이』라는 선물을 준 아마 아타 아이두에게 감사한다. 즐거운 킬조이 빚을 졌다. 오드리 로드, 벨 훅스, 앤절라 데이비스, 에이드리언 리치, 클라우디아 랭킨, 토니 모리슨, 로런 벌런트 그리고 주디스 버틀러에게, 수많은 노고를 통해 우리에게 던져 준 수많은 생명 줄

415

에 감사드린다. 영국의 흑인과 갈색 피부 페미니스트들에게 너무나 많은 공간을 열어 준 게일 루이스, 아브타르 브라, 하이디 미르자에게도 감사드린다.

내 첫 번째 대중서인 이 책을 통해 마치 또 다른 세계로 도약하는 것처럼 느껴진다. 나의 근사한 에이전트 니콜라 챙Nicola Chang에게, 나를 찾아오고, 이끌어 주고, 이 프로젝트를 끝까지 지켜 준 데 대해 감사를 표한다. 프로젝트 마지막 단계에 든든한 도움을 준 데이비드 에번스 David Evans에게도 감사드린다. 그리고 나의 편집자들, 마리아 베드포드Maria Bedford와 카일 깁슨Kyle Gipson, 이 작업이 세상에 나올 수 있도록 도와준 여러분의 명석함과 목적의식에 감사드린다. 원고를 꼼꼼하게 보아 준 클레어 펠리그리Claire Peligry에게도 감사를 표한다. 이 길을 택할 수 있도록 소셜미디어에서 나를 격려해 준 킬조이 동반 여행자들에게 감사드린다.

페미니스트 킬조이가 된다는 것은 정말 훌륭한 이들과 더불어 살아가는 일이다. 나의 맹렬한 페미니스트 파트너 세라 프랭클린에게, 당신의 킬조이 정신 덕에 내 삶의 많은 부분이 가능해져. 우리가 함께 만들어 온 삶을 사랑해. 나의 아름다운 반려견 포피와 블루벨에게, 너희들의 존재와 나의 생존에 감사해. 만나지는 못해도 항상 거기 있다는 것을 알고 있는 친구들과 킬조이 동지들에게, 특히 시르마 빌지Sirma Bilge, 루매너 베검Rumana Begum, 조너선 킨Jonathan Keane, 캠벨 XCampbell X, 울리카 달 Ulrika Dahl, 하이디 미르자, 에일린 모어턴로빈슨, 피오나 니콜Fiona Nicoll, 샌드라 필Sandra Peel, 피오나 프로빈랩

시Fiona Probyn-Rapsey와 일레인 스완Elaine Swan에게 감사한다. 책의 초기 버전을 읽고 유용한 피드백을 주고, 책을 쓰고 나만의 길을 찾으라고 북돋아 준 조너선 킨과 세라 프랭클린에게 다시금 감사한다. 어머니와 이모들, 고모들, 조카들과 사촌들을 포함해 거침없이 말하는 나의 여성 가족들에게, 여러분 덕에 어떻게 가족을 새로 만들고 서로가 존재할 공간을 더 내어 줄 수 있는지를 배울 수 있어 기쁩니다. 그리고 더 많은 페미니스트와 퀴어 공동체에게, 여러분과 함께하는 공동 투쟁의 일원이 되는 것은 내 모든 것이나 다름없습니다.

417

감사의 말

Philos Feminism 9

페미니스트 킬조이

1판 1쇄 인쇄 2023년 12월 1일
1판 1쇄 발행 2023년 12월 27일

지은이   사라 아메드
옮긴이   김다봄
펴낸이   김영곤
펴낸곳   (주)북이십일 아르테

책임편집   김지영 김선아
편집   최윤지
디자인   오늘의풍경
기획위원   장미희
출판마케팅영업본부
본부장   한충희
마케팅   남정한 한경화
            김신우 강효원
영업   최명열 김다운 김도연
해외기획   최연순
제작   이영민 권경민

출판등록   2000년 5월 6일
            제406-2003-061호
주소   (10881) 경기도 파주시
            회동길 201(문발동)
대표전화   031-955-2100
팩스   031-955-2151
이메일   book21@book21.co.kr

ISBN 979-11-7117-193-4 (03300)

(주)북이십일 | 경계를 허무는 콘텐츠 리더
북이십일 채널에서 도서 정보와 다양한 영상 자료, 이벤트를 만나세요!

인스타그램   instagram.com/21_arte
              instagram.com/jiinpill21
페이스북   facebook.com/21arte
              facebook.com/jiinpill21

포스트   post.naver.com/staubin
              post.naver.com/21c_editors
홈페이지   arte.book21.com
              book21.com

이상하고 흥미롭게도, 소리를 지르게 된다. 이 책은 너무 오랫동안 속박되었던 생명력을 발산하게 해, 횡격막에서 억눌려 있던 소리를 터져 나오게 했다. 아메드는 명료함, 분노, 기쁨을 가지고 매 장면을 이동하고, 각 후렴구를 통해 일상의 잔혹한 폭력을 드러내면서 삶을 긍정하는 반응이 무엇인지 보여 준다. 분노 속에서도 즐거운 저항의 가능성을 결코 놓지 않으며, 생각하고, 글 쓰고, 또 방금 쓴 것을 뒤집으면서, '고집스러움'이 생존 욕망의 한 형태임을 보여 준다.

그럼에도 불구하고, 이 기발한 페미니스트 사상가의 겸손함이 내내, 빛을 발한다! 이 책은 트랜스젠더/페미니스트의 부도덕한 분열을 극복하는 데 매우 중요한 선물이다. 반인종주의와 장애권 투쟁이, 페미니스트·퀴어적 사고와 정치의 중심에 얼마나 큰 영향을 미치는지를 보여 주기 때문이다.
— 주디스 버틀러Judith Butler, 캘리포니아대학교 버클리캠퍼스UCB 비교문학·수사학과 교수, 철학자, 『젠더 트러블』 저자

페미니스트 킬조이의 아이콘, 사라 아메드는 자신의 입장을 굳건히 지키며, 이 작지만 거대한 책에서 진실을 말한다. 그의 강력한 말은 실제 삶에서 갈고닦은 강인한 사랑의 흔적을 빛나게 한다. 아메드의 지혜로 무장한 우리 세대, 즉 흑인과 유색인의 새로운 킬조이 세대는 백인 우월주의 이성애 가부장제의 폭정을 물리칠 무기를 갖게 될 것이다. 그 무기로 우리의 정신과 신체를 정의하려는 계략을, 집단적인 킬조이 목소리를 통해 무너뜨릴 수 있다!
— 하이디 사피아 미르자Heidi Safia Mirza, 유니버시티칼리지런던UCL 교육연구소 평등학 명예교수

아메드의 작업은 나와 같은 페미니스트 학자들에게 오랫동안 시금석이 되어 왔다. 아메드가 약 25년간 작업해 온 자신의 가장 강력한 아이디어를 첫 대중서로서 독자들에게 전달한 것이 기쁘다. 이 책은 바로 우리에게 필요한 책이다. 세상을 이해하고, 우리의 모든 상호작용과 일상에서 세상을 더 나은 방향으로 변화시키는 데 도움이 되는, 설득력 있고 강력하며 실용적인 안내서이다. 앞으로 수년간 내가 아끼는 모든 여성의 손에 이 책을 쥐여 주겠다. 필독서다!
— 서니 싱Sunny Singh, 런던메트로폴리탄대학교 문학 교수

로다. 페미니스트가 되는 것은 곧 킬조이가 되는 것이라는 아메드의 통찰은 시적인 만큼 위안이 된다. 페미니즘을 둘러싼 나쁜 분위기, 불편한 감정을 이해하는 데 도움을 주며, 폭풍 속에서 균형을 잡도록 해 준다. 이 책을 읽자. 그리고 모두에게 나눠 주자. 이 책은 생존하는 방법, 세상을 변화시키는 방법을 가르쳐 준다.
— 해나 도슨Hannah Dawson, 런던왕립대학교KCL 역사학 교수

저자의 꾸준히 지속되는 이 프로젝트[페미니스트 킬조이를 플랫폼화하고platforming 보호하려는 시도]는 언제나 활기차고 신선하다!
— 조러 시믹Zora Simic, 뉴사우스웨일스대학교UNSW 인문학부 교수, 역사·젠더연구 학자

페미니스트의 책은 종종 우리가 세상을 좀 더 정의로운 곳으로 만들도록 용기를 북돋는다. 그러나 우리가 직면하게 될 불가피한 반발을 헤쳐 나갈 수 있는 도구를 제공하지는 않는다. 고맙게도 사라 아메드의 이 책이 그 도구를 제공한다. 영감을 주는 동시에 매우 실용적인 책!
— 줄리아 서라노Julia Serano, 트렌스젠더 페미니스트 학자, 활동가, 음악가, 『휘핑 걸Whipping Girl』 저자

페미니스트 킬조이에 대한 사라 아메드의 심오한 성찰은 우리의 반인종주의 페미니스트 공약이 하찮아지고, 대체되고, 지워지는 것의 영향을 이해하는 사람들에게 즐거운 경험이다. 이 책은 반인종주의 페미니스트들을 여러 세대에 걸쳐 연결하고 페미니스트로서 사는 것, 페미니스트 킬조이가 되는 것이 즐겁고 집단적인 저항 형태이며 우리 모두를 포함할 만큼 포괄적임을 알려 준다. 도서관, 가정, 교실, 사회 운동 그룹에서 읽어야 할 감동적이고 뛰어난 책이다.
— 찬드라 탈파드 모한티Chandra Talpade Mohanty, 페미니스트 학자, 『경계 없는 페미니즘』 저자

페미니스트 킬조이라면 이 책에서 아낌없이 제공하는 생존 노트에 감사할 것이다. 페미니스트 킬조이와, 킬조이라는 꼬리표를 받아들이려고 애쓰는 조용한 페미니스트들에게 이 책을 적극 추천한다.
— 프리스카 도르카스 모히카 로드리게스Prisca Dorcas Mojica Rodríguez, 『날카로운 날과 부드러운 심장을 가진 갈색 피부의 여자아이들을 위하여

기술관료들로부터 어떻게 페미니즘을 되찾을 수 있는지를 다룬,
매우 현실적이고 기초적인 입문서.
— 라피아 자카리아Rafia Zakaria, 『백인 페미니즘에 맞서Against White
　Feminism』 저자

그렇다. 이 책은 당신의 손안에 있어야 한다. 우리 손으로 할 수 있는 일을
변화시키기 때문이다. 우리의 손은 협력을 통해 뻗어 나가고, 울타리처럼
확장하고, 항의의 주먹으로 솟아오르고, 환상적인 우아함과 얽혀 있다.
아마도 당신은 기억하기 위해 손으로 직접 쓸 수도 있을 것이다. 이 책을 읽고
나면 우리의 손이 무엇을 의미하는지 그 새로운 가능성을 알게 된다.
— 알렉시스 폴린 검스Alexis Pauline Gumbs, 『익사하지 않은Undrowned』 저자

이 열렬한 선언문에서, 아메드는 종종 불투명한 연구 분야를
인상적일 정도로 명확히 펼쳐 낸다.
— 《퍼블리셔스위클리》

페미니스트와 사회운동가라면 이 책이 용기를 북돋는다는 것을
확신할 것이다. 활동가들의 일은 종종 도전적이지만, 중요하다는
점을 상기시킨다.
— 《커커스리뷰》

이 책은 고통과 소진, 연민의 피로감, [주위에 미세하게 산재된]
공격들 때문에 상실되어 버린, 활력과 즐거움의 가능성을
제공한다. 페미니즘, 일상, 지성주의intellectualism, 시, 그리고
행동주의activism 사이의 교차점을 탐구하는 것에 흥미를 느끼는
독자들은, 단언컨대 이 책을 좋아할 것이다!
— 《라이브러리저널》

사회적 변화가 시급한 이 시기에, 이 책은 소외감을 느끼거나,
하찮다고 여기거나, 활동에 어려움을 겪는 독자를 위해 매우
예리하고 쓸 만한 도구를 제공한다. 중요한 이론가의 풍부하고도
편견 없는 이 제안을 읽어 보기를 적극 권한다!
— 《아이리시타임스》